LE

NOMENCLATEUR

ORTHOGRAPHIQUE

OU LES

PREMIERS EXERCICES D'ORTHOGRAPHE.

OUVRAGES DE M. LÉVI.

---

	fr.	
Manuel de la Méthode Lévi	1	»

Langue française.

Nomenclateur orthographique	2	»
Omnibus du langage	2	»
Théorie grammaticale	»	40
Tableau des verbes	»	40
Exercices grammaticaux	2	25
Questionnaire grammatical et littéraire	1	»

Physique et histoire naturelle.

Pourquoi et Parce que, ou la Physique populaire	1	50
Tableaux d'histoire naturelle (chacun)	5	»
Cosmographie racontée	»	75
Questionnaire encyclopédique	1	»

Géographie.

Tableau de géographie ancienne et moderne	»	40
Tour du monde, sans détails	1	50
Études géographiques, ou Géographie générale	3	50
Géographie racontée. — Mœurs des peuples	4	»
Géographie de la France (tableau)	»	75
Atlas géographique complet (23 cartes)	9	»

Histoire.

Éphémérides universelles	10	»
Échelle des peuples	1	50
Cours complet d'histoires racontées	2	»
Histoire de France	4	50
Tableaux généalogiques de France	1	»
Manuel des peuples	1	»
Esquisses historiques	2	50
Nouveaux éléments d'histoire générale	4	50
nigmes historiques et Proverbes	1	50
Explications des énigmes et des proverbes	3	50
Atlas de tableaux historiques (16 tableaux)	5	»
Chaque tableau à part	»	40

Littérature.

Littératures européennes, ou Esquisses littéraires, nouvelle édition	4	50
Littérature française	1	»
Leçon primaire de littérature et de morale	2	50

Arithmétique et Écriture.

Modèles d'écriture	1	»
Tables chronologiques, ou Exercices de calcul	1	»
Abrégé méthodique de sciences exactes et naturelles	4	50

Voir le Catalogue détaillé, 17, rue de Lille.

Paris, imprimerie de PAUL DUPONT et Cⁱᵉ.

LE

NOMENCLATEUR

ORTHOGRAPHIQUE,

OU LES

PREMIERS EXERCICES D'ORTHOGRAPHE,

RENFERMANT

1° Une nomenclature encyclopédique des mots les plus usités, classés par spécialité ; 2° un traité méthodique d'orthographe absolue ; 3° des exercices sur les substantifs, les adjectifs, les verbes, les participes : sur les mots en général qui offrent des difficultés ; 4° des modèles de verbes mis en rapport avec l'histoire, la géographie, etc.,

PUBLIÉ

POUR LES DICTÉES JOURNALIÈRES

DES ÉTUDES PRÉPARATOIRES ET ÉLÉMENTAIRES ;

Par D. Lévi (Alvarès),

Chevalier de la Légion-d'Honneur,

Professeur de littérature et d'histoire, Membre de l'Académie Royale de Bordeaux de l'Institut historique, etc., etc., etc.

PARIS,

CHEZ L'AUTEUR, RUE DE LILLE, 17.

QUELQUES MOTS

SUR LE

NOMENCLATEUR ORTHOGRAPHIQUE.

Il faut que l'orthographe française soit d'une bien grande difficulté pour que chaque jour voie naître des traités sur cette partie de notre Grammaire. Des réformes plus ou moins heureuses ont été proposées depuis un siècle par des philologues, quelques modifications ont été apportées par le temps; mais il reste encore beaucoup à faire. On passe les plus belles années de sa vie à étudier particulièrement l'orthographe ; on mouille de ses larmes les cahiers de dictées qu'on maudit ; on pâlit sur les *verbes irréguliers ;* on meurt d'ennui et de fatigue sur les *participes ;* on s'égare dans le dédale des *homonymes ;* et, arrivé à l'âge où les travaux pénibles et matériels de l'enfance devraient être payés d'un succès chèrement acheté, on s'aperçoit que le dictionnaire est indispensable dans les mots d'usage.

Qu'on ne s'y méprenne pas : c'est là l'histoire de la grande majorité ; et je n'aurais, pour le prouver, qu'à rappeler le *pari* de *trois cents* francs fait, il y a quelques années, *par la Société grammaticale*, à tous ceux qui croiraient pouvoir écrire, *sans faute, douze lignes*, dans lesquelles on avait rassemblé, il est vrai, les plus grandes difficultés. Personne ne se présenta pour le tenir. *Un académicien* voulut, comme amusement, faire un essai grammatical ; et lui, homme d'un savoir éminent, lui, membre distingué de ce docte aréopage *qui juge les mots l'un après l'autre*, lui, écrivain élégant et correct, ne fit que... *six fautes*. Il eut le bon esprit d'en rire tout le premier, et d'avouer que toute la science étymologique, que toutes les règles fondées sur la connaissance du grec et du latin, échouent contre la bizarre physionomie de certains mots. Cette petite anecdote devrait donner un peu de retenue et de modestie à ces personnes qui se croient sûres d'elles-mêmes, parce que les yeux de leur intelligence n'ont jamais dépassé l'horizon de ces petits *traités* de grammaire où la *science du langage* est présentée en quelques pages, d'autant plus faciles à retenir qu'elles ne renferment aucune des *difficultés* qui arrêtent à chaque pas. Leur savoir ressemble à ces bulles d'écume dont un souffle fait connaître la nature et la consistance.

Disons-le : ce n'est que par des exercices *réitérés*, *réguliers* et *méthodiques*, que l'on peut graver dans la mémoire l'orthographe d'usage. Il faut accoutumer l'élève à copier *attentivement* et *chaque jour*, pendant une demi-heure, le passage indiqué; l'interroger ensuite, pour se convaincre que les formes dessinées par sa main ont été bien observées et bien retenues; lui faire, à la fin de chaque semaine, des dictées de récapitulation, et l'accoutumer à composer des phrases de tête avec les mots qu'il n'a vus qu'isolément.

Si, pendant une année, on a suivi avec une scrupuleuse attention ce procédé bien simple, et qui ne demande que de la patience et une ferme volonté, le succès est certain ; la moindre négligence lui nuirait.

Le petit recueil que je publie d'après les cahiers que je fais tenir à mes élèves depuis quinze ans, pourrait servir utilement de *premières dictées*. Il est divisé en trois parties :

La première partie présente la *nomenclature* des mots les plus usités, classés par spécialité.

Tout en étudiant l'orthographe, les enfants enrichissent leur mémoire d'une foule de mots qu'ils n'auraient certainement jamais connus sans cet exercice préliminaire, et qui, dans les relations de la vie, sont nécessaires pour rendre la pensée claire et complète.

Les étrangers qui étudient bien notre langue connaissent plus de termes techniques que les Français eux-mêmes, et n'hésitent jamais pour donner à *chaque chose le nom* qui lui convient; c'est que de bonne heure on leur a fait classer chaque mot suivant son emploi et son rôle; tandis que le *dictionnaire parlé* de nos enfants est tellement circonscrit, qu'entrés dans le monde, c'est une nouvelle nomenclature qu'ils entendent, et qu'ils ont besoin d'apprendre.

Pouvoir faire l'inventaire des termes d'une langue, ce n'est certainement pas connaître les idiotismes, les finesses, les délicatesses, les principes même de cette langue : ce n'est là qu'une *lettre morte;* mais ne faut-il pas ramasser et connaître les pierres qui doivent servir à l'érection d'un monument? et les enfants ne sont-ils pas de petits maçons destinés à devenir de bons architectes, si leur travail a été bien dirigé? Cette première partie est donc essentielle : elle est comme la base de l'édifice.

La seconde partie renferme un petit traité méthodique d'*Orthographe absolue*. L'intelligence commence ici à jouer un rôle plus actif; l'oreille et les yeux travaillent simultanément, car le *son* et le *signe graphique* sont mis en rapport et doivent être étudiés à la fois. Des tableaux synoptiques dressés avec goût, et des réponses écrites d'après mon *Questionnaire grammatical*, aplaniront les difficultés en simplifiant le travail.

La troisième partie donne graduellement les principes de l'*Orthographe relative*, avec quelques phrases dans lesquelles j'ai réuni les principales difficultés. Il n'y a là encore aucune définition, aucune explication savante à retenir; ce sont des types, des *paradigmes* à copier, et sur lesquels on appliquera d'autres phrases; c'est l'habitude du *vêtement*, de la *forme* du mot qu'il est nécessaire d'acquérir.

La *pratique* d'abord, la *théorie* viendra ensuite ; elle naîtra naturellement de l'observation souvent renouvelée.

J'attirerai l'attention sur les *exercices verbaux* que j'ai mis à la fin du volume, et sur la forme historique, géographique, etc., que je leur ai donnée. Ce travail fait essentiellement partie de ma méthode qui a pour base l'enchaînement des idées et des connaissances. Chaque faculté enrichit de son tribut et fortifie de son concours la *langue maternelle*, centre où viennent se réunir tous les rayons des connaissances acquises.

Le *Nomenclateur orthographique* est bien incomplet, sans doute, tel que je le présente aujourd'hui ; mais j'espère qu'avec l'aide des instituteurs et des institutrices, dont je sollicite les observations, il deviendra un bon livre pour les études orthographiques élémentaires.

NOTA. Les ouvrages que je recommande pour les études élémentaires de la langue française sont :

Le Questionnaire grammatical ; le Tableau des Homonymes ; celui des Participes ; celui de la Théorie grammaticale ; celui des Verbes réguliers et irréguliers ; l'Omnibus du Langage ; le Dictionnaire étymologique des mots français tirés du grec et du latin.

LE

NOMENCLATEUR

ORTHOGRAPHIQUE.

PREMIÈRE PARTIE.

NOMENCLATURE ENCYCLOPÉDIQUE.

CONNAISSANCES HUMAINES.

Les connaissances humaines se divisent en deux parties :

Sciences cosmologiques, qui ont pour objet le Monde.

Sciences anthropologiques, qui traitent de l'*homme*.

Les sciences cosmologiques se divisent en science des *corps* et en science des *lois* des *corps*.

La science des corps traite du ciel, ou astronomie, et de la terre.

La terre se divise en terre propre et en corps distribués à sa surface ;

La terre *même* comprend la *géologie* et la *géographie*.

La géologie se divise en :

Thalassographie, ou description de la mer;

Géognosie ou *géologie propre*, qui traite de la terre;

Atmosphérologie et *météorologie*, ou traité de l'atmosphère et des météores.

La géographie comprend :

L'*orographie*, l'*hydrographie*, etc., ou description des montagnes et des eaux ;

L'*ethnographie*, *la zoologie géographique*, ou description des mœurs des peuples et des animaux de chaque pays ;

Topographie, ou description des lieux ;

Statistique, ou tableau des richesses des contrées du globe.

Les corps distribués à la surface de la *terre* se divisent en corps *inorganiques* et en corps *organisés*.

Les corps *inorganiques* ou *minéralogie* (traité des minéraux).

Les corps *organisés* comprennent : { la botanique, ou science des plantes, Et la zoologie, ou science des animaux.

Les animaux se classent en : *Vertébrés* qui ont une épine dorsale et en *invertébrés* qui n'en ont pas.

Les *vertébrés* comprennent :

La *mammalogie*, ou traité des mammifères ;
L'*ornithologie*, ou traité des oiseaux ;
L'*herpétologie*, ou traité des reptiles ;
L'*ichthyologie*, ou traité des poissons.

Les *invertébrés* comprennent :

La *malacologie*, traité des mollusques ;
L'*entomologie*, traité des insectes ;
Les *crustacés*, traité des animaux couverts d'écailles ;
L'*annélidologie*, traité des animaux formés d'anneaux ;

La *zoophytologie*, traité des animaux plantes.

La science des *lois* des corps comprend les lois physiques et les lois numérales.

Les lois physiques comprennent la *mécanique* proprement dite, et la *chimie* ; la *mécanique* comprend la physique propre ; et la *chimie* est la science de la composition et de la décomposition des corps.

Les lois physiques mécaniques (ou *physique* proprement dite) comprennent :

La *mécanique* { mécanique propre, ou science des mécaniques ; hydraulique, ou science des mécaniques par l'eau ;

L'*atmologie*, ou traité de la vapeur.

L'*acoustique*, science du son.

L'*électricité* (*magnétisme*), propriété des corps d'attirer, de repousser.

L'*Optique*. { Dioptrique, science de la lumière ; la catoptrique. Catoptrique, s'occupe des miroirs ; l'autre des lunettes.

La *chimie* se divise en :

Chimie inorganique et *organique*, qui comprend la chimie botanique et la chimie animale.

Les lois numérales sont les *mathématiques*, ou science des grandeurs ; elles se divisent en :

Arithmétique, science des nombres ;

Géométrie et *trigonométrie*, mesure de la terre et du triangle.

Algèbre, science des quantités indéterminées,

Analyse, décomposition.

Calcul infinitésimal, ou calcul des infiniment petits.

Les sciences *anthropologiques* traitent de l'homme inactif et de l'homme agissant et produisant.

L'homme inactif traite du *corps* et de l'*âme,* des simples actes, de leurs produits.

Le *corps* ou *anatomie.*

De *l'homme sain,* anatomie proprement dite et physiologie.

Dissection des corps, science des corps en santé.

De *l'homme malade,* pathologie et nosographie, ou traité des douleurs.

Description des maladies du corps.

Chimie préventive, ou hygiène, moyens employés pour prévenir les maladies.

Introsophie, ou science de l'intérieur du corps.

Médecine, art de traiter, de guérir les maladies.

Chirurgie, art d'opérer avec la main sur le corps de l'homme.

Ame. Se divise en faits et en lois.

Les faits comprennent la *psychologie* (science de l'âme), qui comprend :

L'entendement et *la volonté.*

Lois organiques et de détail qui traitent :

De *l'entendement* ou *logique,* art de penser, de raisonner.

De la *volonté* ou *morale,* ou :

Morale propre, } science des convenances.
Droits des gens, }

Lois absolues et leurs conséquences traitent de :

L'ontologie, ou la science des êtres.

Théodicée, et à la suite *théologie,* ou : *Justice, Traité de Dieu.*

L'homme actif en *produisant* comprend : les *simples actes* et les *produits.*

Les simples actes se divisent en histoire des actes, théorie des actes; *l'histoire des actes* comprend : *l'histoire générale du monde* et les *histoires spéciales;* ces dernières comprennent l'histoire d'une *province,* d'une *tribu,* d'une *famille,* etc. Elles se divisent :

En biographie (*histoire de la vie*);

Histoire d'une *société;*

d'une *institution;*

des *voyages.*

La théorie des actes comprend:

L'économie politique ou histoire des législations; l'économie politique transcendante, ou histoire des constitutions, institutions, etc.; plus l'économie politique organique, ou jurisprudentielle.

La théorie des actes comprend aussi les *mœurs* et *coutumes des peuples.*

LES PRODUITS sont ou technologiques, *les arts,* ou technestétiques, arts de sentiments qu'on appelle *beaux-arts.*

La technologie se divise elle-même en trois parties :

Technologie d'*exploitation,*

Technologie de *transformation,*

Technologie de *commerce.*

La technologie d'exploitation traite de l'extérieur du *sol* ou *agronomie.* (Chimie de l'agriculture.)

Celle de transformation comprend la *macération*, *cuisson*, *fermentation*, *distillation*, *fonderie*, *teinture*, etc.

La technologie de commerce, ou *transport*, *vente*, *tenue de livres*, etc.

La technesthétique se divise en deux grandes parties:

Arts qui emploient la parole,

Arts muets.

Les arts qui emploient la parole rentrent dans la littérature qui comprend l'*éloquence* et la *poésie*.

Les arts muets.

1° S'adressant à l'oreille : *musique;*

2° S'adressant aux yeux :

1° Symboliquement : *danse*, ou *chorégraphie* (art de noter les pas). *Architecture;*

2° Kyriologiquement : les arts du *dessin*, qui comprennent :

La *peinture*, la *sculpture*, et dans celles-ci : *gravure*, *lithographie* (écriture sur la pierre), *bas-reliefs*.

(ENCYCLOPÉDIE PORTATIVE.)

ASTRONOMIE.

TABLEAU ANALYTIQUE

Des éléments de la sphère armillaire, et de leur application au globe terrestre.

La SPHÈRE représente les différents mouvements de la *Terre* et ses rapports avec le *Soleil*, expliqués par un assemblage de *cercles* appliqués au *globe terrestre*, dont les éléments communs sont des POINTS, des LIGNES ou des CERCLES.

Les POINTS, dont les principaux désignent le centre de la sphère et où l'on place ordinairement la *terre*, indiquent les pôles de l'équateur ; le pôle arctique ou septentrional ou boréal ; les pôles de l'horizon ; le zénith, qui est au-dessus de nos têtes ; le nadir, qui est sous nos pieds.

Dans les points sont compris les quatre points cardinaux : le Nord ou Septentrion, le Sud ou Midi, (dans lesquels le méridien coupe perpendiculairement l'horizon), l'Est ou Orient, l'Ouest ou Occident (par où passent les pôles du méridien.)

Les LIGNES, dont la plus considérable est l'*axe* de la terre, sur lequel elle fait sa *révolution diurne* en 23 heures, 59 minutes, 4 secondes.

Les CERCLES, dont six grands, distingués d'après leur propriété et leur position en *équateur, méridien, écliptique, horizon, colures.*

L'ÉQUATEUR, quelquefois appelé la *ligne*, est placé à une distance égale des pôles, et partage le globe en partie septentrionale et partie méridionale.

Le MÉRIDIEN, indiquant midi, divise la surface du globe en partie orientale et partie occidentale.

La distance des différents points de la sphère est distinguée pour l'équateur en latitude, et pour le méridien en longitude. Ils divisent l'un et l'autre les habitants du globe en Périsciens, Antisciens, et Antipodes.

L'ÉCLIPTIQUE trace l'orbite que décrit annuellement la *terre* au centre d'une bande de 16 degrés de diamètre appelée *zodiaque*, qu'on divise en douze parties ou signes, formant avec l'équateur un angle de 23° 29'.

L'HORIZON, distingué pour la théorie en rationnel, qu'on suppose diviser le globe en hémisphère supérieur et visible, et en inférieur et invisible, est partagé par l'intersection du méridien ou horizon oriental et horizon occidental, et dont la position perpendiculaire, oblique ou parallèle, détermine la longueur des jours depuis l'équateur où ils sont de 12 heures, jusqu'aux pôles où ils sont de six mois; d'où 30 climats dont 24 de 1/2 h. et 6 de mois.

L'horizon visuel ou sensible se borne au point où notre vue peut s'étendre.

Les colures des équinoxes et des solstices passent par les points où l'écliptique coupe l'équateur.

Il y a aussi quatre petits cercles appelés, d'après leur position, tropiques du cancer et du capricorne, éloignés de l'équateur de 23° 30'; et cercles polaires septentrional et méridional, éloignés des pôles de

23° 30', partageant ensemble le globe en cinq zones, dont une torride entre les deux tropiques, deux tempérées entre les tropiques et les cercles polaires septentrionaux, et enfin deux glaciales entre les cercles polaires méridionaux ; facilitant, d'après leur position, la distinction des habitants du globe, suivant la projection de leur ombre, en Asciens, Hétérosciens, Périsciens.

TERMES EMPLOYÉS EN COSMOGRAPHIE.

UNIVERS.

Air, antre, atmosphère, axe, campagne, ciel, climat, continent, colures, courant, création, déluge, duché, eau, écliptique, éléments, empire, équateur, états, feu, fontaine, frontière, globe, gouffre, hémisphère, horizon, île, presqu'île, isthme, latitude, ligne équinoxiale, longitude. MER, Méditerranée, Océan, la baie, le banc de sable, la côte, l'écueil, les flots, les ondes, les vagues, le flux, le reflux, la marée, le golfe, la rade. LE VENT, contraire, favorable. Méridien ; midi, monde, le nadir, occident, couchant, orient. Pays, plage. POLE, arctique, antarctique ; port, précipice, principauté, promontoire, province, région, rivage, royaume, septentrion, sphère, terre, tournant d'eau, tropiques, zénith, zodiaque, zone torride.

CIEL.

Béatitude, cieux, Champs-Élysées, Dieu, le Père.

le Fils, le Saint-Esprit, la Trinité, Jésus-Christ, le Seigneur, le Tout-Puissant, la Vierge Marie.

Les anges, les apôtres, les archanges, les bienheureux, les chérubins, les dominations, les évangélistes, les esprits célestes, les hiérarchies, les martyrs, les âmes, les patriarches, les prophètes, les saints, les séraphins, les vertus, les vierges, empyrée, firmament, nature, providence.

ASTRES ET LEUR INFLUENCE.

Astérisme, ASTRE du jour ou soleil, de la nuit ou lune, les rayons du soleil, le clair de la lune, nouvelle lune, le croissant, le premier quartier, pleine lune, le dernier quartier. ÉTOILE du matin, du berger, ou Lucifer, errante, fixe, polaire. PLANÈTES, Mercure, Vénus, la Terre, Mars, Vesta, Junon, Cérès, Pallas, Jupiter, Saturne, Uranus. SATELLITES, Arc-en-ciel. BROUILLARD épais, chaud ; comète, constellation, dégel, déluge, éclair, éclipse, électricité, exhalaison, foudre, frimas ou givre. FROID perçant. GELÉE blanche. Glace, grêle, météore, neige, nuée ou nue, orage, ouragan, pluie, rosée, sécheresse, serein, température, tempête, tonnerre, tourbillon, tremblement de terre, vapeur. VENT d'est ou orient, d'ouest ou occident, du sud ou du midi, du nord ou septentrion, du sud-est, du sud-ouest, du nord-ouest, agréable, frais, forcé. Verglas, voie lactée, le quadrat (1).

(1) C'est un aspect des astres quand ils sont éloignés l'un de l'autre de 90 degrés.

INSTRUMENTS POUR MESURER LE DIAMÈTRE DES ASTRES.

Héliomètre, hélioscope, horoscope, lunette d'approche, micromètre, microscope, télescope.

TABLEAU

Des différentes configurations du globe, relativement aux eaux.

Les configurations du globe, relativement aux eaux, se distinguent en eaux permanentes et en eaux courantes.

Les eaux permanentes sont divisées en MERS, qui, d'après leur étendue et leur situation, prennent le nom d'*océan*, *mers intérieures*, *archipels*, *golfes*, *détroits*, d'où l'on aborde des *baies*, *anses*, *rades*, *havres* ou *ports* (indiqués sur la carte par des enfoncements en proportion de leur dimension), d'où l'on aborde également des *criques*, *mouillages*, *ancrages*, etc., qui sont indiqués sur les cartes marines par une petite *ancre* marquant qu'il y a sûreté pour le mouillage.

Dans les eaux permanentes, il faut éviter les *rochers*, *récifs*, *bancs*, distingués en *cailles*, *barres*, *vigies*, bancs proprement dits, qui, du reste, sont indiqués sur la carte par de petites croix ; les *bancs* considérables y sont indiqués par un amas de petits points. Il faut éviter aussi les *bas-fonds, cou-rants*, les *gouffres* ou *tournants*.

Les lacs sont *salés, d'eau douce* ou *artificiels*.

Les lacs salés reçoivent ou non des rivières ;

Ceux d'eau douce ont ou n'ont pas un écoulement sensible.

Enfin, les lacs artificiels sont connus sous le nom d'étangs.

Les eaux courantes sont naturellement distin-guées en *fleuves, rivières, ruisseaux* (où l'on trouve des gués), *torrents, cataractes, sources, fontaines* (minérales ou d'eau commune), *embouchures*.

Il y a des eaux courantes artificiellement connues sous le nom de *canaux*.

Les *rivières* se marquent sur la carte par des traits qui, se développant, en indiquent les sinuosités.

Les *sources*, par un amas de petits points réunis et ombrés de hachures.

Les *gués* par des points rangés en ligne droite dans les travers de la rivière.

Les *ponts*, par deux lignes parallèles aussi en tra-vers de la rivière.

TABLEAU

Des différentes configurations du globe, relativement aux terres.

Les configurations du globe, relativement aux *ter-res*, se distinguent en *continents, îles, presqu'îles*, dans lesquels on trouve des *montagnes, collines, plai-*

nes, *vallons*, *forêts* ou *bois*, *déserts*, *cavernes*, *grottes*, *côtes*, *caps* ou *promontoires*, *points*, *isthmes*.

Les montagnes sont distinguées en *montagnes isolées* et *chaînes de montagnes*, qui reçoivent les noms de *monts, pics, glaciers*, où il existe des défilés distingués en *gorges, pas, cols*, et où il y a des volcans en éruption et éteints.

Les *montagnes* sont indiquées sur la carte par des espèces d'*A* fort évasés et ombrés à droite par de petites hachures.

Les *collines* ne s'indiquent pas sur la carte.

Les *plaines* sont cultivées ou propres à la culture ; incultes ou en landes.

Les *plaines*, *vallées* et *vallons* ne s'indiquent sur les plans ou cartes que par un assemblage de petites lignes.

Les *forêts* ou *bois* à haute futaie et en taillis se font remarquer par un amas de petits arbres, qu'on ne trouve que sur les cartes particulières.

Les *cavernes*, *grottes*, *côtes* (distinguées d'après leur configuration en *grève, dunes, falaises*), *caps* ou *promontoires* et les *pointes*, ne sont marqués que sur les cartes hydrographiques ; on les distingue par des hachures extérieures.

Les *isthmes* sont indiqués comme les terres.

TABLEAU ÉLÉMENTAIRE

De la topographie.

En topographie on distingue : les *régions* et les *lieux habités*. Les premières sont *en-deçà* où *au-delà* d'une contrée donnée ; quelquefois on les distingue par les termes : *cis*, comme la Gaule *Cispadane* (en deçà du Pô) ; *cit*, comme Calabre *citérieure* (le plus près de nous) ; *trans*, comme Gaule *Trans*padane (au delà du Pô) ; *ult*, comme Calabre *ultérieure* (le plus loin de nous). D'après leur division topographique, on les divise encore, pour l'histoire ancienne, en *nomes*), comme dans l'ancienne Égypte) ; *Satrapies* (comme en Perse) ; *Marches* (comme dans l'empire Romain) ; *Provinces* (comme dans l'empire Romain) ; *Thema*, qui signifie pays district (comme dans le même empire, au 7e siècle). Pour l'histoire moderne en *provinces* divisées en : 1° *hautes*, par *rapport à la mer* (quand elles sont éloignées de côtes, comme la Haute-Bretagne, la Haute-Picardie) ; par *rapport aux rivières* (si elles en avoisinent les sources, comme les départements de la Haute-Garonne et du Haut-Rhin) ; par *rapport* aux *montagnes* (quand elles en sont le plus près comme la Haute-Hongrie.) — 2° Les *basses* ont rapport à la mer (quand elles sont le moins éloignées des côtes comme la Basse-Normandie) ; par rapport aux *rivières* (si elles avoisinent leur embouchure, comme le Bas-Rhin, la Basse-Bretagne) ; par rapport aux *mon-*

tagnes (quand elles en sont éloignées, comme la Basse - Hongrie, la Basse - Auvergne.) En *cercles* comme dans l'empire d'Allemagne ; en *Shire*, comme en Angleterre ; en *Lapp-Marck*, comme en Laponie ; en *Piève*, comme en Corse.

Les *lieux habités* se divisent en : 1° *Hameaux;* 2° *Villages* (nommés *Adouard*, chez les Arabes ; *Aldea* ou *Puebla*, chez les Espagnols : *Clan* chez les Écossais ; *Chilongi*, chez les Nègres et aux côtes de Guinée ; *Kréal*, chez les Hottentots ; *Orda*, chez les Turcs d'Asie ; *Ostrog*, chez les Russes.) 3° *Bourgs;* 4° *Villes*, qui en raison de leur importance se distinguent en : capitale ou ville du 1er ordre, comme Paris ; ville du 2e ordre, comme Lyon ; ville du 3e ordre, comme Lille ; ville du 4e ordre, comme Auch ; ville du 5e ordre, comme Lectoure.

TABLEAU TOPOGRAPHIQUE

Des religions adoptées par les principales nations, depuis la plus haute antiquité.

Cette topographie considère les régions d'après les religions, 1° chez les anciens : Le *Sabéisme*, chez les hommes des premiers âges du monde ; l'*Idolâtrie*, que l'on divise en *idolâtrie proprement dite*, chez les Egyptiens, Syriens, Chaldéens, Phéniciens, Indiens, sauvages de nos jours ; et en *Paganisme*, chez les Grecs et les Romains ; le *Judaïsme*, chez les Juifs ; l'*Ignicolisme*, ou religion des adorateurs du feu, chez les Perses et quelques habitants de l'Inde.

2º Ceux du *moyen-âge* : le *Druidisme* , ou religion des Druides , dans les Gaules et chez les anciens peuples du nord. — 3º Chez les *modernes* : le *Christianisme*, reçu en Europe, Asie, Afrique, Amérique, et que l'on distingue en Eglise *grecque* et en *latine*. La première sous-divisée en *Grecque*, proprement dite (chez les Russes et les Grecs modernes); *Jacobite* (chez les Arméniens, Abyssins , Syriens); *Copte* (chez les modernes Egyptiens). La seconde sous-divisée en : 1º Catholique, dominante en Portugal, en Espagne, en Italie, etc., et admise avec d'autres sectes en Suisse, Allemagne, Pologne, Hongrie, etc., et en France avec toute espèce de cultes. — 2º *Luthérienne*, dominante en Danemarck, Suède, Saxe, etc; admise avec d'autres sectes en Allemagne, Pologne, Transylvanie. 3º *Calviniste*, dominante à Genève et en Hollande, admise avec d'autres sectes en Allemagne, Suisse, Angleterre, etc. — 4º *Anglicane*, dominante en Angleterre. — L'*Islamisme*, ou religion des Musulmans, sous-divisée en *Sunite* (suivie chez les Turcs et chez presque tous les Musulmans), et en *Schiite* (suivie en Perse et aux pays qui en dépendent). La religion de *Lama* (au Thibet), de *Foë* (à la Chine), de *Brama* (dans l'Inde.) — Le *Budaïsme* (au Japon et à l'île de Ceylan), le *Sintoïsme* au Japon.

TABLEAU TOPOGRAPHIQUE
Des langues en usage chez les anciens et les modernes.

Cette topographie considère dans les régions les langues dont les peuples ont fait ou font usage, savoir : 1° chez les *anciens*, le chaldéen (en Egypte et en Chaldée); le syriaque (en Phénicie, en Syrie et l'ancienne Perse); l'hébreu (en Judée et en Palestine); l'arabe (en Arabie et les pays adjacents); le celte (chez les peuplades du Nord et dans leurs colonies); la langue punique (chez les Carthaginois); le grec (en Grèce et les pays voisins); le latin (chez les peuples d'Italie).

2° Ceux du *moyen-âge :* le teuton ou danois (chez les peuples du Nord).

3° Les *Modernes*. En Europe : le turc (Turcs) ; en Asie : le persan (Perses); en Afrique : l'arabe moderne (Arabes); le grec moderne (chez les Grecs modernes). — *En Europe :* le slave ou esclavon, plus ou moins altéré, en Russie, Pologne, Bohême, Hongrie, etc.; mais principalement le français, l'espagnol, le portugais, l'italien, l'anglais, l'allemand, parlé en Allemagne et en Suisse. — *En Asie :* le chinois (dans la Chine et une grande partie de l'Inde); le tartare (au Thibet et dans les trois Tartaries) ; le japonais (au Japon et aux îles adjacentes) ; l'arménien (en Arménie et en Perse); le malais (sur toutes les côtes des Indes orientales). — *En Afrique :* le nègre (en Guinée); l'éthiopien (dans l'intérieur des terres de l'Afrique); le maure ou arabesque (sur les côtes de Barbarie et royaume de Maroc); le copte (en Egypte). — *En Amérique :* le mexicain (au Mexique); le péruvien (au Pérou et au Chili); le caraïbe (dans les Antilles); le brésilien ou tapuïde (au Brésil et côtes adjacentes); l'agonkin et l'iroquois (dans l'Amérique septentrionale).

TABLEAU

Des détails que la topographie donne sur les peuples.

La topographie distingue les peuples d'après :

1° Leur origine en *indigènes* (naturels) et *aborigènes* (étrangers).

2° La situation du pays qu'ils habitent , en *insulaires* et en *montagnards ;* au pays qu'ils avoisinent, en *ultramontains* et en *riverains.*

3° Leur couleur en : *blancs* (tels que les peuples de l'Europe); *basanés* (comme presque tous les peuples de l'Afrique septentrionale); *nègres* (comme les habitants de l'Afrique propre); *mulâtres* (comme ceux qui proviennent d'un noir et d'une blanche ou d'une négresse et d'un blanc); *albinos* ou *nègres blancs* (très communs dans le royaume de Loango, en Afrique); *jaunes* (tous les habitants de l'Asie méridionale et des îles qui en dépendent); *olivâtres* (la plupart des naturels de l'Amérique).

4° Leur *conformation* quant : 1° à la *figure*, distinguée en européenne, asiatique, tartare ou kalmouck, et africaine ou nègre ; 2° à la *taille :* gigantesques (comme les Patagons), moyenne (comme le commun des hommes), petite (comme les Lapons); 3° aux particularités qu'elle offre (parmi les Crétins et les Hottentots).

5° A leurs *castes*, dont les principales sont les bohémiens, les landinos, les créoles, etc.

6° Leur *manière de vivre*, relativement à leurs *habitudes*, ils sont divisés en *nomades* (peuples qui n'ont pas de demeure fixe et qui en changent à volonté); *sauvages; barbares.*— Relativement à leurs *aliments*, ils sont divisés en *cannibales*, *anthropophages* (tous deux vivant de chair humaine); *ichthyophages* (vivant de poissons); *lotophages* (ceux dont la principale nourriture était le *lotos*, espèce de lis aquatique).

DIVISION DU TEMPS.

CALENDRIER.

Le calendrier est une table qui indique l'ordre des jours, des semaines, des mois, des fêtes de tout le cercle de l'année.—Il y a différentes espèces de calendrier adaptés aux usages variés de la vie, savoir : le calendrier Romain, le calendrier Julien, le Grégorien, le Réformé, et le calendrier Français et perpétuel.

Année civile de 365 jours.—Année sidérale de 365 jours 5 heures, 48 minutes 51 secondes.—Année bissextile de 366 jours.—L'année commune ou civile composée de 12 mois, le mois moyen de 30 jours, le jour de 24 heures, l'heure de 60 minutes, la minute de 60 secondes.

SAISONS.

Les saisons sont :

Le printemps, qui commence au.... 21 mars.
L'été, qui commence au........... 21 juin.
L'automne, qui commence au...... 21 septembre.
L'hiver, qui commence au......... 21 décembre.

MOIS.

Les mois du printemps, sont : mars, avril, mai.—Ceux de l'été : juin, juillet, août.—Ceux de l'automne : septembre, octobre, novembre. — Ceux de l'hiver : décembre, janvier, février.

DURÉE DES MOIS.

Les mois de 31 jours sont : janvier, mars, mai, juillet, août, octobre, décembre.—Ceux de 30 jours sont : avril, juin, septembre, novembre.

Le mois de février a 28 jours dans les années communes et 29 dans les années bissextiles.

Les mois lunaires sont de 29 jours, 12 heures, 46 minutes.

On connaît les années bissextiles, quand on peut prendre le 1/4 juste d'une année.—Ainsi 1842 n'est pas bissextile, parce qu'en prenant le 1/4 il en reste 2.

L'année commence au 1er janvier pour tous les Européens, excepté pour les Russes qui la commencent le 13 du même mois.

SEMAINES.

Le mois est de 4 semaines; ce mot signifie quatre

matins, comme on disait autrefois.—La semaine est composée de 7 jours.—Il y a 52 semaines dans l'année.

NOMENCLATURE DES JOURS.

Lundi, mardi, mercredi, jeudi, vendredi, samedi, dimanche.

Les jours se distinguent en jours d'œuvre ou de travail, et en jours de repos ou de fêtes. Le 7e jour est le jour du repos.—C'est le dimanche chez les chrétiens, c'est le samedi ou sabbat chez les juifs.

FÊTES DE L'ÉGLISE.

La Circoncision	1er janvier.
L'Épiphanie ou les Rois	6 janvier.
La Purification ou la Chandeleur	2 février.
L'Annonciation	25 mars.
La Saint-Jean	24 juin.
La Visitation	2 juillet.
L'Assomption	15 août.
La Saint-Louis	25 août.
La Nativité	8 septembre.
La Saint-Denis	9 octobre.
La Toussaint	1er novembre.
La Saint-Martin	11 novembre.
La Conception	8 décembre.
Noël	25 décembre.

LES FÊTES MOBILES SONT :

La Septuagésime, Sexagésime, Quinquagésime, Quadragésime, Reminiscere, Oculi, Lætare, Judica,

Hosanna, Quasimodo, Misericordia, Vocem jucunditatis, Mi-carême, Ascension, Rogations, Pentecôte, Rameaux, Pâques, Trinité, Fête-Dieu.

La fête de Pâques tombe toujours le plus tôt le 22 mars, le plus tard le 25 avril, espace de 34 jours.

CALENDRIER RÉPUBLICAIN.

Durée 14 ans.

Du 22 septembre 1792 au 22 septembre 1806.

MOIS RÉPUBLICAINS.

Germinal, floréal, prairial, messidor, thermidor, fructidor, vendémiaire, brumaire, frimaire, nivose, pluviose, ventose.

JOURS.

Primidi, duodi, tridi, quartidi, quintidi, sextidi, septidi, octidi, nonidi, décadi.

TERMES DE GÉOGRAPHIE GÉNÉRALE.

Géographie, air, vapeur, atmosphère, lumière, chaleur, froid, température, obscurité, jour, nuit, minuit, lever du soleil, coucher du soleil, matinée, midi, après-midi, soirée, veillée, journée, jour complet, heure, minute, seconde, demi-heure, quartd'heure, semaine, mois, année, saison, printemps, été, automne, hiver, semestre, trimestre, siècle, beau temps, temps couvert, mauvais temps, temps serein, nuée, nuage, nue, brouillard, brume, serein, rosée, neige, grêle, grêlon, grésil, giboulée, gelée, glace, gelée blanche, changement de temps, temps variable, temps constant, vent, vent faible, zéphir, grand vent, ouragan, trombe, éclair, foudre, tonnerre, orage, tempête, maison, rue, impasse, place, carrefour, bâtiment, hôtel, palais, château, édifice, monument, temple, église, chaumière, cabane, hutte, ville, cité, métropole, capitale, campagne, hameau, village, bourg, pays, contrée, partie du monde, citadin, paysan, campagnard, villageois, bourgeois, plan, carte, globe, points cardinaux, nord ou septentrion, sud ou midi, levant, est ou orient, couchant, ouest ou occident, plaine, savane, steppe, lande, désert, oasis, hauteur, plateau, tertre, butte, montagne, mont, colline, coteau, monticule, pic ou puy, pied, flanc, sommet, cime, dent, aiguille, ballon, escarpement, précipice, chaîne, vallée, vallon, grotte, antre, caverne, abîme, roc, rocher, neiges perpétuelles, avalanche, glacier, volcan, cratère, lave, mine, pays plat, pays montueux, distance, mesure de distance, pas, palme, fontaine, SOURCE jaillissante, intermittente, minérale, eau souterraine, puits, ruisseau, lit d'un courant, haut d'un courant, bas d'un courant, fil de l'eau; RIVE, droite, gauche, rivière, confluent, fleuve, embouchure, affluent, pente, bassin, chute, saut, cascade, cataracte, canal, pièce d'eau, étang, marais, marécage, marais salant, lac, mer, fond de la mer, océan, continent, île, îlot, groupe d'îles, lagune, archipel, presqu'île, langue de terre, isthme, cap, promontoire, pointe, côte, rivage, grève, dune, falaise, niveau de la mer, ondes, ondulations, flot, vague, lame, marée, marée haute, marée basse, flux, reflux, courant marin, contre-courant, tourbillon, gouffre, banc de sable, banc de rochers, banc de glace, montagne de glace, écueil, brisant, rescif, passe, chenal, détroit, méditerranée, golfe, baie, anse, crique, rade, havre, port, barre, jetée, voyage, course, excursion, incursion, invasion, irruption, tour, trajet, traversée, voyage de long cours, tour du monde.

TERMES POUR LES VILLES.

Académie, amirauté, aqueduc, arc de triomphe, arsenal, auberge, banque, baraque, barre de fer, béguinage, boucherie, boue, boulevarts, bourg, bourgeois, bourse, boutiques, BUREAU des postes, des fermes, de loterie, de la marine, des tailles, des vivres, général civil, des passe-ports, cabaret, café, carrefour, carillon, chaîne, chambre haute, des communes, chancellerie, château, chemin passant, citadelle, citoyen, cloaque, clocher, cloches, coin, collége, colonne, contrescarpe, cour des finances, couvent, impasse, douane, école, église, extrémités, faubourgs, foire, fontaine, gargote, guinguette, habitants, HOPITAL des fous, des enfants trouvés, horloge, hôtel, HOTEL-dieu, garni, de Mars, de la monnaie, de la ville, hôtellerie, juiverie, lazaret, lieu de passage, maison seigneuriale, de ville, de correction, magasin, MARCHÉ du blé, ou halle au blé, aux herbes, aux poules, au foin, au bois, aux fruits, au vin, ménagerie, monastère, moulin, murailles, musée, muséum, noblesse, observatoire, palais (un), palais (le) du roi, palestre, panthéon, parapet, parlement, paroisse, pavé, pension, peuple, PLACE grande, d'armes, marchande, poissonnerie, PONT, de bois, de pierre,

levis, populace, port de mer, porte, portique, poste
aux lettres, aux chevaux, poteaux, poudrière, pré-
fecture, prisons, promenade, public, pyramide, quai,
remparts, réverbère, roturier, RUE, propre, mal propre, très fréquentée (les avenues d'une), ruelle, ruisseau, statue, équestre, taverne, temple, théâtre,
tranchées, trésorerie, tour, trottoir, tuerie, VILLE,
capitale, métropolitaine, marchande, municipale,
peuplée, remarquable, misérable, bien située, ancienne, moderne, villes anséatiques.

MAGISTRATS ET OFFICIERS D'UNE VILLE.

Adjoint au maire, avocat, bedeau, bourgmestre,
commissaire de police, de guerre, conseiller, curé,
debâcleur, échevin, évêque, geôlier, gouverneur,
huissier, inspecteur, juge assesseur, juge, magistrat,
maire, maître de poste, notaire, président, PROCU-
REUR général, du roi, receveur, shérif, syndic, tréso-
rier, tribunal.

TEMPS.

Anachronisme, ANNÉE, bissextile, demi-année, aube,
aurore, d'aujourd'hui en huit, en quinze, autrefois,
chaos, commencement, coucher du soleil, crépuscule, demain (après), entre-temps, époque, ère, éter-
nité, fin, HEURE, un quart, une demie, trois quarts,
une heure et demie, HIER matin, au soir, avant, jamais, autant, jour, jour fermant, jour ouvrant, journée, lendemain, lever du soleil, lustre, maintenant,
matinée, matin, midi, minuit, minute, milieu, mois,
moitié, moment, nuit.

GOUVERNEMENT ET ADMINISTRATION.

Anarchie, aristocratie, aristodémocratie, autonomie, bannissement, banni, baronnie, bourg, cabinet, candidat, chambres, chef-lieu, club, colonie, commune, comté, congrès, conseil privé, constitution, démocratie, département, députés, despotisme, despote, diète, diocèse, duché, élection, électorat, empire, état, gynécocratie, interrègne, hameau, landgraviat, marquisat, membre, ministère, monarchie, municipalité, nation, oligarchie, pairs, parlement, patrie, pays, principauté, province, puissance législative, rébellion, régence, règne, république, résolution, révolution, royaume, seigneurie, sénat, statut, suffrage, sujet, terreur, territoire, trahison, transmigration, trône, tyrannie, village, ville, voix, votant.

HISTOIRE NATURELLE.

Corps bruts organiques. — Corps vivans organiques.

RÈGNE MINÉRAL.

Géologie. — Terrains primitifs, — secondaires, — de transition, — intermédiaires, d'alluvion ou de transport, — terrains pyrogènes ou volcaniques, — calorique, lumière, l'électricité, le gaz oxigène, hydrogène, azote, — corps inertes simples non gazeux et non métalliques : le carbone et le diamant, le soufre, le phosphore, le bore, le chlore, l'iode ; — corps simples et non gazeux : platine, argent, mercure, arsenic, antimoine, cobalt, bismuth, cuivre, plomb, nickel, tellure, zinc, étain, fer, manganèse.

Corps composés. — *Alcalis, oxides :* potasse, soude, chaux, ammoniac, terres ou oxides irréductibles, alice, alumine, magnésie.

Acides simples. — Acide nitrique, carbonique, sulfurique, phosphorique.

Sels, — pierres, — roches.

Fossiles, combustibles, — bitume, succin, houille, tourbe.

Terres d'alluvion déposées par un liquide fossile, mollusques, zoophytes, marins.

RÈGNE VÉGÉTAL.

Première classe. — Les acotylédones ou non lobées. — Champignons. — Lichens mousseux.

Deuxième classe. — 1° Végétaux sans étamines, fougère ;

2° Végétaux à étamines, hypogynes, graminées.

3° Végétaux, périgynes.

4° A étamines, épigynes.

Troisième classe. — Les dicotylédones ou bilobées.

RÈGNE ANIMAL.

Mammifères, ou porte-mamelles. — Les cétacés, baleines, narwals, cachalots, dauphins.

Amphibies. — Phoques, morses, lamantins.

Solipèdes. — Cheval, âne, zèbre.

Ruminants. — Chameau, girafe, buffle.

Pachydermes (cuir épais). — Eléphant, hippopotame, cochon, tapir, rhinocéros.

Edentés. — Le paresseux, le pangolin, le fourmilier.

Rongeurs. — Lapin, écureuil, rat.

Pédimanes. — Le sarigue.

Digitigrades. — Chats, martres, civette, chien, loup renard.

Plantigrades. — Hérisson, taupe, ours.

Cheiroptères. — Chauve-souris.

Quadrumanes. — Singes, makis.

ORNITHOLOGIE.

OISEAUX.

Rapaces. — Vautour, condor, faucon, etc.

Passereaux. — Pie-grièche, merle, hirondelle.

Grimpeurs. — Pivert, coucou, perroquet, etc.

Gallinacés. — Paon, faisan, pintade, coq.

Échassiers. — Autruche, casoar, grue, etc.

Palmipèdes. — Plongeon, pélican, oie, etc.

REPTILES.

Chéloniens. — Tortue.

Sauriens. — Lézards.

Ophidiens. — Serpens.

Batraciens. — Grenouilles.

POISSONS.

Acanthoptérygiens. — Perche, maquereau.

Malacoptérygiens. — Carpe, barbeau, brochet, saumon.

Sturioniens — Esturgeons.

Sclaciens. — Requin, la scie, raie.

Cyclostome. — Suceurs, la lamproie.

INSECTES.

Coléoptères. — Bête-à-Dieu, hanneton.

Orthoptères. — Perce-oreille, sauterelle.

Hémiptères. — Cigale, cochenille, punaise.

Névroptères. — Demoiselle, éphémère.

Hyménoptères. — Fourmi, abeille.

Lépidoptères. — Papillons.

Diptères. — Cousin, mouche.

Arachnides. — Araignées.

MYRIAPODES.

Scolopendres. — Myriapodes carnassiers.

Crustacés. — Crabe, écrevisse.

Annélides. — Tubicole, sangsue.

Mollusques. — Colimaçon, huître.

Rayonnés, zoophytes. — Etoile de mer, polypes, coraux.

ZOOLOGIE.

ANIMAUX QUADRUPÈDES DOMESTIQUES.

Agneau, âne, ânesse, ânon, bélier, bétail, bestiaux, bœuf, bouvillon, bouc, brebis, chat, chatte, chameau, cheval, chèvre, chevreau, chien, petit ; chienne ; cochon d'Inde, de lait, petit, le groin. Coursier, dromadaire, éléphant, la trompe ; étalon, genet, genisse, glama, jument, mouton, mule, mulet, poulain, pouliche, taureau, truie, vache, veau, vigogne.

CHIEN.

Barbet, barbette, barbichon, CHIEN alan, basset, clabaud, couchant, courant, d'arrêt, de chasse, de demoiselle, de garde, à taureaux, métis, chienne, dogue, épagneul, épagneule, levrette, levrier, limier, mâtin, petit chien, petit chien couchant.

CHAT.

Chat privé, chat domestique, sauvage, angora.

CE QUI A RAPPORT AU CHEVAL.

Attelage, bidet, CHEVAL barbe, bon, bai, hongre, lunatique, mauvais, morveux, ombrageux, oreillard, poussif, rétif, rude, vicieux, de bât, de carrosse, de charrette, de chasse, de course, de louage, de main, de poste, de relais, de selle, de trait ou de harnais, qui boite, qui se cabre, qui est dur à l'éperon, qui est d'un beau poil, qui mord, qui ne marque plus, qui rue, qui va l'amble, qui va le galop, qui a le mors aux dents. Jument, poulain, rosse, haridelle, haquenée.

CHOSES QUI ONT RAPPORT AU CHEVAL.

Crin, crinière, croupe, dos, encolure, fanon, fer, jarret, poil, poitrail, queue, sabot.

HARNAIS D'UN CHEVAL. — ÉQUITATION.

Arçon, barbe, bardelle, bât, branche, bride, bois de selle, chambrière, croupière, enharnachement, entraves, éperons, étriers, étrivières, frein, fouet, gants, gourmette, housse, houssine, lanière, licou, manége (exercice); manége (académie); mollette des éperons, monture, mors, pistolet d'arçon, poitrail, pommeau de selle, rênes, sangles, selle de femme, tige d'une botte, têtière, une cavalcade.

CARROSSE.

Barres, bière, boucles ou agrafes, cave ou boîte, canevas, cheville ouvrière, cocher, coussin, derrière, devant, enrayoir, esse, essieu, glaces, harnais, housse, impériale, lanternes, limon, mains, marchepied, siége du cocher, soupente, store, strapontin, timon, train, traits, vases et clous.

ÉCURIE.

Auge, avoine, baquet, balai, brosse, cheville, clou, couverture, crible, émouchette, éponge, étrille, fenil, foin, fourche, fourrage, harnais, licou, litière, longe, mangeoire, œillère, paille, peigne, pelle, pompe, puits, ratelier, seau, son, souquenille, vannette.

VOITURES.

Berline, brancard, civière, brouette, cabriolet, calèche, camion, CARROSSE, brisé, coupé, à six chevaux, de remise, de voyage, CHAISE de poste, à porteurs, chaison ou caisson, chariot, charrette, charretier, coche d'eau, cocher, diligence, fiacre, fourgon, haquet, litière, palanquin, phaéton, porteurs, tombereau, train, traîneau, vis-à-vis, VOITURES, commode, couverte, solide, suspendue, voiturier, malle de poste, maître postillon, postillon, omnibus, berlines, citadines, remises.

ANIMAUX QUADRUPÈDES SAUVAGES.

ANIMAL à corne, féroce, sauvage, apprivoisé. Babouin ou magot, belette, biche, blaireau, buffle, castor; CERF, le bois, la chevelure, les andouillers. Chamois ou ysard, chevrette, chevreuil, civette, daim, daine, écureuil, élan, faon, fouine, furet, gazelle, girafe, guenon, hermine, hérisson, hyène, ichneumon, laie, lapereau, lapin, léopard, lérot, levreau, licorne, lièvre, lion, lionceau, lionne, les griffes, loir, loup, loup-cervier, loup-garou, louve, louveteau, macaque, marcassin, marmotte, martre, mulot, musc, ours, ourse, ourson, panthère, porc-épic, putois, rat, renard, rhinocéros; SANGLIER, les défenses, le groin, les soies. Singe, souris, taupe, tigre, tigresse, zèbre, zibeline.

ANIMAUX AMPHIBIES.

Amphisbène, aspic; CANARD privé, sauvage; castor, couleuvre d'eau, crapaud, crocodile, cygne, grenouille, hippopotame, hydre, loutre, salamandre, sangsue, tortue, veau marin, vipère.

HERPÉTOLOGIE. — *Science des Reptiles.*

ABEILLE, l'aiguillon, le bourdonnement, l'essaim, la ruche, la cire, la cire vierge, le miel. Araignée, la toile; bourdon, caméléon, cantharide, cerf-volant, chenille, cigale, ciron, cloporte, cochenille, couleuvre, cousin, escarbot, escargot, fourmi, fourmi-lion, fourmillère, frelon, gerce, grillon, guêpe, guêpier, hanneton, lente, lézard vert, limas ou limaçon, mille-pieds, mite, mouche, moucheron, papillon, perce-oreille, pou, poux, puce, punaise, sauterelle, scorpion, serpent à sonnettes, taon, tarentule, teigne, tétard, tique; VER de bois, de terre, de vigne, luisant, solitaire, à soie, le cocon. Vipère; VIPEREAU, le venin, le poison, zoophage.

ORNITHOLOGIE. — *Science des Oiseaux.*

OISEAUX SAUVAGES ET OISEAUX DE PROIE.

Aigle, aiglon, aigrette, alouette de champ, alphanet, autruche, bec-courbé, bec-figue, bécasse, bécassine, biset, bouvreuil, buse, caille, cailleteau, canard sauvage, canepetière, chardonneret, chat-huant, chauve-souris, chouette, cigogne, coq de bruyère, corbeau, cormoran, corneille, coucou, cygne, émérillon, émouchet, épervier, étourneau, faisan, faisandeau, faucon, fauvette, foulque, geai, gélinotte, gerfaut, griffon, grimpereau, grive, grolle, gros-bec, grue, guêpier, harpie, héron, hibou, hirondelle, huppe, ibis, loriot, linotte, macreuse, martin-pêcheur, martinet, mauviette, mauvis, merle, mésange, milan, moineau, mouette, mésangère, hobereau ; OISEAU-mouche, de paradis, orfraie, ortolan, pélican, perdrix rouge, perdreau, perroquet, perruche, phénix, pie, pinson, pivert, pivoine, plongeon, pluvier, poule d'eau, ramier, roitelet, roitelet huppé, rossignol, rouge-gorge, rouge-queue, sacre, sansonnet, sarcelle, serin, tarin, tourterelle, vanneau, verdier, verdon.

OISEAUX QU'ON FAIT CHANTER.

Alouette, caille, calandre, chardonneret, étourneau, fauvette, grive, linotte, merle, mésange, moineau, mulet, perroquet, pinson, pie, roitelet, rossignol, serin, tarin, verdon.

OISEAUX DOMESTIQUES.

Canard, cane, caneton, chapon, colombe ; coq d'Inde, vieux, la barbe, les ergots. Dindon, dindonneau, dinde, oie, oison, paon, panache, pigeon, pigeonneau, pintade, poularde, poule, poulet, poussin.

TERMES USITÉS EN PARLANT DES OISEAUX.

Aile, aileron, aire, auget, bec, becquée, cage (les fers de la); chant, couvée, couveuse, crête, duvet, femelle, gazouillement, gésier, griffe, graine, houppe, jabot, mâle, mangeaille, mouron, mue, nichée, nid, œuf ; OISEAU niais, de passage, de proie, de rivière. Oiseleur, oiselier, oisellerie, les pattes ou pieds, les plumes, la queue, le ramage, les serres, un trébuchet, les tuyaux, une troupe, une volée, une volière.

CRIS DES ANIMAUX OU EFFORTS DE VOIX.

Le chien aboie, la brebis bêle, l'âne brait, le coq chante, le rossignol chante, la grenouille coasse, l'éléphant crie, le corbeau croasse, les oiseaux gazouillent, la tourterelle gémit, le renard glapit, la poule glousse, le cochon grogne, le cheval hennit, le loup hurle, le chat miaule, le bœuf mugit, le lion rugit, le serpent siffle.

ICHTHYOLOGIE. — *Histoire des Poissons.*

POISSONS.

POISSON d'eau douce, de mer. Aiguille, alose, ambracan, anchois, ange de mer, anguille, baleine, barbeau, barbue, brème, brochet, brocheton, cancre, carpe, carpeau, carrelet, chabot, chat marin, cheval marin, chevrette, chien-de-mer, chien marin, coquille, crabe, dauphin, écrevisse, éperlan, esturgeon, fretin, goujon, grenouille, hareng, hérisson de mer, homard, lamproie, langoustin, limaçon de mer, limande, loche, loutre, maquereau, marsouin, merlan, merluche, meunier, mole, morue, moule, muge, mulet, murène, murex, nautile, ombre, perche, plie, polype, raie, rouget, sardine, saumon, scie de mer, sèche, sirène, sole, surmulet, tanche, têtu, thon, torpille, tortue, truite saumonée, turbot, veau marin, vaudoise.

TERMES USITÉS EN PARLANT DES POISSONS.

Les arêtes, la bouche, les écailles, le frai, la gueule, la laitance, la laite, le lait, les nageoires, les œufs, les ouïes, la tête, la vésicule.

NOMENCLATURE

Des parties que l'on doit observer en décrivant les plantes.

Dans l'HERBIFICATION. — La *racine* qui comprend la radicule ; le *collet* ; la *tige* qui comprend les branches et les rameaux ; les *bourgeons* : les feuilles, et dans les feuilles , le pétiole, la gaîne, le stipule.

Dans la *florification*. — La *fleur* qui comprend le pédoncule, la bractée, le sexe ; le *calice*, qui se divise en tube, limbe, sépole. — La *corolle* qui se divise en tubes , limbes , pétales ; les *étamines*, filet, anthère, qui comprennent les loges, le pollen ; le *pistil*, le disque, l'ovaire, où se voient les loges, les ovules, le style, le stygmate.

Dans la *fructification*.—Le *fruit* où se trouvent les parties florales persistantes, péricarpe, épicarpe, sarcocarpe, endocarpe, loges, cloisons, valves, columelle, etc. ; les graines, bile ou ombilic, embryon qui comprend la radicule, les cotylédons, la plumule, la tigelle.

Les parties accessoires qui comprennent les aiguillons, les épines, les glandes, les appendicés.

PHYTHOLOGIE.—*Science des Végétaux.*

ARBRES FRUITIERS.

Abricotier, amandier, arbousier, avelinier, brugnonnier, cannellier, cerisier, châtaigner, citronnier, cocotier, cognassier, cormier, cornouiller, coudrier, dattier, figuier, framboisier, genévrier, grenadier, griottier, groseiller, jujubier, lambruche, limonier, merisier, muriche, mûrier, muscadier, néflier, noisetier, noyer, olivier, olivet, oranger, orangerie, palmier, pêcher, pin, pistachier, poirier sauvage, pommier, pommeraie ; PRUNIER sauvage, cep de vigne : les branches de vigne, les pampres.

ARBRES NON FRUITIERS.

Acacia, aubépine, aubier, aune, bouleau, buis, campêche, cèdre, chênaie, chêne, chêneau, chêne vert, cytise, cyprès, ébénier, églantier, épine, buisson, érable, frêne, goyavier, hêtre, houx, if, laurier, liége, lilas, manioc, marronnier d'Inde, mélèse, myrte, nez-coupé, orme, ormeau, ormoie, orne, osier, oseraie ; PEUPLIER, noir, blanc. Ronce, rouvre, sapin, saule, saule-pleureur, saussaie, séné, sumac, sureau, sycomore, tamarin, térébinthe, thé, tilleul, tremble, toëne, tulipier, épine-vinette, ypréau.

FLEURS.

Amarante, anémone, balsamine, basilic, belle-dejour ou hémérocale. Bluet, campanelle, campanette, capucine, citronnelle, églantine. FLEUR de genêt, de lis, printanière, de safran. GIROFLÉE double, jaune. Hyacinthe, jasmin, jonquille, julienne, lilas, lis, marguerite, mélongène, muguet, narcisse ; ŒILLET d'Espagne, de poëte, carné ou incarnat. Pâquerette, passe-fleurs, passe-velours, pavot, pensée, pied-d'alouette, primerose, primevère, renoncule, réséda, rose, souci, tournesol, tubéreuse, tulipe, vanille, violette.

FRUITS.

Abricot, amande, ananas, aveline, bigarreau, brugnon, cacao, calebasse, châtaigne, marron, cerise (noyau de); citron, citrouille, coco, coing, concombre, corme, cornouille, courge ou citrouille. Datte, figue, fraise, framboise, genièvre, gland, grenade, les grains, groseille, jujube, limon, melon, merise ; MURE de haie, de ronce. Nèfle, noisette, noix, olive ; ORANGE amère, douce. Pêche, pistache ; POIRE, crassane, messire jean, bergamote, d'hiver ; POMME muscate, reinette, sauvage, de pin, de terre. Prune de damas, pruneau, prunelle sauvage ; RAISIN blanc, muscat, sec. Sorbe ou corme. Tamarin.

HERBES ET PETITES PLANTES.

Absinthe, acacia ; ACHE royale ou persil, de montagne, sauvage, de jardin, large. AIL, une gousse, une tête. Algue, aloès, ambroisie, angélique, anis, grain ; argentine, herbe de la Saint-Jean ; artichaut, asperge, aspic, aubergine ou mélongène. Basilic, bec-de-grue, (géranium.) Belle-dame, benoiste, betterave, bluet, bouillon blanc ou molène, bourrache, branche-ursine, brioine, brunette, bruyère, calebasse, camomille, campanule, canne, capillaire, capucine, cardamome, cardon, carotte, casse, céleri ou persil de Macédoine, cerfeuil, caméléon, champignon blanc, chanvre, chardon, chardonnette, chervis, chicorée, chicotin, chiendent; chou blanc, cabus, fleur, frisé ou crépu, la pomme, le rejeton, ou jeune, sauvage. Ciboule, ciguë, plante vénéneuse, citronnelle, citrouille, civette, clématite, cochléaria, coloquinte, colza, concombre sauvage, copahu, coq des jardins, coquelicot, corail de jardin, couleuvrée, courge, crapaudine, cresson, crête-marine, curcuma ou safran d'Inde, dent de chien, de lion ou pissenlit, dentelaire, dictame, digitale, doucette, échalotte, ellébore, encens, endive, épi d'eau, épinard, ers, estragon, férule, fève d'Égypte, flambe, foin, fougère, fumeterre, garance, genêt, genièvre, gentiane, géranium ou bec de grue, germandrée, glaux, graine de paradis, grain, grand persil, herbe aux perles, gui, guimauve, sainfoin d'Espagne, héliotrope, herbage; HERBE potagère, sauvage, marine ou de mer, de marais, de Sainte-Barbe, d'arondelle, aux cailles, aux cerfs, aux chancres, à coton, à foulon, au lait, aux moineaux, marine, aux perles, aux poumons, à la reine, Robert, aux scorpions. Herbes fines, simples, herbette, houblon, houx, frelon, hysope, jacée, jacinthe ou hyacinthe, jasmin, immortelle, jonc, joncaire, joubarbe, ive ou ivette, jugeoline, julienne, ivraie, pied de lièvre, laiteron; LAITUE pommée, romaine; LANGUE-de-chien, de cerf ou de scolopendre, de serpent. Lavande, légume, légumes, herbes potagères, lentille sauvage ou de marais, lierre terrestre, lin, linaire ou lin sauvage; LIS d'étang ou nénufar, des vallées ou muguet, liseron, lotier, luzerne, maceron, mâche, mandragore, marjolaine sauvage, mauve, méliot, mélisse; MENTHE aiguë ou aigre, sauvage ou chevaline, Mercuriale, mille-feuille, mille-pertuis, millet, morgeline, morine, mouron, moutarde ou sénevé. Muguet, myrrhis, napel, narcisse, nasturce, navet, nénufar, nisanne, œil-de-bœuf, oignon, oléandre, oreille-de-lièvre ou perce-feuille. Oreille-d'âne, orge, ortie, oseille sauvage, osier, palma-christi, panais; PAS-d'âne, de lion. Passe-fleur, passerage, pastel, pastèque ou melon d'eau, patience, pavot, pédiculaire, perce-feuille, perce-neige, perce-pierre, persicaire, persil, pervenche; PIED-d'alouette, de veau, de lion ou pas-de-lion. Piloselle, pimprenelle, pirole, pissenlit ou dent-de-lion, pivoine, plantain, poireau ou porreau, poirée; POIS chiches, hâtifs, sauvages, petits. Poivrette; POMME d'amour, épineuse, de terre. Potiron, pourpier, pulmonaire, raifort, raiponce, rave, réglisse, renoncule, rhubarbe, ricin ou palma-christi, riz, romarin, ronce, roseau, rosier, sabine, safran, sagotte; sainfoin, sangdragon, sanicle, saponaire, sarriette, sausepareille ou salsepareille, sauge, scabieuse, scammonée, scille, scolopendre, scorsonère, scrofulaire, séné, senega, sensitive, serpolet, sésame, séséli, soldanelle, souchet, souci, squille, sumac, sureau, tabac, nicotiane; tamaris, thé, thym, tormentille, trèfle d'eau, truffe, tuber ; vanille, verveine, vesce, violette, vipérine, vulnéraire.

BLÉS.

Avoine ; BLÉ de Turquie ou maïs, méteil, noir ou sarazin. Fèves, froment, ivraie, lentilles, millet, orge, panis, riz, seigle, sésame, touselle, vesce, la barbe de l'épi, la bourse, l'épi, la fleur, le fourreau, la gousse, le grain, la graine, la tige, le tuyau.

TERMES USITÉS EN PARLANT DES VÉGÉTAUX.

Arbre, arbrisseau, arbuste, plante ; PLANTE tombante, dormeuse, vivace, indigène, exotique, polygame, cryptogame, d'agrément, potagère, légume, céréale, semence, graine, cotylédon, germe, bouture, marcotte, greffe, sujet ; RACINE, annuelle, bisannuelle, vivace, ligneuse, bulbeuse, fibreuse ; SÈVE ascendante, descendante, moelle, sauche, collet, tige droite, oblique, couchée, montante, rampante, grimpante, volubile, cylindrique, aplatie, anguleuse, striée, raboteuse, noueuse, effilée, médulleuse, spongieuse, molle, ferme, souple, cassante, sèche, charnue, lactescente, nue, velue, aiguillonnée, épineuse, simple, rameuse, fourchue, chaume, paille, fétu, fourrage, tronc, écorce, pelure, branche, rameau, feuille, bourgeon, œil, bouton, fleur, pétale, calice, corolle, pistil, ovaire, étamine, pollen ; FLEUR simple, double, mâle, femelle ; FRUIT à pepins, à noyau ; PÉRICARPE, pulpeux, à écailles, à piquans, coque, casse, gousse, épi, baie, suc, gomme, laque, manne, résine, copal, copahu, benjoin, térébenthine, caoutchouc, nielle, carie, brouissure, galle, pédoncule, pétiole, espalier, plant, scion, surgeon, cep, crossette, provin, sarment, arrhes, pampre, grappe, arbre fruitier, bois, forêt, arbre forestier, bocage, bosquet, futaie, taillis, oseraie, saussaie, bruyère, buisson, broussailles.

MINÉRALOGIE. — *Histoire des Minéraux.*

MINÉRAUX.

Alun de roche, amiante, antimoine, arsenic, azur, bitume, blanc, borax, carrière, chalcite, cinabre, couperose, craie, craie rouge, émail, fossile, manganèse, marcassite, mine de fer, minium, nitre; OCRE jaune, rouge; orpiment, pastel, pyrite, salpêtre, sandaraque, sel gris, sel de roche, soufre, terre à foulon, vif-argent, mercure, vitriol.

MÉTAUX.

Métal, acier, affinage, aimant, airain, aloi, argent, en lingot, bronze (figure de); calamine, céruse, cuivre, écume, étain, fer, fer-blanc; FIL d'archal, de fer, de métal, d'or. Laiton, lingot, métal sonnant, or en lingot; PLOMB (lame de), (mine de). La rouille, la soudure, tombac, la trempe, vif-argent, zinc.

PIERRES PRÉCIEUSES.

Agate, aigris, almandine, améthyste, aventurine,

bezoard, brillant, petit ; calcédoine, chrysolithe, corail, cornaline, crapaudine, cristal de roche, diamant brut, émeraude, escarboucle, filigrane, girasol, granit, grenat, héliotrope ou solaire, jais, jaspe, joyau, ivoire, lapis-lazuli, marbre, marcassite, nacre, onyx, opale, ophite, perle, pierre philosophale.

AGRICULTURE ET CAMPAGNE.

Abreuvoir, abîme, aire, allée d'arbres sablée, antre, aqueduc, arbre, arbrisseau, avenue, basse-cour, blé en herbe, bois de haute futaie, bord, borne, bosquet, bocage, botte de foin, bouchon de baille, boue, bourbier, bourg, branche, brin d'herbe, bruyère, buisson, cabane, cabinet de verdure, caillou, chapelle, champ, chanvre, château, chaumière, chaume, chaussée ; CHEMIN, grand, de traverse, détourné, raboteux, vilain, uni. Chènevière, chènevis, chenil, citerne, clairière, clocher, colline, colombier, côte de montagne, coteau, cour, courant d'eau, crotte, désert, domaine, échalas, échalier, église, égrilloir, écluse, enclave, engrais pour les terres, enjambée, enclos, très-passager, épi, ermitage, espalier, estacade ; ÉTABLE à bœufs, à vaches, à brebis ou bergerie, à cochons. Étang, fenaison, ferme, feuille, feurre, figuerie, filature, flaque, fleur, fleuve, rivière ; foin, fonderie, fondrière, fonds, fontaine, forge, forêt, fougeraie, fosse, fossé, fourrage, fumier, garenne, gazon, gerbe, gerbière ou meule, gouffre, grange, gravier ; GRENIER à foin, à sel. Grotte, guérets, haie, hallier, hameau, haras, hauteur, herbage, herbe, houblonnière, hutte,

jachère, jardin, jardinage, jet d'eau, jonc, juchoir,
labourage, lac, lagune, laiterie, lançoir, lande, légu-
mier ou potager, levée, digue, linière, loge; MAISON
de campagne, de plaisance, de bois, de briques, de
pierres, de chaux, de terre. Maisonnette, marécage,
marne, marnière, marais, ménagerie, métairie,
moisson, monastère; MONTAGNE, la pente ou le penchant, le pied ou le bas, le sommet, une chaîne de
montagnes, morceau de terre, motte, monceau;
MOULIN à bras, à coton, à eau, à foulon, à fouler le
drap ou presse, à huile, à papier, à piler, à nef, à van,
à vent, à tan ou à écorce. Mousse, mur, muraille,
ombre, ornière, pacage, paille, palissade d'arbres,
parapet, parc pour les moutons, pas de haie, pâtu-
rage, paysage, pelouse, pépinière, perspective,
pierres, pilotage, plaine, plantage, plate-bande, pont,
port, pot à fleurs, poulailler, poussière, prairie, pré,
précipice, racine, réceptacle, récolte, regain, rivage
de la mer, rigole; RIVIÈRE marchande, petite. Rizière,
rocher, ronces, roseau, roseraie, route, ruisseau
petit, sable, sablonnière, seigneurie, semence, sentier, serre, sillon, source, tanière, tannerie, tapis
vert, taudis, terrain, terrasse; TERRE, pièce de terre,
en friche, labourable, labourée, qui repose, sigillée.
Terreau, territoire; TERROIR aride, fertile, humide,
ingrat, stérile, gras, maigre, pierreux, sablonneux.
Tertre, tige, torrent, tour petite, tournant d'eau, tour-
niquet, treillage, treille, tremblaie, tuilerie, tuyau,
vacherie, vallée, vallon, vanne ou écluse, vendange,
vénerie, verger, verrerie, vide-bouteille, vignoble,
vigne; VILLAGE riant, bien peuplé.

OUTILS NÉCESSAIRES POUR L'AGRICULTURE.

Aiguillon, arrosoir, bêche, brancard, brisoir, brouette, charrette, charrue, le soc, chariot, char, civière, claie, cognée, courroie, coutre, crible, cuve, cuveau, égohine, étrape, fauchet, faucille, faux, fléau, fouet, fourche, fourchon, greffon, huche, haquet, herse, hotte, houlette, houe, hoyau, joug, manche, mare, meigle, musclière, panetière, pelle, pic, pieu, pioche, plantoir, pressoir, racloir, racloire, râteau, roues, rouleau, sarcloir, semoir, serpe, serpette, tombereau, trappe, trident, van, verge de fléau.

OUTILS.

Affutage, agrafe, aiguille, alambic, alène, battoir, bêche, béquille, bobine, brisoir, brunissoir, burin, carde, calandre, carreau de tailleur, carton, ciseau, chassoir, claquet, traquet, clef d'un étau, clou à crochet, coignée, coin, colle, compas, comptoir, coupette, couperet, courroie, crampon, creuset, crémaillière, crochet, cuve, dé, décrottoire, dentelure de roue, dévidoir, drége, échasses, éclisse, écouvillon, écussonnoir, élargissure, embouchoir de botte, enclume, enclumeau, engin, ensouple, entonnoir, équerre, établi, étau, faucille, ferrière, flammes, force, foret, forme, fourgon, fuseau, gouge, grue, hache, hachette, hie, houe, hoyau, instrument, lime machine, maillet, manique, marteline, marteau, métier, meule, mortier, moule, moulin, navette, niveau, oiseau, outil, perçoir, pierre à aiguiser, pilon, pinceau, pincette, pioche, plomb, poinçon, polissoir, presse, pressoir, quenouille, rabot, râpe, rasoir, règle, rondeau, roue, rouet, sarclet, scie, sérans , serpe, soufflet, tarière, tenailles, têtes à perruques, tour, tranchet, tranchant, trémie, tréteau, truelle, vilebrequin.

DIVISIONS DE LA PHYSIQUE.

Physique particulière ou Physique proprement dite.

CORPS PONDÉRABLES.

Étendue, — porosité, — compressibilité, — divisibilité, — dureté,— ductilité, — attraction, — pesanteur, — gravitation, — frottement, — inertie, — repos.

Force motrice.

Mouvement
{ pendule,
clepsidre,
chronomètre.

Equilibre, balance,
Centre de gravité,
Elasticité.

CORPS SOLIDES.

Densité, ou pesanteur spécifique des solides.
Dilatation des solides. — Pyromètre.

CORPS LIQUIDES.

Densité des liquides. — Aréomètre.
Dilatation des liquides. — Thermomètre.
Ebullition, vapeurs.

CORPS FLUIDE OU GAZEUX.

Air. — Pesanteur de l'air.
Gaz. — Hygromètre.
Dilatation des fluides aériformes.
Pression de l'air. — Baromètre.
Elasticité et compression de l'air.
Machine pneumatique. — Syphon.
Aérostats.

CORPS IMPONDÉRABLES.

Electricité.

Electrophores.
Machine électrique.
Bouteille de Leyde.
Pile de Volta.
Orage.
Foudre.
Paratonnerre.

Galvanisme.

Pile galvanique.

Magnétisme $\left\{\begin{array}{l}\text{Aimant,}\\\text{Boussole.}\end{array}\right.$

LUMIÈRE.

Vitesse de la lumière.

Réflexion de la lumière.

Miroirs, glaces.

Réfraction de la lumière.

Lentilles.

Prismes.

Mirage.

Arc-en-ciel.

Coloration.

Spectre solaire.

Optique $\left\{\begin{array}{l}\text{catoptrique,}\\\text{dioptrique,}\\\text{perspective.}\end{array}\right.$

Microscope.

Télescope.

Lunettes.

Chambre noire.

Camera lucida.

CALORIQUE.

Chaleur.

Combustion, feu, flammes.

Conductibilité.

Dilatation.

CHIMIE.

Distillation, — sublimation, — cristallisation, — dissolution, — calcination, — concentration, — filtration , — corps simples , — corps composés, — acide, — oxide, — base, — alcali, — protoxide, — deutoxide, — peroxide, — sel, — sel neutre, — sel oxide, — sel acide, — oxigène, — hydrogène, — carbone, — soufre, — chlore, — iode, — azote.

COULEURS.

Azur, — blanc, — blanchâtre, — blême, — bleuâtre, — bleu, — brun, — carmin, — céladon, — clair-obscur, — cramoisi, — écarlate, — gris, — grisâtre, — jaunâtre, — jaune, — incarnat, — isabelle, — lilas, — nacarat, — noir, — noirâtre, — olivâtre, — orangé, — panaché, — ponceau, pourpre rouge et vert, — rougeâtre, — vert, — vert-de-gris, — vert foncé, — vert-pomme, — verdâtre, — vermeil, — vermillon, — violet, — zinzolin.

Couleurs de l'arc-en-ciel : — rouge orangé, — jaune-vert, — bleu, — indigo, — violet, — qui peuvent se réduire à trois couleurs primitives, le rouge, le jaune, le bleu.

QUALITÉS DE LA COULEUR.

Simple, — composée, — naturelle, — artificielle, — primitive, — claire, — vive , — éclatante, — brillante, — éblouissante, — vermeille, — riante, —

gaie, — fleurie, — fraîche, — riche, — pâle, —
terne, — ternie, — effacée, — morte, — triste, —
morne, — lugubre, — sombre, — rembrunie, —
forte, — foncée, — faible, — légère, — dorée, —
pourprée, — purpurine, — nuagée, — mêlée, —
changeante. On dit : l'union, — les reflets, — l'accord, — le jeu des couleurs, — l'émail, — le vif
émail des couleurs, — le luxe, — l'éclat des couleurs.
En poésie, l'essaim brillant des couleurs. En poésie,
on dit quelquefois l'*azur* pour le bleu, le *pourpre*,
pour le rouge, l'*émeraude*, pour le vert, l'*oranger*,
pour le jaune.

HISTOIRE.

L'histoire est le récit des faits supposés vrais.
D'après : 1° *Le temps* dont elle décrit les faits, elle se
divise en histoire ancienne, moyen-âge et moderne;
suivant le plan qu'elle embrasse, elle est générale,
universelle, particulière, complète, abrégée, chrono-
logique ; 2° *La manière* dont les historiens présentent les faits, prend le titre d'histoire proprement
dite, d'annales, de chroniques, de mémoires ou com-
mentaires, de révélations, de fastes, de journal historique, de fragments, d'essais historiques, de recherches, de mélanges ; 3° *L'espèce de faits* dont elle
traite se nomme histoire sacrée, profane, dogmatique,
ecclésiastique, descriptive , civile ou politique, mili-

taire, critique, naturelle, numismatique (médailles),
héraldique (blasons).

TERMES USITÉS DANS L'ÉTUDE DE L'HISTOIRE.

Temps, — calendrier, — almanach, — annuaire,
— siècle, — mois, — semaine, — jour, — heure, —
seconde, — minute, — tierce, — scrupule, — équation des temps, — cadran, — gnome, — style, — cycle solaire, — lunaire, — fêtes dominicales, —ère,—
dates, — époque, — olympiade, — lustre.

PARTIES DU CORPS HUMAIN.

Aine, aisselle, âme, artère, articulation, avant-bras,
barbe, bile, bouche, boyaux, bras, carpe, cartilage,
cerveau, cervelet, chair, cheveu. CHEVEUX roux. Cheville, chignon, chyle, clavicule colonne vertébrale,
cœur, corps, côte, côté, cou, coude, coudée, coude-
pied, crachat, crâne, cuisse, dent; DENTS canines,
incisives, molaires; DOIGT, le pouce, l'index, le doigt
du milieu, l'annulaire, le petit doigt, dos, échine,
entrailles, épaule, épine du dos, estomac, extrémités,
fibre, fiel, foie, fossette, front, gencive, genou, glande,
gosier, gras de la jambe, hanche, intestins, jambe,
jointure, joue, lait, langue, larmes, larynx; LÈVRE
de dessous, de dessus. Lèvres, luette, mâchoire;
MAIN droite, gauche; le creux, la paume, le revers.
Membrane, mollet, membres, menton, moelle, morve,
moustaches, muscle, narine, nerf, nez, nombril, œil,
les yeux, ongle, orbite de l'œil, oreille, organes,

6

orteils ; os de la jambe, os cariés, osselets de l'oreille, palais, paupières, peau, phalanges, pharynx, pied, pied-bot, plante des pieds, poignet, poing, poitrine, pores, pouls, poumon, prunelle ou pupille, raté, rein, reins, rotule, salive, sang, sein, sourcils, squelette, talon, tempe, tête, tronc, veine, ventre, vertèbres, visage.

SENS DU CORPS.

Goût, odorat, ouïe, toucher, vue ; qui donnent la saveur, l'odeur, le son, le tact.

ACCIDENTS ET PROPRIÉTÉS DES CORPS.

Activité, agilité, agrément, air, aspect, assoupissement, bâillement, boire (le), bonne grâce, contenance, corpulence, cri de joie, dimanche, dextérité, digestion, dormir, embonpoint, encolure, endormissement des membres, engourdissement, éternument, faim, force, gémissement, geste, grimace, haleine, hoquet, laideur, maigreur, maintien, manger (le), mine bonne, mort, moue, mouvement, naturel, pâleur, palpitation, pas, parole, pleurs, port, posture, prestance, regard, repas, respiration.

AME ET CE QUI Y A RAPPORT.

Abattement de cœur, accablement, admiration, adresse, affliction, âme, ambition, amitié, antipathie, approbation, appréhension, ardeur, attachement, attention, attrition, aversion, aveu, avis, bizarrerie,

calcul, capacité, caprice, caractère, chagrin, chicane,
chimère, choix, circonspection, colère, compassion,
commisération, conception, condescendance, condoléance, conduite, confession, confiance, conjecture,
connaissance, conscience, consentement, considéra-
tion, consolation, contentement, contrainte, contrition, conversation, cordialité, courage, coutume,
crainte, croyance, curiosité, dédain, déférence, dé-
fiance, dégoût, délibération, désespoir, désintéressement, désir, désagrément, dessein, détermination,
détestation, disposition, distraction, douceur, douleur, éclaircissement, élan d'esprit, élévation d'ame,
embarras, émotion, empressement, emportement,
émulation, enchantement, encouragement, énergie,
enjouement, ennui, énonciation, entendement, en-
tente, entretien, envie, épouvante, équivoque, essor
d'imagination, espérance, esprit, estime, étonnement,
étude, exactitude, examen, excuse, exhortation, ex-
périence, extase, faculté, fantaisie, fermeté, ferveur,
feu (ardeur), fiction, foi, franchise, gaieté, gémissement, génie, gentillesse, grace, gravité, hardiesse,
honte, horreur, humeur, idée, jeu d'esprit, imagination, impression, incertitude, inclination, indulgence,
industrie, ingénuité, inquiétude, insipidité, intelligence, intention, instruction, invention, irrésolution,
lamentation, lecture, liberté, méditation, mélancolie,
mémoire, mention, mépris, méprise, merveille, mo-
dération, mortification, mot pour rire, mouvement
de l'âme, murmure, nature, naturel, obéissance, ob-
jection, observation, opinion, ostentation, passion,
patience, peine, penchant, pénétration, pensée, per-

plexité, perquisition, perception, persuasion, pesanteur, peur, plainte, plaisanterie, plaisir, prédétermination, préjudice, présence d'esprit, prescience, prétexte, prévoyance, projet, promptitude, qualités, raillerie, raison, raisonnement, ravissement, reconnaissance, recueillement, réflexion, regret, remarque, remords, repentance, repos, répugnance, résolution, ressentiment, restriction, rêverie, sagacité, saillie d'esprit, savoir, satisfaction, science, scrupule, sens, sensation, sensibilité, sentiment, silence, soin, sollicitation, sollicitude, soliloque, songe, souffrance, souhait, soulagement, soupçon, souvenir, spéculation, spectre, subtilité, supposition, surprise, sympathie, talent, tendresse, tentation, terreur, tour d'adresse, d'esprit, tourment, tranquillité, tressaillement, tribulation, tristesse, trouble, verve, vision, vivacité, vocation, volonté, vue (dessein), zèle.

DÉFAUTS PHYSIQUES.

Aveugle, bègue, bigle, boiteux, borgne, bossu, camard, chauve, dartreux, envie (marque que les enfants apportent en naissant), estropié, gaucher, goîtreux, louche, manchot, muet, myope, nain, pied-bot, pygmée, scrofuleux, somnambule, sourd, teigneux, point du jour, quelquefois, semaine, siècle, soirée.

VICES ET DÉFAUTS.

Abonnement, absurdité, abus, acharnement, adulation, ambition, amour-propre, blasphème, brutalité, cajolerie, calomnie, colère, coquetterie, cruauté, déloyauté, démérite, dépit, désobéissance, désordre.

discorde, dissimulation, dureté, effronterie, entête-
ment, envie, espiéglerie, étourderie, excès, extrava-
gance, fainéantise, fausseté, faute, flatterie fourberie,
fraude, friponnerie, furie, gourmandise, grossièreté,
haine, implacable ; HUMEUR bourrue, mauvaise, revê-
che, volage, hypocrisie, jalousie, ignorance, illusion, imbécillité, immodestie, impatience, impéni-
tence, imperfection, impertinence, impiété, impoli-
tesse, imprécation, imprudence, impureté, inatten-
tion, inadvertance, incapacité, inconstance, in-
continence, incorrigibilité, indiscrétion, indoci-
lité, indolence, ingratitude, inhospitalité, inhuma-
nité, inimitié, injure, injustice, insensibilité, inso-
lence, insuffisance, insulte, intempérance, irréligion,
légèreté, luxure, malice, malpropreté, méchanceté,
médisance, mensonge, mépris, négligence, noncha-
lance, opiniâtreté, orgueil, ostentation, paresse, que-
relle, raillerie, rancune, ruse, superstition, taquine-
rie, vanité.

VERTUS.

Aumônes, bienveillance, bonté, candeur, charité,
charitable, chasteté, civilité, clémence, complaisance,
conciliateur, concorde, contrition, cordialité, courage, désintéressement, discrétion, douceur, économie, étude, fidélité, hospitalité, humanité, laborieux,
modestie, obéissance, officieux, patience, patriotisme,
persévérance, piété, pieux, politesse, prudence, pu-
deur, respect, travail, vérité, vertu, vigilance, zèle.

DEGRÉS DE PARENTÉ.

Aïeul, aïeule, aïeux, aîné, aînée, ancêtre, arbr

généalogique, arrière-petit-fils, arrière-petite-fille,
beau-fils, belle-fille, beau-frère, belle-sœur, beau-
père, belle-mère, bisaïeul, bisaïeule, bru, cadet,
cadette, cousin, cousine, cousin germain, cousine
germaine, descendants, enfant, époux, épouse,
femme, filleul, filleule, fils, fille, frère, frère
de lait, frère du côté du père, frère germain, garçon,
généalogie, génération, gendre, jumeau, jumelle,
marâtre, marraine, mari, mère, neveu, nièce, nourrice, nourricier ou père nourricier, nourrisson, oncle, originaire, origine, parent, parentage, parenté,
parrain, père, père et mère, petit-fils, petite-fille,
postérité, prédécesseurs, sœur, successeurs, tante.

REPAS.

Ambigu, collation, dessert, déjeuner, dîner, écot,
goûter, souper, festin, régal, bonne, mauvaise chère,
toast.

NOURRITURE.

Abatis, agneau, ail, aliment, alouettes, aloyau,
anchois, andouille, andouillette, anguille marinée,
artichaut, asperges, bécasse, bécassine, beignet,
beurre, beurrée ; BŒUF à la mode, à la royale, de ci-
mier, à la persillade. Bifteck, boudin, bouilli, bouillie,
bouillon, consommé, brochet, caille, canard, cannelle, câpres, carbonnade, cardes de poirée, cardon,
carpe, cerf, cervelas, cervelles, chapon, champignons, chevreau, chou, choufleur, ciboule, citron,
civet, clou de girofle; COCHON d'Inde, de lait. Corni-
chon ; COTELETTE de cochon, de mouton, de veau.
Crème, daube, dindon, dindonneau ; EAU douce, plu-
viale, de fontaine, de source, de puits, de rivière, de

mer, endive, entremets, épices, épinards, esturgeon, étuvée, farce, fèves, flan, foie, fraises, fraises de veau, friandises, fricandeau, fricassée, friture; FROMAGE à la crème, de Gruyère, de Roquefort, parmesan. Fruits cuits, galimafrée, gibelotte, gibier, gigot, godiveau, grenouilles, griblettes, grillades, grive, hachis; HARENG salé, saur. Haricots, huile, huîtres, jambon, jarret de veau, jus; LAIT caillé, nouvellement tiré, petit. Laitues, lamproies; LANGUE fourrée, fumée. Lapin, lard, lardon, légumes, lièvre, longe de veau, macaroni, marinade, marmelade, matelote, melon, merlan, merluche, morue, moutarde; MOUTON, un carré, un gigot. Muscade, navets; ŒUFS au beurre noir, à la coque, durs, frais, pochés. Oie, omelette, ortolan, oseille; PAIN bis, blanc, de ménage, chaud, chapelé, frais, moisi, rassis, un petit; la baisure, la croûte, la farine, la fleur, le levain, une miche, la mie, une miette, la pâte, le son. Panade, pâté, pâtes, perche, perdrix, persil, pigeonneau, pilau, pitance, pois chiches, poivre, pommes de terre, porc, potage au riz; POUDING, aux pommes, aux raisins, au riz. Poularde, poulet, poutinade au pain, purée, radis, ragoût, raisiné, raves, rémolade, ris de veau, rissole de porc, rôti, rouelle de veau, saindoux, salade, salmigondis, salmis, sardines; SAUCE aux anchois, au beurre, aux câpres, aux huîtres, aux œufs. Saucisse, saucisson, sauge, saupiquet, semoule, sole; SOUPE aux herbettes, au gruau, au lait, au vermicelle, grasse, maigre. Tanche, tartre, tartelette, tête de veau, thon, tourte franche, tripes, truffes, truite; VEAU bouilli, rôti. Verjus; VIANDE de boucherie ou grosse viande, cuite au four, étuvée, fraîche, grasse, maigre. Vin, vinaigre, vivres ; VOLAILLE, une aile, le blanc, la carcasse, la cuisse, la farce, le foie, le gésier. Zeste.

Dessert *V.* fruits et pâtisserie.

COUVERT DE LA TABLE.

Aiguière, assiette, bassin, bouteille, cabaret, casse-noisettes, chandelier, coupe, couteau, couvert, CUILLER à café, à pot. Écuelle, fourchette, huilier, linge de table, mouchettes, moutardier, nappe, plat, pot à l'eau, poivrier, porte-assiette, réchaud, saladier, salière, saucière, serviette, service de porcelaine, soucoupe, sucrier, table, tasse, terrine, tranchoir, vaisselle, verre, vinaigrier.

BOISSONS.

Aile, BIÈRE blanche, bonne, forte, mauvaise, petite, café au lait, chocolat, cidre, citronnelle, EAU-de-vie, d'anis, de cerises ou kirch-wasser, de grains, de noyaux. Glace, hydromel, lait, petit, laitage, limonade, liqueur, liqueurs des îles, nectar, orangeade, orgeat, piquette, poiré, punch, porter, ratafia, rhum; SIROP de capillaire, de vinaigre. Thé ; VIN d'Alicante; d'Allemagne, d'ambroisie, d'Astie, de Bordeaux, de Bourgogne, de Champagne, d'Espagne, de l'Ermitage, florentin, de France, de Frontignan, d'Italie, de Lacryma Christi, de Lunel, de Madère, de Malaga, de Malvoisie, muscat, de Porto, de Portugal, du Rhin, de Rota, de Sardaigne, de Setuval, de Tokai. Une goutte, un verre, un petit verre ou verre à liqueur.

GOMMES.

Ambre, ambre gris, ammoniaque, bdellium, benjoin, bitume, camphre, copal, colle, encens, galbanum, gaïac, glu, goudron, laque, manne, mastic, myrrhe, opoponax, poix, résine, storax, térébenthine.

PATISSERIE.

Beignets, biscuit, bonbon, brioche, compote, confitures, conserve, cornet, cotignac, dragée, échaudé, flan, feuilletage, frangipane, gaufre, gâteau, gelée, gimblette, macarons, massepain, muscadin, noix confites, nougat, orgeat, oublies, pain d'épices, pain au lait, pâté, petits pâtés, pastilles, pralines; SUCRE candi, d'orge; TOURTE de béatilles, de cerises, de pommes, pâtissier, confiseur, confiturier, le rouleau d'un pâtissier.

ÉPICERIES.

Anchois, cannelle, câpres, cassonade, champignons, clou de girofle, cornichons, cotignac, encens, épice, figues, gingembre, gomme. Huile, macis, MIEL rosat, mousseron, musc, muscade, pain de sucre, poivre, raisins secs, riz, safran, savon, sel, soufre, sucre candi, vernis, vinaigre.

VÊTEMENT ET TOILETTE DE L'HOMME.

Bague, bas, BONNET de nuit, bottes, bottines, boucles, boutonnière, bouton, bourse, bretelles, brosse, caleçons, canne, casaque, camisole, ceinture,

CHAPEAU, la cocarde, la coiffe, le cordon, la forme, la ganse, le plumet. Chaussettes, chaussons ; CHEMISE, le collet, les coutures, l'épaulette, les goussets, le jabot, les manches, les manchettes, l'ourlet, les poignets. Col, collet, cravate, culotte, embouchoir, épée, escarpins, frange, gants, garniture, gilet, guêtres ; HABIT, les basques, les coutures, la coupe, le gousset, la doublure, les manches, le pan, les parements, les pattes, les plis, les poches. Jarretières, jonc, justaucorps, livrée, lorgnettes, lunettes, macintosh (Makintoche), manchon, manteau ; MOUCHOIR de cou, de poche. Pantalon, pantoufles, paletot, peigne, PERRUQUE. Pomme de la canne, portefeuille, carnet, rabats, rasoir, redingote, robe de chambre, rubans, sac de nuit, de voyage. Sandale, simare ; SOULIERS, les cordons, l'empeigne, les quartiers, la semelle, le talòn, les tirans, le cirage. Surtout, tabatière, tire-botte, vergettes, veste, turban.

VÊTEMENTS ET TOILETTE DE LA FEMME.

Agrafe, aigrette de diamants, aiguille, aiguillette, andrienne. Anneau nuptial, attifet, bandeau de nuit, boîte à poudre, bonnet, coiffe de nuit, bas. Boucles d'oreilles, bracelets, brassières, brillant, brosse pour les dents, busc, casaquin, chaîne en or, camisole, collerette, chemise, chas, ciseaux, coiffe, coiffure, collier de perles, cornette, corset, coton, croix, cure-dents, cure-oreilles, dé, dentelles, dévidoir, diamant, eau de senteur, écharpe, écheveau, écrin, empesage, empois, épingle, essuie-mains ; ÉTUI d'or, à aiguilles, éventail, falbala, fard, FER à friser, à repasser. Fi-

chu, fil, fontange, fourreau, fuseau ; GARNITURE de
diamants, d'émeraudes, de rubans, de rubis. Guir-
lande, joyaux, jupe, jupon, lacet, manchettes, mantelet, masque, miroir, mitaine, montre, mouches,
négligé, nœud de rubans, palatine, panache, parapluie, parasol, panier, parfums, peigne, peignoir,
pelisse, pelote, peloton, pendants d'oreilles, plume,
plumet, pommade, pompon, quenouille, robe, rouet
à filer, sac, nécessaire, savonnette, soie, tabatière
de nacre, tablier, toilette, toquet, tricotage, vergettes, voile.

ÉTOFFES.

Basane, basin, batiste, blonde, bombasin, bouracan, brocart, calmande, camelot, canevas, cotonnine,
crêpe, crépine, crépon, damas, dentelle ; DRAP d'or,
commun, fin, très-fin ou superfin, grossier, mince.
Draperie, droguet, écarlate, engrelure, étamine ;
ÉTOFFE de laine, de soie, rayée. Ferrandine, feutre,
flanelle, fourrure, frise, futaine ; GALON d'argent, de
mine, d'or, de livrée. Gaze, haire, indienne, laine
filée, linge ouvré, linon, lisière de la toile, lisière
du drap, lustrine, mérinos, mignonnette, moire,
molleton, moquette ; MOUSSELINE brodée, mouchetée,
rayée, unie. Pagnon, panne, peau, peluche Point,
ratine, satin, serge, tapis ; TAFFETAS glacé. Tiretaine ;
TOILE fine, grossière, imprimée, cirée, peinte, de
Cambrai, de coton, des Indes, de ménage, d'or,
d'argent. Treillis ; VELOURS ras.

NOMENCLATURE

MALADIES.

Abcès, accès, agonie, ampoule, amputation, amygdales, anévrisme, angine, angoisse, aphthe, aphonie, apoplexie, aveuglement, bile, blessure, brûlure, cancer, catalepsie, cataracte, catarrhe, chancre, charbon, cicatrice, clou, choléra-morbus, colique, commotion, contagion, contre-coup, contusion, convalescence, convulsions, coqueluche, cor au pied, coupure, dartre, défaillance, délire, démangeaison, dyssenterie, écorchure, écrouelles, égratignure, enflure, engelure, engouement, engourdissement, enrouement, entorse, épidémie, épilepsie, éruption, érysipèle, esquinancie, évanouissement; FIÈVRE bilieuse, brûlante, forte, continue, double tierce, étique, jaune, inflammatoire, intermittente, maligne ou ataxique, muqueuse, pestilentielle, nerveuse, putride, quarte, scarlatine, coupée. Folie, foulure, fracture, frénésie, frisson, frissonnement, furoncle, gale, gangrène, goître, goutte, hémorrhagie, hoquet, hydropisie, hypocondriaque (affection), jaunisse, indigestion, indisposition, infection, infirmité, inflammation, inoculation, insomnie, irritation, langueur, lèpre, loupe, luxation; MAL d'aventure, caduc ou haut mal, de gorge, de cou, de mer, de tête. Migraine, mort, myopie, ophthalmie, palpitation, panaris, paralysie, paroxysme, peste, petite vérole, phthisie, pica, pierre, pituite, plaie, poireau, poitrinaire, rage, rhumatisme, rhume, rougeole, rougeur, scarlatine. Scorbut, somnambulisme, squirrhe, stupeur, suppuration, symptôme, syncope, tache, teigne, torticolis, toux, transpiration, tumeur, vaccination,

veille, petite-vérole, verrue, vertige, ulcère, vomis-
sement.

MÉDICAMENTS LE PLUS EN USAGE.

Aloès, antidote, bande, bain, baume, bol,
bouillon blanc, breuvage, camphre, cardamome,
cassias ou casse, cataplasme, catholicon, cautère,
cérat, charpie, camomille, compresse, contre-poison,
corne de cerf, corrosif, crème de tartre, diapalme,
diascordium, diète, régime, dissection, dose, dro-
gues, eau de Cologne, élixir, émétique, emplâtre,
éther, fomentation, gargarisme, guérison, huile, inci-
sion, injection, inoculation, ipécacuanha, jus de réglisse, lait d'ânesse, laudanum, liqueur médicinale,
lotion, manne, médicament, médecine, mercure,
mithridate, onguent, opération, opium, panacée,
pédiluve, petit-lait, pilule, ponction, potion, quin-
quina, régime, rhubarbe, safran, saignée, salivation,
salsepareille, sangsues, sel d'Angleterre, séné, séton,
sinapisme, tablettes, tartre, térébenthine, tisane,
ventouse, vésicatoire, vomitif.

CARACTÈRE DES MÉDICAMENTS.

Astringent, apéritif, doux, violent, bénin, lénitif,
laxatif, calmant, irritant, fortifiant, dissolvant, pur-
gatif.

MAISON.

Aile, alcôve, hangar, antichambre, APPARTEMENT
meublé, de cinq ou de sept pièces, au rez-de-chaussée. Appentis, arche, ardoise, atelier, auvent, balcon,

balustrade, basse-cour, barreaux, bâtiment, bibliothèque, boudoir, boulangerie, boutique, brasserie,
bûcher, cabinet, cave, cellier; CHAMBRE basse, à coucher, de derrière, de devant, garnie. Charpente,
château, cheminée, le tuyau, cloison, coin, colombier, colonne, commodités, corps de logis, corridor,
cour, cuisine, demeure, écurie, enfilade de chambres,
entresol; ESCALIER dérobé, en limaçon, les degrés.
Étable; ÉTAGE, le premier, le second, le troisième, le
galetas. Façade, faîte; FENÊTRE, abat-jour, le châssis,
les croisées, les carreaux, le châssis de vitre, châssis
de papier, l'embrasure, les jalousies, une lucarne,
le store, le treillis, les volets. Fondements, fontaine,
four, foyer, galerie, glacière, gouttière, grange,
grenier, grille, habitation, hôtel-de-ville, jardin, in-
firmerie, lavoir, lingerie, logement, logis, magasin,
maisonnette, muraille, mur mitoyen, office, orangerie, oratoire, palais, panneau, parloir, parterre,
pavé, plafond, plancher, plate-forme, planches,
plâtre, pompe; PORTE à deux battants, de derrière, de
devant, cochère, de fer (grille), le guichet, le perron,
le seuil, le linteau, le pas, l'huisserie, l'anneau, la
barre, le cadenas, la chaîne, la clef, le crampon du
loquet, la fente, la feuillure, la gâche, les gardes de
la serrure, les gonds, le jambage, le loquet, le marteau, le moraillon, le passe-partout, le pêne, le pivot,
la portière, les ressorts de la serrure, la serrure, la
sonnette, la targette, le trou, le valet, le verrou.
Portique, poulailler, poutre; PUITS, la corde, la pou-
lie, un seau, un seau à puiser, la roue, le cadenas.
Recoin, salon, serre, solive, terrasse, toit, trappe,
tuiles, vestibule, voûte.

MEUBLES D'UNE CHAMBRE.

Accoudoir, ampoulette, armoire, banquette, bassin, bassinoire, bougeoir, bougie, brosse, buffet, buste, bureau, cabaret, cadre, cage, canapé, cartes, chaise, chaise-percée; CHANDELLE, le bout, la bobèche, les mouchettes, la mouchure, porte-mouchettes, l'éteignoir. Chandelier, chauffe-pieds; CHEMINÉE, les allumettes, le bois, la braise, la bûche, la cendre, le charbon, les chenets, l'écran, le fagot, la flamme, le feu, le foyer, la fumée, le garde-cendre, le houssoir, la pelle, les pincettes, la porcelaine, le pot à fleurs, le soufflet, un tison, une urne, un vase. Coffre-fort, commode, couchette, coussin, crachoir, dorure, dossier, écrin, étui de chapeau, estampes, fauteuil, garde-robe, garde-meuble, grabat, guéridon, lampe; LIT à colonnes, à tombeau, de parade, d'ange, de camp, de repos, de sangle, de plumes, de veille, en forme d'armoire; les anneaux, le bois, le ciel, le chevet, traversin, les colonnes, la coussinière, la couverture, couverture de lit piquée, les couvertures, le couvre-pieds, une courte-pointe, un drap, le duvet, l'enfonçure, le fond, la frange, une housse, le matelas, le matelas dě crin, l'oreiller, la paillasse, les pentes, les pieds, les rideaux, la ruelle, le soubassement, les tringles, la taie d'un oreiller. Lustre, miroir, oiseau, paravent, paysage, peinture, pendule, piédestal, placard, porte-manteau, portrait, prie-dieu, réveille-matin, rideau, secrétaire, serre-papiers, sofa, store; TABLE de bois d'acajou, de marbre, dorée, à jeu, de nuit, carrée, ronde, ovale. Tableau, tabouret, tapis, tapisserie, trumeau.

OBJETS NÉCESSAIRES DANS UN MÉNAGE.

Aiguille, assiettes, baignoire, balai, banc, berceau, boîte, bois, bouteille, buffet à tiroirs, caisse, cirage, ciseaux, chandelles, clous, coffre, compas, corbeille, couteau, crochet, cruche, décrottoire, eau, échelle, écuelle, épingles, éponge, escabelle, étui, faïence, fer à repasser, fourchette, flacon, garde-manger, guéridon, horloge, huche, lanterne, linges, lumière, lunette d'approche, marteau, microscope, montre, moulinet, nappe, natte, ombrelle, parasol, parapluie, pèse-liqueur, plats, polissoire, porte, portière, poterie, rasoir, ratière, rouet, savon, serviette, soucoupe, table, tasses, terrine, télescope, thermomètre, tiroirs, toilette, van, vergette, verre, verres à liqueur.

CUISINE.

Allumette, amadou, argenterie, armoire, assiettes, balai, balayures, bassin, bassinoire, batterie de cuisine, bluteau, bouilloire, bois; BOITE à fusil, à feu. Bougie, bouteille, braise, brasier, briquet, broche, brochette, bâche, buffet, cabas, cafetière, casserole, cendre, chandelier, chandelle; CHARBON de bois, de terre. Chaponnière pour engraisser la volaille, charbonnière, chauderon, chaudière, cheminée, chenet, chocolatière, citerne, coquemar, couperet, couteau, couvercle, crémaillère, crible, croc, crochet, cruche, cuiller à pot, dressoir, écumoire, égrugeoir, émouchoir, éponge, essuie-mains, étui à couteaux, évier, fagot de bois, faïence, fer à repasser, fiole, flacon, flambeau, fourchette, fourgon, fourneau, garde-cendre, garde-manger, gril, grille, hachoir, hatier, huche, huguenote, huilier, lampe, lanterne, lardoire, lavette, lavoir, lèchefrite, linge de table, lumignon, manche, marmite, marteau, mèche, mortier, motte, moulinet, moutardier, nappe, panier, passoir, pelle, pierre à feu, pilon, pincettes, plat, poêle, poêle à frire, poêlon, poissonnière, poivrier, poivrière; POT à l'eau, à feu, de terre. Potager, poterie, poulailler, racloire, râpe, réchaud, romaine, salière, seau, serviette, soufflet, soupière, sucrier, table, tamis, tasse, terrine, théière, tiroir, torchon, tournebroche, tourtière, tranchelard, tranchoir, trépied, vaisselle.

DOMESTIQUE.

Aide de cuisine, appointement, cocher, concierge, courrier, cuisinier, cuisinière, domestique, échanson, écuyer de cuisine, tranchant, femme de chambre, de charge, garde, garde-champêtre, gouverneur, gouvernante, homme d'affaires, instituteur, institutrice, intendant, jardinier, jardinière, laitière, laquais, maître-d'hôtel, marmiton, messager, messier, palefrenier, panetier, portier, portière, postillon, précepteur, instituteur, sous-secrétaire, servante, sommelier, soubrette, valet de chambre, d'écurie, vigneron, les gages.

CAVE.

Banc, banquette, baril, bondon, bouchon, bouteille, cannelle, caveau, cellier, cerceau, chantiers, cuve, cuveau, dame-jeanne, entonnoir, fausset, foret, foudre, futaille, lie, marteau, outre, perçoir, pinte, pipe, pot de terre, pressoir, puits, robinet, seau à puiser de l'eau, tampon, tâte-vin, tire-bouchon; TONNEAU, la broche, la fontaine. Velte, verre, vilebrequin, vin.

FEU.

FEU allumé, éteint, Atre, foyer, braise, cendre, chaleur, charbons, CHARBON de bois, de terre. Clarté, crépitation, étincelle, flamme, fumée, incendie, lueur, suie, tison.

DANSE.

Pas de zéphyre, échappé, rond de jambe, ployé, coude-pied.

—◦—

ARTS ET SCIENCES.

Abrégé, académie, académicien, aérologie, agriculture, agriculteur, agronomie, agronome, alchimie, alchimiste, algèbre, algébriste, anatomie, anatomiste, annales, annaliste, antiquaire, archéologie, architecture, architecte, arithmétique, arithméticien, astrologie, astrologue, astronomie, astronome, baccalauréat, bachelier, beaux-arts, belles-lettres, bibliographie, bibliographe, bibliothèque, bibliothécaire, bibliomanie, bibliomane, bibliophile, biographie, biographe, blason, blasonnement, botanique, botaniste, chiromancie, chiromancien, chirurgie, chirurgien, chorégraphie, chorographie, chronologie, chronologiste, chimie, chimiste, commentaire, commentateur, compilation, compilateur, composition, compositeur, comput, computiste, controverse, controversiste, copie, copiste, cosmogonie, cosmographie, cosmographe, cosmologie, cours, critique, cynisme, cynique, déchiffrement, déchiffreur, déclamation, déclamateur, définition, démonstration, démonstrateur, dessin, dessinateur, dialectique, dialecticien, dialogue, diction, diététique, discours, beau diseur, dissertation, dissertateur, divination, devin, doctorat, docteur, doctrine, docte, dogme, dogmes, dogmatiste, dramatique; DROIT canon, civil, divin. Docteur en droit, édition, éditeur, élocution, éloquence, éloquent, emphase, empirisme, empirique, émulation, enchantement, enchanteur, enchanteresse, encyclopédie, encyclopédiste, enluminure, enlumineur, épigrammatiste, épilogue, érudition, érudit, essai, éthique, éthologie, étiologie, étymologie, étymologiste, fable, fabuliste, fée, féerie, gastromantie, généalogie, généalogiste, géodésie, géographie, géographe, géométrie, géomètre, géomancie, géomancien, géorgique, geste, gesticulation, gesticulateur, gigantomachie, gnomonique, grade, gradué, grammaire, grammairien, graphie, gymnastique, gymnique, harangue, harangueur, hellénisme, helléniste, héraldique, herborisation, herboriste, science hermétique, hiéroglyphe, hippocratisme, histoire, historien, historiette, historiographe, humanité, humaniste, hydraulique, hydrographie, hydrographe, hydrologie, hydromancie, hydrostatique, hygiène, ichthyologie, iconographie, iconologie, ingénieur, institut, institution, instituteur, instruction, interpolation, interpolateur, interprétation , interprète, invention, inventeur, jurisconsulte, jurisprudence, juriste , justesse , laconisme, législation , législateur, légiste, lettres, lettré, lexicographe, lithologie, lithologue, littérature, littérateur, logique, logicien, magie, magicien, magister, maître ès arts, d'école , mathématiques , mathématicien , mécanique, mécanicien, médecine, médecin, mémoires, mémorialiste , métalurgiste , métaphysique, métaphysicien , métamorphose, métempsycose, météorologie , météorologiste, méthode, méthodiste, micrographie, minéralogie, minéralogiste, miniature, miniaturiste, miscellanée, morale, moraliste, musique, musicien, myologie, mythologie, mythologiste, narration, narrateur, nature, naturaliste, navigation, navigateur, nécromancie, nécromancien, néologie, néologue, névrologie, nomancie, nosologie, notariat, notaire, novation, novateur, odontologie, ontologie, opérations, opérateur, ophthalmo graphie, optique, opticien, oraison, orateur, ornithologie, ornithologiste, orographie, orométrie, orthographe, orthographiste, orthopédie, ostéogonie, ostéographie, ostéologie, ostéotomie, panégyrique, panégyriste, paradoxe, parodie, parodiste, pathologie, paysagiste, pédotrophie, peinture, peintre, péripatétisme, périphrase, péroraison, perspective, persuasion, pharmacie, pharmacien, pharmacopée, philologie, philologue, philosophie, philosophe, phoronomie, phonique, physique, physicien, physiologie, physiologiste, physionomie, physionomiste, phytologie, plaidoirie, plaidoyer, planimétrie, planisphère, platonisme, pneumatologie, poésie, poète, poétique, politique, pratique, praticien, prédication, prédicateur, professorat, professeur, prolusion, pronostiqueur, prophétie, prophète, prose, prosateur, prosodie, protase, proverbe, psychologie, publiciste, pyromancie, pyrotechnie, raisonnement, raisonneur, rhétorique, rhéteur, roman, romance, romancier, science, savant, scolastique, sélénographie, sophiste, Sorbonne, sorbonniste, sorcellerie, sorcier, sculpture, sculpteur, statique, stéréographie, stéréométrie, stéréotomie, syntaxe, théologie, théologien, théogonie, thérapeutique, théorie, théoricien, thèse, topographie, traduction, traducteur, trigonométrie, typographie, typographe, versificateur, uranographie, uranométrie, utopie, zoographie, zoographe, zoologie, zoonomie, zootomie.

PROFESSIONS ET MÉTIERS.

Arts mécaniques, affinerie, affineur, agiotage, agioteur, agriculture, agriculteur, cultivateur, aiguillier, aiguiseur, apothicairerie, apothicaire, apprentissage, apprenti, armurier, arpentage, arpenteur, artisan, aubergiste, banquier, barbier, batelier, batteur d'or, bijoutier, joaillier, bijouterie, bimbeloterie, bimbelotier, blanchisseuse, bonnetier, bottier, boucherie, boucher, boulangerie, boulanger, bouquiniste, bourrelier, boutique, boutiquier, boutonnier, brasserie, brasseur, briqueterie, briquetier, broderie, brodeur, brodeuse, bûcheron, cabaretier, cafetier, calfateur, cardeur, cardier, carrossier, cartier, chamoiseur, chapellier, charbonnier, charcutier, charpenterie, charpentier de navire, charron, chaudronnier, chiffonnier, chocolatier, cirier, ciseleur, ciselure, clincaillerie, clincaillier, clouterie, cloutier, coiffeur, colporteur, confiseur, cordier, cordonnier, corroyeur, courrier, courtier de vin, coutelier, couturière, lingère; COUVREUR en tuile, en ardoises. CRIEUR d'encan, public, de nuit. Crocheteur, portefaix, cuisinier, décrotteur, dégraisseur, dentiste, distillation, distillateur, dorure, doreur, drapier, droguiste, ébéniste, émailleur, emballeur, emmancheur, émouleur, aiguiseur, empailleur, empeseuse, entrepreneur, éperonnier, épicier, estimateur, éventailliste, expéditionnaire; FAISEUR de bas au métier, de boîtes, de boucles, de cordes à boyau, de filets, de roues, de savon. Faïencier, femme de métier, ferblantier, ferron, ferronnier, filandière, fleuriste, fonderie, fondeur de cloches, forge, forgeron, fossoyeur, foulerie, foulon, fourreur, fripier, fromagerie, fromager, fruitier, gantier, gens de métier, graveur en taille-douce, herbière, homme de métier, horlogerie, horloger, hôte, hôtesse, jardinier, jaugeur, imprimerie, imprimeur, inoculateur, inoculation, joueur de gobelets, laboureur, lainier, laitière, lanternier, lapidaire, lavandière, laveuse, écureuse, layetier, librairie, libraire, lunettier, luthier, lustrier, maçon, machiniste, maître de danse ou à danser, manœuvre, manufacture, manufacturier en drap, maquignon; MARCHAND en détail, en gros, de bas, de blé, de bois, de drap, de fromages, de beurre, de soierie, de tabac, de toile, de vin. Marchande, marchandise, marché, maréchal, matelassier, mécanisme, mécanicien, menuisier, mercerie, mercier, messagerie, messager, mesureur, métier, meunier, miroitier,

modiste, monnayeur, nourrice, oculiste, oiseleur, opérateur, orfèvre, ouvrage; OUVRIER en cuivre, en soie,
en velours. Papetier, parfumeur, passementier, pas-
seur, pâtisserie, pâtissier, paveur, peaussier, pêcheur,
peigneur, pelletier, perruquier, plâtrier, plombier,
plumassier, poêlier, poissonnier, poissonnière, porteur de chaise, potier d'étain, poulailler, praticien,
presseur, pressier, profession, propriétaire, prote,
raccommodeur de chaises, raffineur, ramoneur,
ravaudeuse, regrattier, relieur, renoueur, rentrayeur,
revendeur, revendeuse, rôtisserie, rôtisseur, roulier,
rubanier, sabotier, saunier, savetier, scieur, sellier,
serger, serrurier, tailleur, tailleur de pierres, tan-
neur, tapissier, teinturier, tisserand, tombelier, ton-
deur de drap, tonnelier, tordeur, tourneur, traiteur,
trame, travail à l'aiguille, tricoteur, tripière, tuilier,
vannier, vendeur de grain, veneur, vergetier, vernis-
seur, verrerie, verrier, vitrier, vidangeur, vigneron,
voiturier.

THÉÂTRE.

Comédie, spectacle, action, acteur, actrice, al-
lumeur, amphithéâtre, arlequin, baladin, ballet,
billet d'entrée, bouffon, brodequins, comédien, co-
médienne, coulisses ou scènes, curiosité, danseur,
danseuse, danseur de corde, décorations, directeur,
drame, entr'acte, farce, figurantes, foyer, habillement; LOGE, les premières, secondes, troisièmes, loge
auprès des coulisses, à côté du théâtre, marionnette,
marionnettes, mascarade, masque, mime, monolo-
gue, musique, opéra, orchestre, pantomime, paradis, parterre, personnage, pièce, polichinel,

rôle, salle de spectacle, sauteur, socque, souf-
fleur, toile, tragédie, tragédien, troupe de comé-
diens.

JEUX ET DIVERTISSEMENTS.

Balançoir, balle, BALLON, le battoir, la palette.
Bassette, bête, BILLARD, l'acquit, la bande, la bille,
la blouse, la masse, la passe, la queue. Boules,
CARTES (jeu de), les figures, les basses, une triomphe,
l'as, le roi, la dame, le valet, le dix, le neuf, etc.,
carreaux, cœur, piques, trèfles, la main, dernier en
main, le point, le capot, l'écart, le talon, les fiches,
les jetons. Cligne-musette, colin-maillard, le bandeau.
COMBAT de taureaux, de coqs, l'arène, lice, l'arrêt, la
barrière. Corbillon, course aux chevaux, coupe-tête,
culbute; DAMES, le damier, un pion, une dame damée.
DÉ, un coup de dé. Divertissement, domino, ÉCHECS,
l'échiquier, un pion, le roi, la dame, le fou, la tour,
le cavalier, le cheval, échec et mat. Enjeu, énigme,
frappe-main, galet. GAIN, gageure, hombre, spadille;
JEU à pair ou non, de la crosse, de la fossette, de l'oie,
des osselets, des quilles, d'adresse, de hasard. Joute,
tournoi, jouet, joueur, lansquenet, LOTERIE, un billet,
un gros lot. LOTO, les cartons, les fiches; quine, lutte,
lutteur, mai, mail, marbres, mascarade, massue,
mourre, un matador; palets; PAUME (le jeu de), la
grille, la galerie, le trou. Poussette, piquet, promenade, quilles, régale, reversi, ricochet, sabot, toupie,
TRICTRAC, le cornet, les dés, un coup. Volant, ra-
quette.

LANGUES.

Langage, langue, idiome, dialecte, jargon, patois, africain (l'), allemand, allemand (le plat), anglais (l'), arabe, chaldéen, copte, danois, esclavon, espagnol, éthiopien, flamand, français, grec, hébreu, irlandais, italien, latin, persan, polonais, portugais, russe, syrien, turc, interprète ou trucheman.

COMMERCE ET CE QUI Y A RAPPORT.

Achats, acheteur, acquit de douane, actions, affréteur, agiotage, agioteur, amodiateur, amodiation, annuité, apostille, appréciateur, appréciation, arbitrage, arbitre, argent, argent comptant, arrhes, association, associé, assignat, assignat (papier monnaie), assignation, assurance, assureur, avance, augmentation, bail, bailleur, balle, ballot, ballottage, banque, banquier, banqueroute, banqueroutier, besoin, bénéfice, bien, biens, bilan, billet, blanc ou blanc-seing, bon, bordereau, bourse, bulletin, bureau, caisse, caissier, calcul, calculateur, caravane, cargaison, caution, cédule, cession, cessionnaire, chaland, change, changeur, cherté, cirage, cire à cacheter, clincaillerie, clincaillier, commis-négociant, compromis, compte, comptoir, connaissement, consignation, consomption ou consommation, contenu, contrat, contrebande, contrebandier, contre-échange, contre-marquer, convention, correspondance, correspondant, courant, cours, courtage, courtier, coutume, créance, crédit, date, débit, débitant, débiteur, déboursement, décharge, déchet, décompte.

déduction, demande, denier, dépense, dépôt, détailleur, dette, dividende, douaire, double copie, échantillon, écriture, effets, emplacement, emplette, emprunt, emprunteur, énarrement, encaissement, enchère, enchérissement, endosseur, enregistrement, enveloppe, entrée, épreuve, équivalent, espèce, établissement, étalage, étaleur, étaler, étape, étrenne, évaluation, exacteur, exaction, exigence, expédient, expédition, expéditionnaire, expert, exploit, exportation, exprès, extinction, extorsion, extrait (*livre de raison*), fabrication, fabrique, façon, facture, failli, faillite, ficelle, fidéicommissaire, fil, foire, fonds (*biens*, *perdus*, *publics*), frais, gage, gain, gros, grosse, homme de boutique, hypothèque (*celui qui a une hypothèque, celui qui a hypothéqué, subsidiaire*), indemnité, insolvabilité, intérêt, inventaire, issue (*moyen*), issue (*succès*), jouissance, journal, jugement, justice, justesse, lettre *de change, de créance*, livre *de caisse, de comptes, de poche*, louage, magasin, magasinier, malle, mandat, *ordre*, marchand *en détail, en gros*, marchandise d'étape, marchandises *mauvaises, de contrebande, de rebut*, péril, permutation, perte, place marchande, plomb (sceau de), police d'assurance, de chargement, ponctualité, port *de lettres*, port (*voiture*), port *franc*, partage, porteur de lettres au facteur, possession, possesseur, poste, poste *à*, post-scriptum, pratique, préférence, préjudice, prescription, prêt, prime *d'assurance*, principal, prise de corps, prix, *fixe, juste, vil, hors de*, procuration, prodigue, produit, net, profit, promesse, *écrite ou par écrit*, propriétaire, propriété, prorogation, prospérité, protêt, provenu, quittance, rabais, rachat, rapport, rareté, recensement, récépissé, réception, recette, rechange, reçu, reconnaissance, recours, réduction, registre, règlement des comptes, rehaussement, remboursement, remise, rente *viagère*, rentier *à* constitution, revenu, revente, riche, richesses, risque, roulage, ruse, sceau, seing, signature, société léonine, solvabilité, somme, *capitale*, *totale*, sort, sorte (*espèce*), sorte (*façon*), sortie, sou par livre, sous-locataire, souscripteur, souscription, soute, stipulation, subhastation, subrécot, succession, successeur, sûreté, surséance, survente, tablettes, taux ou taxe, tènement, teneur de livres, terme, toile à emballer, trafic, transit ou passavant, transport, transport et entrée, troc, usage, usance, usure, usurier, valeur, vendeur, vente *à l'enchère*, *en détail*, *en gros*, vétilles, voiture, voyage, voyageur, ronflement, rougeur, sanglots, santé, sentiment, silence, sieste, soif, sommeil, songe ou rêve, souffrir, sourire ou souris, sueur, taille, teint, tempérament, lentement, transpiration, vie, vitesse, voix, *yeux* perçants, cernés.

TERMES DE POÉSIE.

Acrostiche, apologue, bucolique, cadence, mesure, mètre, centon, césure, chanson, comédie, dactyle, distique, drame, églogue, élégie, épilogue, épigramme, épisode, épithalame, épode, épopée, farce, faute, géorgiques, hexamètre, hémistiche, madrigal, mélodrame, mimiambe, nénies, octave, ode, pantomime, parodie, pastorale, pentamètre, pied, poème, poésie burlesque, didactique, poëte lyrique, satirique, tragique. Prologue, rime, satire, scène, sixain, sonnet, stance, tenson, tercet, tragédie, tragi-comédie, troubadour, VERS décasyllabe, endécasyllabe, iambique, vers blancs, vaudeville. Vers satirique.

INSTRUMENTS DE MUSIQUE.

Basse de viole, basson, grosse caisse, castagnettes, chalumeau, chapeau chinois, clarinette, clavecin, contre-basse, cor, cornemuse, cymbales, épinette, fifre, flageolet, flûte traversière, guitare, harpe, hautbois, JOUEUR de flageolet, de lyre, de harpe, de violon. Luth, lyre, mandoline, mandore, monocorde, organiste, ORGUE, le clavier, les cordes, les pédales, le sommier, les tuyaux. Piano-forté, les touches ; serinette, serpent, sistre, tambour de basque, tambourin, théorbe, timbale, tournebout, triangle, trombone, trompette, tympanon, vielle, viole, alto, VIOLON, violoncelle, piston.

TERMES DE MUSIQUE.

Accompagnement, accord, accorder, acoustique, acuité, air, aria, ariette, attaquer ; — barcarolle, boléro, bravoure, bruit ; — cabaliste, cacophonie, cantate, cantilerie, canto, cavatine, chantant, chiffrer, chœur, choriste, clavier, coda, col, compter, concerto, contre-temps, coryphée ; — déchiffrer, décompter, détonner, diapason, duo ; — entonner ; — fandango, fanfare, fausset, faux, finale, fioriture, fusée ; — harmonie ; — juste ; — ma (marcato morquè), marcia (marche), mélomane, menuet, mesure, minuetto, mise de voix ; — nocturne, notes de goût, œuvre, orchestre, ouverture ; — partition, pédale, percussion, plain - chant, point - d'orgue , polaca (polonaise), préludes ; — quartetto , quatuor , quinte , quintetto ; — récitant , récitatif, réciter, rhythme, ritournelle, roulade ; — segue (suivez), sempre (toujours) , senza (sans), septuor, sextuor, simile (semblable), solfége, solfier, solo, sonate, stretta , symphonie ; — tacet (silence) , tasto-solo (touche seule), tenue, terzetto, tétracorde, trait, trio, tutti, tyrolienne ; — uniti (unis) ; — vocaliser, voix, volta, volti (tournez).

TERMES APPARTENANT AU RHYTHME.

Silence, — battre la mesure, — temps, — ronde, — blanche, — noire, — croche, — double-croche, — triple-croche, — quadruple-croche.

SIGNES D'INTERRUPTION DE SONS, OU SILENCES.

Pause, — demi-pause, — soupir, — demi-soupir, — quart-de-soupir.

DEGRÉ DE VITESSE DU SON.

Les cinq mouvements principaux sont indiqués par cinq mots italiens : largo (lentement), adagio (posément), andante (modéré), allegro (vif, gai) presto (vite).

Les mouvements intermédiaires sont : larghetto (moins lent que large), andantino (moins lent que l'andante), allegretto (léger, gracieux), guisto (à quatre temps), moderato (modéré), commodo (sans presser), maesto (majestueux), tempo di marcia (mouvement de marche), brillante (brillant), fiero (fier), mosso (ému, animé), con anima (avec âme), agitato (avec agitation), vivace (vivement), prestissimo (plus rapide que le presto).

Gamme chromatique (nuancée), dièse, bémol, bécarre, diapason.

Les voix les plus ordinaires sont :

1° La basse *basso* (voix grave pour les hommes);

2° Le premier dessus *soprano primo* (voix aiguë pour les femmes et les enfants;

3° La taille ou *tenor* (voix plus ou moins aiguë pour les hommes ;

4° Le second dessus ou *soprano secundo* (voix qui monte moins).

Il y a quatre autres voix plus rares.

La *basse-contre*, plus grave que la basse ;— le *bariton*, entre la basse et le tenor; le *haut tenor*, plus aigu que le tenor ordinaire ; et le *contralto* ou troisième dessus (voix grave pour les femmes et les enfants).

EXÉCUTION VOCALE.

Mélodie,— harmonie,— solo,— duo,—trio,— quatuor,— chœur,— choriste,— chef-d'attaque,—coryphée,—piano (doux), pianissimo(très doux),—forte (fort), — fortissimo (très fort), — crescendo (en augmentant),— decrescendo (en commençant fort et en diminuant progressivement), — liaison, — renvoi, — da capo al seguo (pour retourner au signe),—guidon, —point d'arrêt, — point d'orgue, —ad libitum (à volonté), staccato (détaché),—port de voix,—*appogiature* (sur quoi la voix appuie).

GRAMMAIRE.

Idée, — pensée, — jugement, — raisonnement, — méthode, — langue, — langage, — sujet, — verbe, — attribut, — proposition, — phrase, — période, — discours, — son, — voix, — articulation, — voyelles, — consonnes, — *h* aspiré, — *e* diphthongue, — syllabe, — monosyllabe , — dissyllabe, — trisyllabe, — polysyllabe, — mot primitif, — radical, — composé, — dérivé, — orthographe , — accent aigu, — circonflexe, — grave , — apostrophe , — tréma , — apostrophe , — cédille , — trait d'union , — tiret , — ponctuation , — virgule, — point virgule, — deux points, — point d'exclamation, — d'invocation, — d'interrogation, — points suspensifs, — guillemet, — parenthèse, — lexigraphie, — lexicographie, — syntaxe, — parties du discours : nom, — substantif, — adjectif, — pronom, — verbe, — préposition, — adverbe, — conjonction, interjection, — article, — participe, — genre; — masculin, — féminin, — singulier, — pluriel, — indéfini, — accidentel, — collectif, partitif.

Adjectif, — qualificatif — déterminatif, — possessif, — démonstratif.

Pronom, — substantif, — complétif, — expression pronominale.

Verbe , — substantif, — attributif, — transitif, — extransitif, — actif, — neutre, — passif, — réfléchi, — défectueux, — complément direct, — indirect, — adverbial.

Mode, — défini, — indéfini, — général, — indéterminé, — affirmatif, interrogatif, — impératif, — conditionnel, subjonctif.

Temps, — passé, — futur, — primitif, — dérivé.

Analyse logique, — grammaticale, — sujet, — attribut, — complexe, — incomplexe, — simple, — composé, — proposition, — pleine, — elliptique, — explétive, — explicite, — implicite, — directe, — indirecte, — inverse, — absolue, — relative, — incidente.

Terme technique, — acception, étymologie, synonyme, paronyme, homonyme, paraphrase, astérisque, solécisme, babarisme.

LOGIQUE, RHÉTORIQUE ET LITTÉRATURE.

Littérature, esprit, idée, pensée, jugement, méthode ; idées physiques, morales, sensibles, abstraites, adventices, factices, vraies, claires, obscures, complètes, argument, syllogisme, enthymème, dilemme, sophisme, sorite, style, simple, tempéré, sublime, néologisme, influent, métaphore, allégorie, métonymie, synecdoque, ironie, hyperbole, répétition, gradation, pléonasme, périphrase, interrogation, apostrophe, prosopopée, imprécation, antithèse, comparaison, réticence, membre des mots, membre de la période, narration, description, prosographie, éthopée, topographie, style épistolaire, condoléance, vers, hémistiche, cadence, rhythme, hiatus, rime, strophe, épigramme, sonnet, rondeau, triolet, épithalame, chanson, vaudeville, apologue, fable, idylle, églogue, bucolique, épître, héroïde, satire, élégie, ode, poème didactique, drame, tragédie, comédie, opéra, mélodrame, vaudeville, poème épique, épopée, rhétorique, invention, disposition, élocution, discours, confirmation, réfutation , péroraison.

QUELQUES TERMES PARTICULIERS.

Redondance, galimatias, rébus , péremptoire, spécieux , captieux , évasif, hypothèse,́ paradoxe, axiome, corollaire, catégorie, diffus, chrestomathie, glossaire, lexique, index, distiques , bouts-rimés, énigme , charade.

PEINTURES.

Accourcissement, 'appui-main, carnation, chevalet, coloris, contour, contraste, couleur, coup de pinceau, couteau de palette, crayon, demi-teinte, dessin , dessinateur, détrempe, draperie, ébauche, enluminure, esquisse, figure, fond, image, lumière (bourre), mannequin , miniature, molette , moresque, palette, paysage, peinture fine, ordinaire; peintre en miniature, en paysage, en portrait ; pinceau, portrait à gouache, à fresque, à l'huile, au crayon, au pastel, raie, représentation , ressemblance, tableau historique, de cheminée, teinture, ton de couleur, traits, vernis, un cadre.

ARCHITECTURE.

Alliement, annelet, apophyse, arc-boutant, architrave, aréostyle, base, bossage, campaniile, cannelure, cariatide, cavet, centre, chapiteau, chaux, ciment, colonnaison, colonne, compartiment, console, corniche, coulisse, cymaise, décastyle, décombres, dôme, doucine, ébrasement, échafaud, échafaudage, échelle, échiffre, encoignure, enduisson, enduit, entre-colonne, épure, étai, eurhythmie, façade, feston, frise, fronton, fût, galbe, grue, hélice, hyperbole, harmonie, matériaux, mensole, modillon, menotriglyphe, mortier, mouchette, moulure, mutule, nacelle, niche, obélisque, ORDRE composite, corinthien, dorique, gothique, ionique, toscan ou rustique; orbe, ornement, orthographie, ovale, ove, palmettes, panache, perches, péristyle, piédestal; PIERRE, de coin, de taille, pile, pilier, pilotis, pinacle, plan, planche, plâtre, platée, plinthe, portique, pyramide, raccordement, refond, renflement, ressaut, rondeau, rotonde, rudenture, sable, soffite, structure, stuc, symétrie, tailloir, triangle, triglyphe, trumeau, volute, voûte.

MATHÉMATIQUES, — *Science des Nombres.*

ARITHMÉTIQUE.

Addition, algèbre, centaine, chiffre, dénominateur, diviseur, division, dizaine, fraction, milliard, million, multiplicateur, multiplication; NOMBRE à diviser, à multiplier. Quotient, réduction, règle, soustraction, tout, zéro.

NOMBRES CARDINAUX.

Un, une, deux, trois, quatre, cinq, six, sept, huit,

neuf, dix, onze, douze, treize, quatorze, quinze, seize, dix-sept, dix-huit, dix-neuf, vingt, vingt-et-un, vingt-deux, vingt-trois, vingt-quatre, vingt-cinq, vingt-six, vingt-sept, vingt-huit, vingt-neuf, trente, trente-et-un, trente-deux, trente-trois, etc. Quarante, quarante-et-un, quarante-deux ; cinquante, soixante, soixante-dix, quatre-vingts, quatre-vingt-dix, cent, cent un, cent deux, cent trois, etc. Deux cents, trois cents, quatre cents, cinq cents, six cents, sept cents, huit cents, neuf cents, mille, deux mille, trois mille, dix mille, onze mille, cent mille, deux cent mille, million.

NOMBRES ORDINAUX.

Premier, première, second, deuxième, troisième, quatrième, cinquième, sixième, septième, huitième, neuvième, dixième, onzième, douzième, treizième, quatorzième, quinzième, seizième, dix-septième, dix-huitième, dix-neuvième, vingtième, vingt-et-unième, vingt-deuxième, vingt-troisième, etc. Trentième, trente-et-unième, trente-deuxième ; quarantième, cinquantième, soixantième, soixante-dixième, quatre-vingtième, quatre-vingt-dixième, centième, cent unième, cent vingtième, cent trentième, deux centième, cinq centième, millième, le dernier, la dernière.

NOMBRES DISTRIBUTIFS.

Un à un, deux à deux, tous les deux, tous les trois, une couple, une paire, deux paires, une dizaine, une douzaine, une demi-douzaine, une douzaine et demie, une vingtaine, une trentaine, une quarantaine, une centaine, deux centaines, un millier, deux milliers, un million, deux millions, un billion, etc.

NOMBRES DE PROPORTION.

Nombre de proportion, simple, double, triple, quadruple, quintuple, sextuple, octuple, décuple, centuple. Une fois, deux fois, trois fois, etc. Premièrement, secondement, troisièmement, quatrièmement, etc. Dernièrement.

L'ARITHMÉTIQUE.

Elle comprend l'*arithmétique*, — la *géométrie*, — la *trigonométrie*, — l'*algèbre*, — l'*analyse*, — et le *calcul infinitésimal*.

Opérations : addition, — soustraction, — multiplication, — division, — fractions, — mesures nouvelles, — mesures anciennes, — puissance, — racine carrée, — racine cubique, — proportions, — règles de trois double, simple, — règle d'intérêt, — règle d'escompte, — annuités, — règle conjointe, — règle de mélange et d'alliage, — progressions arithmétiques, — progressions géométriques, — logarithme, — module, — base.

TERMES USITÉS EN ARITHMÉTIQUE.

Quantité, — grandeur, — unité, — nombre, — abstrait, — concret, — numération, — chiffres, — décimal, — somme, — extrait, — différence, — produit, — quotient, — facteur, — multiplicateur, — multipli-

cande, — diviseur, — dividende, — numérateur, —
dénominateur,—preuve,—plus,—moins.

RELIGIONS ET SECTES.

Agaréniens, anabaptisme, anabaptiste, apostasie,
apostat, arianisme, arien, artotirytes, athéisme, athée,
baianisme, baianiste, banians, calvinisme, calviniste,
catholicisme, catholique, christianisme, chrétien, con-
formiste, conversion, converti, cophte, déisme, déiste,
dévotion, dévot, disciple, dogme, druide, enthousias-
me, enthousiaste, esséniens, fanatisme, fanatique, fata-
lisme, fataliste, gentilisme, gentil, hérésie, hérésiar-
que, hérétique, hétérodoxie, hétérodoxe, huguenotis-
me, huguenot, idolâtrie, idolâtre, infidélité, infidèle,
judaïsme, juif, latitudinaire, luthéranisme, luthérien,
mahométisme, mahométan, méthodiste, millénaire,
musulman, nonconformité, nonconformiste, opinion,
paganisme, païen, papisme, papiste, pèlerinage, pèle-
rin, pharisien, polythéisme, polythéiste, prédestina-
tion, prédestinatien, presbytérianisme, presbytérien,
prosélyte, protestantisme, protestant, puritain,
puritanisme, quiétisme, quiétiste, religion, reli-
gionnaire, renégat, scepticisme, sceptique, schisme,
schismatique, secte, sectaire, socinianisme, socinien,
trembleur, zuinglianisme.

TEMPLES.

Autel, batistère, bénitier, basilique, chaire, chapelle, chœur, cloche, cloître, confessionnal, couvent,

dôme, église, cathédrale, jubé, monastère, mosquée,
orgue, pagode, parvis, portail, portique, sacristie,
synagogue, tabernacle, temple, tribune, voûte, aspersoir, aumône, avent, baptême, bassin, Bible, bréviaire, burette, calice, canon, communion, catéchis-
me, catéchumène, ciboire, cierge, clochette, concile,
conclave, confirmation, confrérie, congrégation, con-
sécration, consistance, croix, crucifix, dais, décalo-
gue, dévotion, despote, éjaculation, encens, encen-
soir, énergumène, épître, eucharistie, évangile, ex-
communication, exorcisme, fête, foi, gonfanon, gou-
pillon, hiérarchie, holocauste, homélie, hostie,
hymne, jeûne, interdiction, jubilé, lampe, libation,
litanies, liturgie, lutrin, martyrologe, matines,
messe, missel, néophyte, neuvaine, nouveau testament, oblation, office divin, offrande, oraison, do-
minicale, funèbre, oratoire, ordination, ordres,
pain bénit, parabole, paroissien, patène, péché,
pécheur, pécheresse, procession, prône, prosélyte,
psaume, psautier, purification, purgatoire, reli-
quaire, reliques, révélation, rituel, sacrement, sacri-
fice, salut, le Sauveur, sermon, symbole, synode, Tal-
mud, Testament, ancien, nouveau, texte, torche, tronc,
veille, vigiles, vêpres, verset, vœu, voile.

PERSONNES ATTACHÉES AU SERVICE DES TEMPLES.

Bedeau, chantre, enfant de chœur, fossoyeur, lé-
vite, marguillier, organiste, sacristain, sonneur,
suisse.

VÊTEMENTS SACERDOTAUX.

Amict, aube, aumusse, bonnet carré, camail, ceinture, chape, chasuble, crosse, dalmatique, étole, habits pontificaux, mitre, pallium, rabat, rochet, soutane, surplis.

DIGNITÉS ECCLÉSIASTIQUES.

Abbaye, abbé, abbesse, acolyte, archevêché, archevêque, archidiaconat, archidiacre, archimandrite, archiprêtré, archiprêtre, bénéfice, bénéficier, canonicat, canoniste, cardinalat, cardinal, chanoine, chanoinesse, chanoinie, chantrerie, chantre, chapellenie, chapelain, clergé, clerc, commende, commendataire, confession, confesseur, cure, curé, custodie, custode, custodinos, dasseri, daterie, dataire, définiteur, diaconat, diacre, diaconesse, diaconie, doyenne, doyen, ecclésiastique, évêché, évêque, gardiennat, gardien, généralat, général, grand-vicaire, lecteur, légation, légat, ministre, mission, missionnaire, moine, moinerie, nonciature, nonce, papauté, pape, papesse, patriarcat, patriarche, pénitencerie, pénitencier, pontificat, pontife, prébende, prébendier, prédication, prédicateur, prélature, prélat, prêtrise, prêtre, prêtresse, prévôté, prévôt, prieuré, prieur, primatie, primat, provincialat, provincial, rabbin, religion, religieux, religieuse, sousdiaconat, sous-diacre, sous-doyenné, sous-doyen, sous-prieurat, sous-prieur, sous-vicariat, sous-vicaire.

supérieur, suprématie, talapoin, vicariat, vicaire, vicairie, vice-légation, vice-légat.

ENTERREMENT.

Bière, cadavres, catacombes, cénotaphes, cercueil, cimetière, convoi, drap mortuaire, ensevelissement, enterrement, épitaphe, exhumation, inhumation, fosse, funérailles, mausolée, monument, poêle, linceul, sarcophage, tombe, tombeau, mort.

PRINCIPALES MONNAIES.

MONNAIES ANCIENNES.

La monnaie est le signe représentatif de tout ce qui a du prix, de tout ce qui peut être vendu et qui est donné comme le prix de toute chose. On employa d'abord les propriétés de la terre comme échange, puis successivement le fer, le cuivre, l'or et l'argent. Ce fut dans le sixième siècle avant J.-C., sous Servius Tullius, sixième roi de Rome, que fut fabriquée la première monnaie de cuivre qui parut à Rome; celle d'or le fut en 217 avant J.-C., celle d'argent en 269.

ÉGYPTIENS ET HÉBREUX.

Il ne reste aucune monnaie authentique des Hébreux et des Égyptiens, fabriquée antérieurement à la conquête de leurs pays par les Babyloniens et les Perses. L'or et l'argent dont ils se servaient formaient un talent d'or et d'argent, un sicle d'or ou un sicle d'argent, suivant que leur poids était d'un sicle d'or ou d'argent.

Talent d'argent.............	3794 fr.	»
Sicle d'argent.............	1	26
Obe.....................	0	06

GRECS.

Le talent d'argent, 4140 fr.; la mine 69; le tétra-drachme ou 4 drachmes, 276.— La didrachme ou **2** drachmes, 1,38 ; — la drachme, 0,69; — la tétrobole, ou 4 oboles, 0,46; — la diobole, ou 2 oboles, 0,23 ; — l'obole 0,12; — la demi-obole, 0,06, le chalque, huitième de l'obole; le double chalque, le quart de l'obole.

ROMAINS.

Le denarius, 0,82; — le quinarius, 0,41; — le sestertius, 0,21, —l'as, 0,5; — l'aureus (d'or) 4 deniers, 3,29; —l'aureus de 25 deniers, 20 fr. 54.

INDOUS.

20 varatekas font un kakini, 4 kakinis font un pana ; 16 panas un dramma, et 16 drammas un kisna.

La varateka est une petite coquille qui sert de monnaie ; — le dramma est la même chose que la *drachme* et a le même poids et la même valeur que celle d'Alexandrie.

CHINOIS.

Le *li* ; il faut 6 lis pour faire 5 centimes, les gros paiements se font en lingots d'argent.

FRANÇAIS.

Le sou d'or valait :

Sous les Mérovingiens......... 9, 58.
Sous Pépin................... 10, 45.
Sous Charlemagne............ 13, 25.
Sous Charles-le-Chauve....... 14, 43.
    Le denier d'argent valait :
Sous les Mérovingiens......... 0, 24.
Sous Pépin................... 0, 26.
Sous Charlemagne............ 0, 33.
Sous Charles-le-Chauve. ..... 0, 36.
Sous les premiers Capétiens.... 0, 27.

La monnaie n'est bien connue qu'à partir de saint Louis. — Les premiers sous d'argent réel, nommés *gros tournois*, gros deniers d'argent, gros deniers blancs, ont été conservés bien purs jusqu'à Louis XII. Les testons leur furent substitués ; ils étaient mités des Italiens, ils valaient 10 sous ; ils cessèrent en 1575 ; — ils valaient alors 14 sous 6 deniers.

MONNAIES MODERNES.

Angleterre. *Or :* Guinée de 21 schellings, 26 fr. 47 c. — Souverain de 20 schellings, 25 fr. 21 c. — Argent : Crown ou couronne de 5 schellings anciens, 6 fr. 16 c. — Crown depuis 1818, 5 fr. 81 c.

Autriche. *Or :* Ducat de l'empereur, 11 fr. 86 c. — Ducat de Hongrie, 11 fr. 90 c. — Demi-souverain, 17 fr. 58 c. — *Argent :* Risdale de 2 florins ou de 120 kreutzers, 5 fr. 20 c.

Bade. *Or :* Florin, 10 fr. 52 c. *Argent :* —Florin, 2 fr. 9 c.

Bavière. *Or :* Carolin valant un maximilien et demi, 25 fr. 66 c. — *Argent :* Couronne, 5 fr. 66 c. — Risdale, 5 fr. 10 c. — Teston ou kopfstück, 86 c.

Danemarck. *Or :* Ducat, 9 fr. 47 c. — *Argent :* Risdale de 6 marcs ou 96 schillings, 5 fr. 66 c.

Espagne. *Or :* Doublon de 8 écus, 81 fr. 51 c. — Pistole, 20 fr. 38 c. — *Argent :* Piastre de 5 réaux ou 10 réadillos, 5 fr. 43.

États-Unis. *Or :* Aigle de 5 dollars, 27 fr. 61 c. — *Argent :* Dollar, 5 fr. 42 c.

Hambourg. *Or :* Ducat, 11 fr. 76. — *Argent :* Risdale, 5 fr. 78 c. — Marc de 16 schellings, 1 fr. 53 c.

Japon. *Or :* Kopang vieux, de 100 mas, 51 fr. 24 c. — Kopang nouveau, de 100 mas, 32 fr. 69 c. *Argent* Tigo-gin, de 40 mas, 14 fr. 40.

Lombardie et **Venise.** *Or :* Souverain de 40 livres

d'Autriche, 35 fr. 13 c. — *Argent :* Écu de 6 livres d'Autriche, 5 fr. 20 c.

Mogol. *Or :* Roupie du Mogol, 38 fr. 72 c. — Pagode au croissant, 9 fr. 46 c. — Pagode à l'étoile, 9 fr. 35 c. Ducat de la compagnie hollandaise, 11 fr. 62 c. *Argent :* — Roupie du Mogol, 2 fr. 42 c. — Roupie de Madras, 2 fr. 40 c. — Roupie d'Aicate, 2 fr. 36 c. — Roupie de Pondichéry, 2 fr. 42 c. — Fanam, 32 c. — Pièce de la compagnie hollandaise, 2 fr. 40 c.

Naples. *Or :* Chaque ducat, 4 fr. 33 c. — *Argent :* Carlin, 42 fr. 05 c.

Parme. *Or :* Sequin, 11 fr. 95 c. — Pièces de 40 fr. et de 20 fr. — *Argent :* pièce de 5 fr.

Pays-Bas. *Or :* Ducat, 11 fr. 93 c. — Ryder, 31 fr. 65 c. — Pièce de 10 florins de 1808, 21 fr. 57 c. — Pièce de 10 florins, de 1818, 20 fr. 78 c. — *Argent :* Florin de 20 sous, ou 100 cent., 2 fr. 16 c. — Risdale ou ducat, 5 fr. 48 c. — Ducaton ou ryder, 6 fr. 85 c. — Depuis la révolution de Belgique, cet État a adopté les monnaies françaises.

Perse. *Or :* Roupie, 36 fr. 75 c. — *Argent :* Double roupie de 5 abassis, 4 fr. 90 c. — Mamoudi, 49 c. — Larin, 1 fr. 3 c.

Portugal. *Or :* Moeda de ouro, de 4,800 reis, 33 fr. 96 c. — Peça ou demi-dobrào, de 6,400 reis, 45 fr. 27 c. — Cruzade, de 480 reis, 3 fr. 30 c. — *Argent :* Cruzade, de 480 reis, 2 fr. 94 c. — 1000 reis, 6 fr. 13 c.

Prusse. *Or :* Frédéric, 20 fr. 80 c. — Ducat, 11 fr. 77 c. — *Argent :* Risdale, de 30 silbergros, 3 fr. 71 c.

Rome. *Or :* Pistole, 17 fr. 28 c. — Sequin, 11 fr. 80 c. — *Argent :* Écu, de 10 pauls ou 100 baïoques, 5 fr. 39 c.

Russie. *Or :* Ducat, 11 fr. 59 c. — Impériale de 10 roubles, 41 fr. 29 c. — *Argent :* Rouble de 100 copecks, 4 fr.

Sardaigne. *Or :* Carlin 49, fr. 33 c. — Pistole, 28 fr. 45 c. — *Argent :* Écu de 4 livres, 4 fr. 70. — Écu neuf de 5 livres, 5 fr.

Savoie et Piémont. *Or :* Carlin, 150 fr. — Pistole de 20 livres, 20 fr. — Sequin, 11 fr. 95 c. — Sequin de Gênes, 12 fr. 1 c. — *Argent :* Écu de 6 livres, 7 fr. 7 c. — Écu neuf de 5 livres, 5 fr.

Saxe. *Or :* Auguste de 5 thaler, 20 fr. 75 c. — Ducat, 11 fr. 86 c. — *Argent :* Risdale de 2 florins ou 32 gros, 5 fr. 20.

Suède. *Or :* Ducat, 11 fr. 70 c. — *Argent :* Risdale de 48 schellings, 5 fr. 76 c.

Suisse. *Or :* Pièce de 32 franken de Suisse, 47 fr. 63 c. — Ducat de Zurich, 11 fr. 77 c. — Ducat de Berne, 11 fr. 64 c. — Pistole de Berne, 23 fr. 76 c. — *Argent :* Écu de Bâle, de 2 florins ou 30 batz, 4 fr. 56 c. — Ecu de 40 batz, 5 fr. 90 c. — Ecu de Zurich, 4 fr. 70 c. — Pièce de 4 franken de Berne, 5 fr. 88 c. — Pièce de 4 franken de Suisse, 6 fr.

Toscane. — *Or :* Ruspone de 3 sequins, 36 fr. 4 c. — Rosine, 21 fr. 54 c. — *Argent :* Pièce de 10 pauls, 5 fr. 65 c.

NUMISMATIQUE, — *Science des Médailles.*

Module ou grandeur : de douze à quinze lignes, grand bronze ; de 9 à 11 lignes, moyen bronze ; 8 lignes et au-dessous, petit bronze ; médaillons plus de

15 lignes. La *face*, offrant la tête du prince. *Revers*, type qui est sur le côté opposé du premier. — La *légende*, mots gravés autour de la tête. *Inscription*, mots écrits de l'un ou de l'autre côté. *L'exergue*, mots en signes gravés au bas de la médaille. Le *champ*, surface de la médaille qui a reçu les types principaux et les contre-marques sur les portions que ces types laissent vides. — *La tranche*, les bords extérieurs de l'épaisseur de la médaille. — Médailles antiques du 3ᵉ au 9ᵉ siècle de J.-C. — Les modernes depuis cette époque. *Frustes*, médailles effacées. — Médailles fausses. — Médaillon. — Médailliste.

BLASON.

Art d'expliquer toutes sortes d'armoiries, figure de blason à 4 espèces. 1° Figures naturelles : les astres, les animaux, etc.; 2° figures artificielles : ouvrages sortis des mains des hommes, les bâtiments, les costumes de guerre, de chasse ; 3° figures *héraldiques* : les chevrons, les quartiers, les sautoirs; 4° figures de caprice : les démons, les emblêmes, etc. Les couleurs sont au nombre de huit. *Blanc* ou argent, *bleu* ou azur, *rouge* ou gueules, *vert* ou sinople, *noir* ou sable, cercle de chair ou carnation, couleur naturelle d'animaux, fleurs au naturel.

INDICATION

De toutes les nouvelles mesures avec leur valeur et l'usage auquel chacune devra être employée.

Mesures de longueur. *Millimètre*, du mot fran-

çais *millième* abrégé, et du grec *metron*, mesure.
Millième partie du mètre.

Centimètre : de *centum* cent, et de *metron*, mètre.
Centième partie du mètre, contenant dix millimètres.

Décimètre : de *decem*, dix, et de *metron*, mesure.
Dixième partie du mètre, contenant dix centimètres (environ trois pouces huit lignes).

Mètre : étalon des nouvelles mesures, dix millionième partie du quart du méridien ; longueur de
trois pieds onze lignes deux cent quatre-vingt-seize
millièmes ; sert pour l'aunage des étoffes et le toisé ;
hauteur ordinaire d'une canne que l'on peut avoir à
la main ; il contient dix décimètres, et représente
trois pieds usuels.

Décamètre : de *deka*, dix, et de *metron*, mètre ou
mesure. Dix fois la longueur du mètre, environ
trente pieds neuf pouces, cinq lignes ; chaîne d'arpentage (trente pieds usuels).

Hectomètre : de *hekaton*, cent, et de *metron*. Longueur de cent mètres ; il est peu usité. L'hectomètre
carré est un hectare.

Kilomètre : Mesure itinéraire équivalente à mille
mètres, environ cinq cent treize toises cinq pouces
huit lignes d'ordonnance (cinq cents toises usuelles),
un petit quart de lieue.

Myriamètre, de *murias*, dix mille, et de *metron*
mesure, mètre. Égal à dix mille mètres, ou environ
cinq mille cent trente toises d'ordonnance (cinq
mille toises usuelles); le demi-myriamètre équivaut
à une lieue moyenne, et le myriamètre à deux lieues.

MESURES AGRAIRES. Centiare, mètre carré, centième
partie de l'are.

Are. Unité des mesures d'arpentage : c'est l'équivalent d'un décamètre carré ou de cent mètres carrés, environ deux anciennes perches carrées de vingt-deux pieds.

Hectare : de *hekaton*, cent, et de *areum*, ancienne mesure grecque. Carré de l'hectomètre : contient cent ares ou dix mille mètres carrés, environ le double de l'ancien arpent d'ordonnance.

On ne doit pas employer les dénominations de déciare, dixième d'are; décare, dix ares ; kiliare, mille ares, et myriare, dix mille ares ; elles ne sont pas nécessaires et ne feraient qu'embrouiller la nomenclature. L'arrêté du 28 messidor an VII porte , art. 5: Cent ares composent un hectare ; l'are se divise en cent parties nommées centiares, ces trois expressions suffisent.

MESURES DE CAPACITÉ. *Centilitre*. On peut se le représenter comme un petit verre pour l'eau de vie et les liqueurs.

Décilitre. A peu près l'équivalent d'un gobelet ordinaire.

Litre. Contient dix décilitres ; capacité d'un diamètre cube. Il diffère peu du litron et de la pinte de Paris et est destiné aux mêmes usages, soit pour les liquides, soit pour les matières sèches.

Décalitre. Contient dix litres ; il peut remplacer la velte pour les liquides.

Hectolitre. Sert à la mesure des matières sèches, telles que les grains, le sel, le plâtre, la chaux, le charbon, etc. Il contient dix décalitres ou cent litres, environ cent sept pintes un tiers, mesure de Paris.

Kilolitre, ou mille litres ; capacité égale au mètre cube.

Poids. *Milligramme.* Poids un peu moindre que le cinquantième de l'ancien grain. Il n'est d'aucun usage dans le commerce.

Centigramme. Le centième du gramme ; environ un cinquième de l'ancien grain.

Décigramme. Un peu moins que deux anciens grains; contient dix centigrammes.

Gramme. Poids de dix décigrammes, environ un gros et demi, poids de marc.

Hectogramme. Poids de cent grammes , contient dix décagrammes, un peu plus de trois onces deux gros, poids de marc; il est employé à la pesée des matières d'or et d'argent.

Kilogramme. Poids d'un litre, ou décimètre cube d'eau ; contient dix hectogrammes ou mille grammes ; équivaut à un peu plus de deux livres, poids de marc.

Myriagramme. Poids de dix mille grammes; un peu moins de vingt livres et demie. Pour ne pas surcharger la nomenclature, on doit éviter d'employer cette dénomination et dire de préférence dix kilogrammes.

Quintal, de *kintar*, mot arabe. Égal à cent kilogrammes; un peu plus de deux cent quatre livres, poids de marc.

Millier. Contient dix quintaux, poids d'un mètre cube d'eau, à peu près deux mille quarante-trois livres, poids de marc ; remplace le tonneau de mer, comme mesure de pesanteur.

MESURES DE SOLIDITÉ. *Stère*. Quantité égale au mètre cube ; sert à mesurer le bois de chauffage, et pourrait, concurremment avec le mètre cube, désigner l'unité des mesures de solidité.

Double stère. Environ la voie de Paris, dont on lui donne vulgairement le nom.

Décastère. Mesure employée sur les ports ; contient dix stères, et répond environ à cinq anciennes voies de Paris.

Décistère. Dixième du stère ou mètre cube ; mesure des bois de charpente ; équivaut à peu près à l'ancienne solive ou pièce. Les fractions du décistère doivent s'exprimer en dixièmes et centièmes, et non en centistères ou millistères, dénominations superflues.

Décimètre cube. Millième du mètre cube ou stère ; environ cinquante pouces cubes.

Centimètre cube. Millième du décimètre cube ; vaut un peu plus de quatre-vingt-sept lignes cubes.

Millimètre cube. Millième du centimètre cube ; équivaut à environ le douzième d'une ligne cube. Il est rare qu'on fasse usage d'une aussi petite mesure.

MONNAIES, du latin *moneta*, qu'Antonius Thésaurus fait dériver de *monere*, avertir, parce que la marque du prince avertit qu'il n'y a point eu de fraude dans la fabrication de la pièce de métal qu'il fait passer pour monnaie.

Franc. Unité monétaire ; équivaut à peu près à la

livre tournois, dont il ne diffère que d'un quatre-vingtième ; il pèse en argent cinq grammes, en cuivre deux hectogrammes, en billon deux décagrammes, et en or trois cent vingt-deux milligrammes cinquante-huit.

Décime. Dixième partie du franc ; équivaut à deux sous. Dans le calcul ordinaire on ne fait pas usage de cette dénomination, sauf pour la taxe des lettres arrivant des départements.

Centime. Centième partie du franc.

MESURES DE SUPERFICIE. L'unité des mesures de superficie est une étendue plane carrée, ayant un mètre de longueur et un mètre de largeur. On lui donne le nom de *mètre carré.*

POIDS MÉDICAL. *Comparaison* des poids précédemment usités en médecine et en pharmacie, avec leur valeur exacte en poids décimaux et les valeurs approximatives adoptées par le *Codex*, rendu obligatoire dans tout le royaume, par l'ordonnance du 8 août 1816.

TERMES DE GÉOMÉTRIE ET TRIGONOMÉTRIE.

Solide, — plan, — ligne, — point, — angle, — triangle, — équiangle, — obtusangle , — acutangle, rectangle, — équilatéral, — isocèle, — quadrilatère, — parallélogramme , — losange , — carré , — trapèze , — pentagone, — hexagone, — heptagone , — octogone, — ennéagone, — décagone, — dodécagone , — diagonale.

Circonférence, — cercle, — centre, — rayon, —

       NOMENCLATURE

diamètre, — corde, — arc, — segment, — secteur,
— tangente — aire, — tétraèdre, — exaèdre, — oc-
taèdre, — dodécaèdre, — icosaèdre, prisme, — pa-
rallélipipède, — cube, — pyramide, — cylindre, cône,
sphère, — grand cercle, — petit cercle, — pôle,
— zone, — fuseau, — apothème.

TRIGONOMÉTRIE.

Sinus, — cosinus, — tangente, — cotangente, —
sécante, — cosécante.

ALGÈBRE.

Monome, — binome, — polynome, — plus, —
moins, — équation, — quotité négative, — quotité
rationnelle, — quotité infinie, — indéterminée, —
exposant, — antécédent, — fractions , — centimes.

ANALYSE.

Fonction, — ellipse, — hyperbole, — parabole, —
asymptote, — diamètre conjugué, — corde sup-
plémentaire, — le folium , — la cissoïde , — loga-
rithmes, — les développées, — les spirales.

MÉCANIQUE.

Statique, — dynamique, — équilibre, — cariple,
— centre de gravité, — levier, — le peson, — la pou-
lie, — le tour, — le plan incliné, — la vis, — le coin,
— les cordes, — la chaînette , — les moufles, — les
roues dentées, — le cric, — le genou, — le treuil.

HOMONYMES.

A. Chacun *a* des devoirs ; il *a* mangé.
A. Aller *à* Paris ; donnez *à* votre mère.
Ah ! que ce site est beau !
As. Tu *as* quelque chose. — L'*as* de trèfle.
Ha ! vous me faites rire.
Haha, m. Ouverture à un mur de jardin.

Abaisse, f. Pâte. Verbe *abaisser*.
Abbesse, f. L'*abbesse* du couvent.

Abat. Petite pluie *abat* grand vent.
A bas. Chacun cria *à bas* le dictateur.

Abord, m. Il est d'un *abord* facile.
A bord. Nous nous rendîmes *à bord*.
Abhorre les méchans.

Achores, f. Ulcères.
Accord, m. Que l'*accord* règne entre vous.
Accort. Complaisant, adroit.
A cor et à cri.
A corps perdu.

Affaire, f. C'est une *affaire* délicate.
A faire. Qu'y a-t-il *à faire* ?

Hagard, farouche.
Agar, femme d'Abraham.

Ai. Je n'*ai* plus rien.
Aies. Il faut que tu *aies* peur, qu'il ait peur.
Ais, m. L'un me heurte d'un *ais*.

Haie, f. Il sauta la *haie*.
Hais. Non, je ne vous *hais* point.
Eh! quelle mauvaise santé!
Hé! l'ami, enseignez-moi ma route.
Eh bien!
Es. Si tu *es* malheureux.
Et. Mon père *et* ma mère.

Aine, f. Être blessé dans l'*aine*.
Aisne, f. Rivière de France.
Haine, f. Avoir de la *haine*, *haïr*.

Alène, f. Outil de cordonnier.
Haleine, f. respiration.

Ange, m. L'*ange* gardien.
Anche, f. L'*anche* d'un hautbois.
Hanche, f. Avoir de fortes *hanches*.

Ancre, f. Vaisseau à l'*ancre*.
Encre, f. Pour écrire.

Air, m. Prendre l'*air*. — Sur un *air*. — Il a l'*air*.
Haire, f. Le cilice et la *haire*.
Ere, f. L'*èrè* des Chrétiens.
Erre. Du verbe *errer*.
Erres, f. Habitudes.
Ers, f. Plante légumineuse.
Hère, m. Un pauvre *hère*.

Es. Bachelier *ès*-lettres.
Aix, f. Ville de Provence.
Aise, f. Il est à son *aise*.
Esse, f. L'*esse* retient la roue à l'essieu.

Aile, f. L'*aile* d'un moulin.
Elle, f. *Elle* est belle et riche.

Allé. Je n'y suis point *allé*.
Aller. Pour *aller* au temple.
Allée, f. Elle se promenait dans cette *allée*.
Halé. Notre bateau fut *halé* par le brick.
Haler. Le pilote donna ordre de *haler*.

Amande, f. Fruit de l'amandier.
Amende, f. Peine pécuniaire.

Art, m. L'*art* de la peinture.
Hart, f. La *hart* au cou.

Arrhes, f. Donner des *arrhes*.
Are, m. Labourer un *are*.

Ache, f. Plante ; de l'*ache* verte.
Hache, f. Un coup de *hache*.

An, m. Au bout d'un *an*.
En. Ne vous mettez pas *en* peine.
Ham. Les prisonniers de *Ham*.

Au. *Au* père, *aux* enfants.
O mon Dieu, prenez pitié de moi !
Oh ! quel horrible monstre !
Eau, f. Mettre de l'*eau* dans son vin.
Haut. Le *haut* du corps. — Moins *haut*.
Os, m. La gélatine vient des *os*.

Antre, m. Dans cet *antre* tapissé de vignes.
Entre cuir et chair.

Anvers. La citadelle d'*Anvers*.
Envers et contre tous.
En vers, ou en prose.
En vert, ou en jaune.
En verre, ou en corne.

A pas de loup.
Appas, m. Pour lui le vice a peu d'*appas*.
Appât, m. Pâture pour attirer.

Arête, f. Os de poisson ; angle saillant.
Arrête. Du verbe *arrêter*.

A-t-elle dormi ou a-t-elle veillé ?
A telle enseigne que je m'y trompai.
Attelle. Du verbe *atteler*.

Auspice, m. Sous votre heureux *auspice*.
Auspices, m. Avec de fâcheux *auspices*.

Hospice, m. L'entrée de l'*hospice*.

Auge, f. Fais-le boire dans l'*auge*.
Hoche, m. Général de la république.

Autant en emporte le vent.
Autan, m. Vent orageux.
Au temps des premiers Chrétiens.
Otant, participe du verbe *ôter*.
O temps! ô mœurs!

Autel, m. Sur l'*autel* de la patrie.
Hôtel, m. Ramenez-moi à mon *hôtel*.

Auteur, m. L'*auteur* du crime.
Hauteur, f. La *hauteur* de la montagne.
Hotteur, m. Le *hotteur* l'apportera.

A prix. Une mise *à prix*.
Appris. Je l'ai *appris*.
A pris. Il y *a pris* goût.

Avant. *Avant* l'âge; *avant* le temps.
Avent, m. Le dimanche de l'*Avent*. -
A vent. Un moulin *à vent*.

Bal, m. Elle aimait trop *le bal*.
Balle, f. *La balle* au bond.
Bâle. Ville de Suisse.

Bai. Un cheval *bai*.
Baie, f. Mouiller dans la *baie*.
Bée. Le gouffre à la gueule *bée*.
Bey, m. Le *bey* de Tunis.

Balai, m. Donner du *balai*.
Balais, m. Qui veut des *balais*?
Ballet, m. Ce *ballet* est de M***.
Bats-les. Tes habits sont sales, *bats-les*.

Ban, m. Publication. — Exil.
Banc, m. Assis sur le *banc*.
Bans, m. Lits de chiens.

Barre, f. Traduit à la *barre*. — Limite.
Bar. Ville.

Bard, m. Civière à bras.

Bas, m. Des *bas* de soie. — Le *bas* de l'arbre.
Bats. Du verbe *battre*.
Bât, m. Pourvu que je porte mon *bât*.
Bah! vous plaisantez.

Basilic, m. Serpent fabuleux.
Basilique, f. Grande église avec dôme.

Baud. Chien *baud*.
Bau, m. Le premier *bau* du navire.
Beau. Il n'est ni *beau* ni laid.
Bot. Byron avait un pied *bot*.
Baux, m. Renouveler ses *baux*.

Beauté, f. Ce n'est point une *beauté*.
Botté. Le chat *botté*.

Bec, m. Coups sur le *bec*.
Bègue. Démosthène était *bègue*.

Biais, m. Je n'aime pas les *biais*.
Biez, m. Le *biez* d'un moulin.

Bière, f. Boisson.
Bière, f. Cercueil.

Bille, f. Jouer aux *billes*.
Bill, m. Proposition au parlement.
Bile, f. Purger la *bile*.

Billion, m. Mille millions.
Billon, m. Monnaie de *billon*.

Bis. Pain *bis*; farine *bise*.
Bis. Deux fois.
Bise, f. Quand la *bise* fut venue.

Bon. Un *bon* enfant.
Bond, m. Un *bond* en arrière.

Boue, f. L'or et la *boue*.
Bout, m. Au *bout* du fossé.
Bouc, m. Le *bouc* et le renard.

Bourg, m. Un gros *bourg*.
Bourré. Du verbe *bourrer*.

Blot, m. Instrument de marine.
Bloc, m. Un *bloc* de marbre.

Bosse, f. Elévation sur un plan uni.
Beauce, f. Les bœufs de la *Beauce*.

Bris, m. Le *bris* d'une roue, d'un navire.
Brie, f. Province de France.

Brai, m. Espèce de goudron.
Braie, f. Attacher une *braie* à un enfant.
Brait. L'âne *brait*.

Brigand, m. Voleur de grand chemin.
Briguant. Du verbe *briguer*.

Brocard, m. Raillerie.
Brocart, m. Tissu.

Brouée, f. Bruine.
Brouet, m. Bouillon au lait et au sucre.

Butte, f. Petite élévation. — Être en *butte* à.
But, m. Toucher le *but*.
Bute, f. Outil de maréchal.

Bouilli, m. Bœuf cuit dans l'eau. — *Bouillir*.
Bouillie, f. Lait et farine bouillis.

Cal, m. Durillon aux pieds.
Cale, f. A fond de *cale*. — Mettre une *cale*. — De
 caler.

Ça. De *çà*, de là.
Sacs, m. Trente *sacs* de farine.
Sas, m. Passer la farine au *sas*.
Sa, f. De son, adjectif possessif.

Cahot, m. Saut d'une voiture.
Chaos, m. Confusion.

Camp, m. Lever le *camp*, décamper.
Cham, m. Fils de Noé.
Caen, m. Chef-lieu du Calvados.
Kan, m. Chef persan ou tartare.
Kent, m. Comté d'Angleterre.
Quand. *Quand* viendrez-vous ?

Quant. *Quant* à moi, je...
Qu'en. Je ne sais *qu'en* dire.

Canaux, m. Conduits d'eau.
Canot, m. Petite chaloupe.

Cane, f. Femelle du canard.
Canne, f. Une *canne* à dard.

Cap, m. Doubler le *Cap.* — De pied en *cap.*
Cape, f. Manteau à capuchon.

Capital, m. Le *capital* de cette rente.
Capitale, f. La *capitale* de la France.

Cardeur, m. Le *cardeur* de matelas.
Quart d'heure, m. Le *quart d'heure* de Rabelais.

Cartier, m. Fabricant de cartes.
Quartier, m. Êtes-vous de mon *quartier?*

Carre, f. La *carre* ou la coupe d'un habit.
Car. Pleurons, *car* il n'est plus.
Quart, m. Un *quart* de pomme.

Carte, f. La *carte* d'un pays.
Quarte, f. La fièvre *quarte.*

Caracol, m. Escalier en *caracol.*
Caracole, f. Faire des *caracoles.*

Cause, f. Remonter de l'effet à la *cause.*
Qu'ose dire de moi ce journal?

Caton, m. Le censeur.
Qu'a-t-on fait pour le guérir?
Qu'a ton enfant?

Céans. Je quitte de *céans.*
Séant, m. Assis sur son *séant.*

Céder. Il faut *céder* à la nécessité.
S'aider. Il faut *s'aider* dans le monde.

Celant. Du verbe *celer,* cacher.
Scellant. Du verbe *sceller,* affermir.
Sellant. Du verbe *seller,* brider.

Céleri, m. Plante potagère.

Sellerie, f. Où l'on serre les harnais.
C'est le riz qui a mal crevé.

Cent, m. Compagnie de *cent* hommes.
Sans vous j'étais perdue.
Sens, m. Un *sens* détourné. — A mon *sens*.
S'en. Il *s'en* rapporte à vous.
Sang, m. Glisser dans le *sang*.
Cens, m. Payez-vous le *cens* ?
C'en était fait de moi.

Cent ans ! c'est une longue tâche.
Sentant sa dernière heure approcher.
Sans tant de bruit.
Sans t'en faire part.
S'entend. Pour se comprendre.

Cep, m. Un *cep* de vigne.
Ces. Descendez de *ces* hauteurs.
Ses. Héritier de *ses* parens.
Cet enfant a de grands défauts.
C'est aujourd'hui que je me marie.
Sait-on rien de l'avenir?
S'est. On ne dit pas il *s'est* suicidé.
Sept années après cet évènement.

Chant, m. Le *chant* du cygne.
Champ, m. Ce *champ* est à moi.

Chaîne, f. La *chaîne* des forçats.
Chêne, m. Le *chêne* et le roseau.

Chair, f. Je sens la *chair* fraîche.
Chaire, f. Monter en *chaire*.
Chère. Ma *chère* amie.
Cher. Mon *cher* enfant.

Chaud. Que faisiez-vous au temps *chaud* ?
Chaux, f. Ciment de *chaux* et de sable.

Chenille, f. Insecte, vermine.
Chenil, m. Logement pour les chiens.

Clair. Cela est *clair*.
Clerc, m. Un *clerc* de la bazoche.

Claie, f. Étendu sur la *claie*.
Clef, f. Les *clefs* du céleste séjour.

Chrême, m. Le saint *Chrême*.
Crême, f. La *crême* des braves gens.

Chut ! Silence !
Chute, f. Une lourde *chute*.

Ci. De ce côté-*ci*, de ce côté-là.
Si. Tu peux *si* tu veux.
Scie, f. Trancher avec la *scie*.
Sis. Un bien *sis* à dix lieues d'ici.
S'y. Il *s'y* adonna toujours.
Six. Pour *six* livres d'argent.

Cœur, m. Contre son *cœur*.
Chœur, m. Enfant de *chœur*.

Cétacés, m. Famille de gros poissons.
C'est assez. Cela suffit.

Cil, m. Poil des paupières.
S'il nous fallait y revenir.

Si près. *Si près* les uns des autres.
Cyprès, m. Le funèbre *cyprès*.

Cire, f. Pour cacheter ou enduire.
Sire, m. Seigneur ou majesté.
Cyr, m. Je sors de l'école de Saint-*Cyr*.

Col, m. Rentrez un peu votre *col*.
Colle, f. Cette *colle* est trop délayée.

Conte, m. Ce sont des *contes* en l'air.
Compte, m. Au bout du *compte*.
Comte, m. Titre de noblesse.

Coq, m. C'est le *coq* du village.
Coque, f. Enveloppe durcie.

Civil. Relatif aux citoyens.
Si vil. Tellement bas.
Six villes.

Cour, f. *La cour* de marbre. — La *cour* du roi.

Court. Le chemin le plus *court*.
Cours, m. Le *Cours*-la-Reine.— Le *cours* de la rente.
Courre. Chasser au *courre*.

Cou, m. Autour de mon *cou*.
Coups, m. A *coups* de pieds, à *coups* de poings.
Coût, m. Dépens. Le *coût* fait perdre le gain.

Cri, m. Elle ne jeta qu'un *cri* et mourut.
Cric, m. Il fallut un *cric* pour l'enlever.

Cotte, f. De mailles ou de laine.
Côte, f. D'une des *côtes* d'Adam.
Côte, f. L'eau est montée à cette *côte*.

Cite. Du verbe *citer*.
Site, m. Charmant, enchanteur.
Scythe, m. Habitant de la Scythie.

Cor, m. Durillon.
Corps, m. Tout mon *corps* est tremblant.
Cors, m. Les bois du cerf.
Qu'or. Ce n'est *qu'or* et diamans.

Cuir, m. Entre *cuir* et chair.
Cuire. Faites-le *cuire* pour le dîner.

Croix, f. Le chemin de la *Croix*.
Crois. Je ne te *crois* pas.

Dais, m. Porté sous le *dais*.
Dé, m. Coudre avec un *dé* d'or.
Dès ce moment je vous estimai.
Des amis véritables, cela est rare.

Dam, m. La peine du *dam :* être damné.
Dans ce cas je vous quitte.
D'en partir, hâtez-vous.
Dent, f. Un mal de *dent*.

Danse, f. La *danse* des morts.
Dense. Epais.

Décent. Un maintien *décent* et modeste.
Descends. Du verbe *descendre*.

Dessein, m. Quel est votre *dessein?*
Dessin, m. Représentation au crayon.
Des saints. Invoquer le nom *des saints.*

Deuil, m. Le *deuil* de la famille.
D'œil. En un clin *d'œil.*

Deux. Quand les bœufs vont *deux* à deux.
D'eux. Je ne me mêlie pas *d'eux.*
D'œufs. Un déjeuner *d'œufs* frais.

D'hiver. La saison *d'hiver.*
Divers. Différents.
Dix vers. Boileau ne faisait que *dix vers* par jour.

Délai, m. A la fin de ce *délai.*
Délais, m. Ce sont mes derniers *délais.*
Des laies. Nous avons chassé *des laies.*

Doit. Du verbe *devoir.*
Doigt, m. Le *doigt* de Dieu.
D'oie. Une plume *d'oie.*
Dois. Du verbe *devoir.*

Don, m. Un *don* en appelle un autre.
Donc. Il faut *donc* nous quitter.
Dont. Le cas *dont* vous parlez.
Dom. — *Dom* Pedro. — *Dom* Miguel.

D'où venez-vous ainsi?
Doux. Son air *doux* et candide.
Doue. Du verbe *douer,* doter.
D'août. Les tièdes nuits *d'août.*

Dol, m. Tromperie. — Ville de Bretagne.
Dole. Ville de Franche-Comté.

Echo, m. *Echo* n'est plus un son qui...
Ecot, m. Chacun son *écot.*

Eclair, m. *L'éclair* brille.
Eclaire. Du verbe *éclairer.*

En chaire. Monter en *chaire.*
Enchère, f. Offre plus grande qu'une autre.
En chair et en os.

Enfer, m. Ce qu'on doit craindre plus que *l'enfer*.
Enferre. Du verbe *enferrer*.
En faire. Je ne dois plus *en faire*.
En fer ou en acier, n'importe.

Envie, f. Je brave l'*envie*.
Envi. A l'*envi* les uns des autres.

Etaim, m. Laine cardée.
Etain, m. Métal.
Eteint. Du verbe *éteindre*.

Etang, m. Pêcher dans un *étang*.
Etend. Du verbe *étendre*.
Etant. Du verbe *être*.

Exhausser. Elever davantage.
Exaucer. Accorder la demande.

Eté. Participe passé du verbe *être*.
Eté, m. L'*été* n'a plus de feux, l'hiver...
Etai, m. Appuyer avec des *étais*.

Face, f. Figure, aspect.
Fasse. Du verbe *faire*.

Faîte, m. Le *faîte* des grandeurs.
Fête, f. Réjouissance.

Faix, m. Fardeau.
Fais. Du verbe *faire*.

Faim, f. Besoin de nourriture.
Feint. Du verbe *feindre*.
Fin, f. Terme.

Fil, m. *Fil* à coudre.
File. Etoile qui *file*. — Être à la *file*.

Faux, f. Le tranchant de la *faux*. — C'est *faux*.
Faut. S'il le *faut*, j'obéis.

Fard, m. Rouge artificiel.
Phare, m. On voit ce *phare* de loin.

Faon, m. Petit d'une biche.
Fends. Du verbe *fendre*.

Fétu, m. Brin de paille.
Fais-tu cela ou autre chose?

Philtre, m. Charme, breuvage.
Filtre, m. Pierre poreuse. — Du verbe *filtrer*.

Flanc, m. Le *flanc* percé d'une flèche.
Flan, m. Tarte sans croûte.

Foi, f. La *foi* publique. — De bonne *foi*.
Fouet, m. A grands coups de *fouet*.
Fois, f. La première *fois*.
Foie, m. Le *foie* de Prométhée.
Foix, m. Chef-lieu du département de l'Ariége.

Fort, m. Attaquer un *fort*. — Le *fort* de la halle.
For, m. Le *For*-l'Évêque. — Le *for* intérieur.

Fond, m. Dans le *fond* il est vertueux.
Fonts, m. Les *fonts* baptismaux.
Fonds, m. Vendre son *fonds* de commerce.

Forêt, f. Les arbres d'une *forêt*.
Foret, m. Percer avec un *foret*.
Forez, m. District du département de la Loire.

Frais. Prendre le *frais*. — Un œuf *frais*.
Frai, m. *Frai* de poisson. — Le *frai* de la monnaie.
Fret, m. Transport par eau.

Fosse, f. Tomber dans une *fosse*.
Fausse. Une *fausse* nouvelle.

Futaie, f. Bois de haute-*futaie*.
Futé. Rusé.
Futer. Boucher des fentes avec de la *futée*.

Fuie, f. Tenir des pigeons dans une *fuie*.
Fui. Il a *fui* sa famille et sa patrie.

Foire, f. La *foire* de Beaucaire.
Foarre, m. Les écoliers couchés sur le *foarre*.

Gai. Il est toujours *gai*, en gaîté.
Gué, m. Passer une rivière à *gué*.
Guet, m. Ils ont battu le *guet*.

Gaîté, f. La *gaîté* prolonge la vie.
Guetter. Épier.

Geai, m. Le *geai* paré des plumes du paon.
Jet, m. Un *jet* d'eau.
Jais, m. Noir comme du *jais*.
J'ai la goutte.

Gens, m. Appelez mes *gens*.
Jean, m. Nom d'homme.
J'en. *J'en* ai du bon.
Gent, f. La *gent* marécageuse.

Grâce, f. *Grâce* à vos soins. — Pleine de *grâces*.
Grasse. De l'huile *grasse*. — Une femme *grasse*.

Graisse, f. De la *graisse* d'ours.
Grèce, f. Byron mourut en *Grèce*.

Gray. Ville de la Haute-Saône.
Grès, m. Pavé de grès.
Gré, m. Tout marche à mon *gré*.

Gril, m. Saint Laurent sur son *gril*.
Grille, f. Il secoue la *grille* de son cachot.

Guerre, f. Un homme de *guerre*.
Guère. Je ne m'en soucie *guère*.

Hâle, m. Air chaud, grand *hâle*.
Halle, f. La *halle* aux blés.
Hall. Ville d'Allemagne.

Haute. La plus *haute* montagne.
Hôte, m. Le logeur et le logé. — Table d'hôte.
Ote. Du verbe *ôter*.
Hotte, f. Place ces légumes dans ma *hotte*.

Heure, f. Je suis à vous dans une *heure*.
Eure. J'ai un moulin sur l'*Eure*.
Heur et malheur.
Heurt, m. Choc.

Hure, f. Tête de sanglier.
Ure, m. Bœuf sauvage.

Huis. m. Ouverture. Porte. — A huis-clos.
Huit. Nom de nombre.

Il, ils. *Il* mange. — *Ils* sortent.
Ile, f. Terre entourée d'eau.
Ille. Rivière et ville.

Ivoire, m. En latin *ebur*.
Y voir. Sans *y voir* clair.

Jars, m. Mâle de l'oie.
Jarre, f. Grande cruche. — Mauvaise caisse.

Joue, f. Partie du visage.
Joug, m. Atteler des bœufs au *joug*.

Jeune. Un *jeune* homme. — Une *jeune* fille.
Jeûne, m. Abstinence.

Jus, m. Suc. — *Jus* d'herbes.
Jeu, m. *Jeu* de cartes.
Je. Que puis-*je?* — *Je* ne puis pas.

Jeton, m. Je vous gagne un *jeton*.
Jetons cette cargaison à la mer.
Je tonds ces brebis, il en est temps.

Lac, m. Étendue d'eau dormante.
Laque, f. Vernis chinois.

La, m. Note de musique. — Article.
Là. Restons en *là*. — *Là* où vous êtes.
Las. Je me sens *las*. — *Las !* quel malheur !

Lai. Laïque, frère *lai*.
Lais. Jeune baliveau.
Lait, m. *Lait* de chèvre ou de vache.
Les. *Les* hommes. — *Les* animaux.
Laid. Qui n'est pas beau.
Lé, m. Cette robe a trois *lés*.
Lèz. Le Plessis-*lèz*-Tours. — Passy-*lèz*-Paris.
Legs, m. Don par testament.
Laie, f. Femelle du sanglier.
L'es. Tu ne *l'es* pas.

Lard, m. Le *lard* du porc.

Lares, m. Les dieux *lares*.
L'art ne doit point paraître chez l'écrivain.

Lent. Mouvement sans vitesse.
L'an prochain j'irai à Rome.
Laon. Chef-lieu du département de l'Aisne.
L'en. Je ne veux pas *l'en* priver.

L'anse de ce vase ne tient pas.
Lance, f. La *lance* de combat ; il *lance*.

Lavis. Action de laver un dessin.
L'avis que vous émettez prévaudra.
La vis-tu passer ?
La vie du sage est digne d'envie.

Leur voyage n'a pas été long.
Leurre, m. Mensonge et tromperie.
L'heure du supplice approche.

Lieu, m. Dans quel *lieu* vous trouverai-je ?
Lieue, f. Il n'y a plus qu'une *lieue*.

Lit, m. Coucher dans son *lit*.
Lie, f. La *lie* du vin.

Lice, f. La carrière. — Femelle du chien.
Lisse. Uni.
Lys, f. Rivière.
Lis, m. La fleur de *lis*.

Loin de mon pauvre père.
Loing. Rivière.
L'oint du Seigneur.

Luth, m. Instrument de musique.
Lutte, f. Combat corps-à-corps.
Lute. Du verbe *luter*, enduire le lut.
Lut, m. Terre grasse pour boucher.

Levier, m. Machine à soulever.
Leviez. Du verbe *lever*.
L'évier. La pierre à égoutter des cuisines.

Lors de la belle saison.
Lord, m. Pair et *lord* d'Angleterre.

L'or est une chimère.

Mai, m. Planter un *mai* en *mai*.
Mais enfin que prétendez-vous ?
Mets, m. Je ne mange point de ce *mets*.
Mes. *Mes* enfants, approchez.
M'es. Tu *m'es* indifférent.
Met. Du verbe *mettre*.

Mal, m. C'est un *mal* incurable.
Malle, f. Le linge dans la *malle*.

Mari, m. As-tu vu mon *mari* ?
Marri. Je suis *marri* de cela.
Marie, f. Nom de femme.

Martyr, m. Le mont des *martyrs*.
Martyre, m. Je souffre le *martyre*.

Maux, m. Que de *maux* j'endure !
Meaux. Ville de Seine-et-Marne.
Mot, m. Plus un *mot* à ce sujet.

Mât, m. Le grand *mât* d'un vaisseau.
Ma. *Ma* mère, *ma* sœur.
Mat. Sans éclat.
Matte, f. Substance métallique.

Main, f. Une pièce d'or dans la *main*.
Mein. Francfort-sur-le-*Mein*.
Maint. *Maints* peuples s'insurgent.

Matin, m. Je suis parti ce *matin*.
Mâtin, m. Suivi de mon *mâtin*.
M'atteint. La calomnie ne *m'atteint* pas.

Mare, f. Les grenouilles dans la *mare*.
Marc, m. Au *marc* le franc. — *Marc* d'argent.
Mars, m. Bonne bière de *mars*.

Maire, m. Le *maire* de la commune.
Mer, f. Sur la *mer* profonde.
Mère, f. La *mère* de ces enfants.

Mil. L'an *mil* huit cent. — Un grain de mil.

Mille. Il y a *mille* ans.
Mille, m. Mesure anglaise.

Moi. Mon frère et *moi*.
Mois, m. Dans deux *mois*.

Mort, f. Fin de la vie.
Mords. Du verbe *mordre*.
Mors, m. Frein.
Maure, m. Les *Maures* ou les Sarrasins.

Moût, m. Vin doux, non bouilli.
Mou, m. Poumon de veau. — Sans vigueur.
Moue, f. Ne faites point ainsi la *moue*.

Mur, m. Par-dessus le mur.
Mûr. Ce fruit n'est pàs *mûr*.
Mûre, f. Fruit. — Une pêche *mûre*.

Myrrhe, f. Gomme odorante.
Mire. Du verbe *mirer*. — Point de *mire*.

Mi, m. Note de musique.
Mie, f. La *mie* de pain. — Ma *mie* au gué.
Mis. Il m'a *mis* hors de moi.
M'y. Je veux bien *m'y* placer.

Nenni. Non.
Nénies, f. Chants funèbres chez les Romains.

Non. Négation.
Nom, m. Souvenez-vous de mon *nom*.

Ni. *Ni* jamais, *ni* toujours.
N'y. Il *n'y* est pas.
Nid, m. Prendre la pie au *nid*.
Nie. Du verbe *nier*.

Noue, f. Tuile d'une lucarne. — Il *noue*.
Nous. Allons-*nous*-en.

Nuit, f. L'absencé du jour.
Nuits. Ville chère aux gourmets, département de la
  Côte-d'Or.
Nui. Du verbe *nuire*.

Oïng, m. Du vieux *oing*.
Oint. Du verbe *oindre*.
Ouen. Saint-*Ouen*.

Or, m. Métal précieux. — En conséquence.
Hors. Excepté. — En *dehors*.
Ort. Peser *ort*, avec l'emballage.

Ou. C'est vous *ou* moi.
Où. Dans la chambre *où* elle repose.
Houe, f. Instrument de vigneron.
Houx, m. Arbrisseau.
Août. Les chaleurs du mois d'*août*.

Oui. Affirmation.
Ouï. Du verbe *ouïr*.
Ouïe, f. Organe de l'entendement.
Ouïes, f. Prendre un poisson par les *ouïes*.

Oncle, m. Frère du père et de la mère.
Ongle, m. Corne des doigts.

Oubli, m. Manque de souvenir.
Oublie, f. Pâtisserie mince.

Padou, m. Ruban de fil et de soie.
Padoue. Ville du royaume Lombard-Vénitien.

Pain, m. Aliment de farine.
Pin, m. Arbre du nord.
Peint. Murs *peints* à fresque.

Pau. Chef-lieu du département des Basses-Pyrénées.
Peau, f. Enveloppe d'animal, de fruit.
Pot, m. Noyer son souci dans les *pots*.

Pers. Minerve aux yeux *pers*.
Paire, f. Les deux font la *paire*.

Panser. Soigner une plaie. — Étriller un cheval.
Pensée, f. Opération de l'intelligence.
Penser. Songer, raisonner.

Palet, m. Pierre plate et ronde pour jouer.
Palais, m. Riche habitation.

Pan, m. Le dieu *Pan*.
Paon, m. L'oiseau de Junon.
Pens. Guet-à-*pens*.

Pal, m. Pieu planté. — Supplice turc.
Pale, f. Toile empesée couvrant le calice.
Pâle. Sans couleur.

Parc, m. Chasser dans un *parc*.
Parque, f. Les ciseaux de la *Parque*.

Pari, m. Gagner un *pari*.
Paris. Capitale de France.

Part, f. Chacun a sa *part*.
Par. D'ici à Alger *par* Madrid.
Pare. Du verbe *parer*.
Parr. Catherine *Parr*.

Parti, m. Pour qui prenez-vous *parti* ?
Partie, f. Gagner la *partie*.

Patte, f. La *patte* d'un chien.
Pâte, f. Il est d'une bonne *pâte*.

Peines, f. Parmi les *peines*, les plus douces.
Penne, f. Grosse plume.
Pêne, m. Le *pêne* d'une serrure.
Penn. Guillaume *Penn*.

Plan, m. Lever un *plan*.
Plant, m. Un *plant* d'arbre.

Plain. De *plain*-pied. — Le *plain*-chant.
Plein. *Plein* de douceur et de bonté.
Plaint. Du verbe plaindre.

Plaie, f. Tout mon corps ne fut qu'une plaie.
Plaid, m. Plaidoirie. — Manteau de montagnard.
Plaît. Du verbe *plaire*.

Pis. Plus mal. — Le *pis* d'une vache.
Pie, f. On ne voit jamais une *pie* seule.

Pic, m. La vue du *pic* des Alpes fait rêver.
Piques, f. Hallebardes et *piques*. — Du verbe *piquer*.

Plis, m. Dans les *plis* de ma robe.
Plies, f. Servez-moi des *plies* au vin.

Poids, m. Pesanteur.
Pois, m. Légume.
Poix, f. Résine brûlée.
Pouah! Exclamation de dégoût.

Poirée, f. Plante légumineuse.
Poiré, m. J'ai bu d'excellent *poiré* à Caudebec.

Point, m. Endroit. — Négation. — Du verbe *poin-dre.*

Poing, m. On lui coupa le *poing.*

Poil, m. Monter un cheval à *poil.*
Poële, m. f. Des fruits cuits au *poële.* — Dans la *poële.*

Pommes, f. Gauler des *pommes.*
Paume, f. Jeu de *paume.* — La *paume* de la main.

Peu. *Peu* de personnes parlent purement.
Peut. Du verbe *pouvoir.*

Pouce, m. Deux *pouces* d'eau. — Mon *pouce.*
Pousse. Du verbe *pousser.*

Poux, m. Une tête couverte de *poux.*
Pouls, m. Tâtez-moi le *pouls.*

Porcs, m. La viande de *porc.*
Pores, m. Les *pores* de la peau.
Port, m. Arriver à bon *port.*

Pré, m. Manger l'herbe d'un *pré.*
Près. Cela nous touche de *près.*
Prêt. Disposé à. — Action de *prêter.*
Prés, m. Les *prés* sont diaprés de fleurs.

Pris. Il est pris.
Prix, m. Remporter le premier *prix.*

Puis. *Puis* quand il eut tout fait.
Puits, m. Elle sortit toute nue de son *puits.*

Quoi. Eh *quoi!* vous vous étonnez.

Coi. Il se tient toujours *coi*.

Rais, m. Rayon de roue.
Raie, f. Poisson. — Trace.
Rets, m. Filets.
Rez, m. *Rez*-de-chaussée.
Rhé. L'île de *Rhé*.
Ré, m. Note de musique.

Rat, m. Le *rat* de ville et le *rat* des champs.
Ras. Rasé. — Uni.

Ris, m. Rire. — Du verbe je *ris*.
Riz, m. La paille de *riz*. — Du *riz* au lait.

Rob, m. *Rob* anti-scorbutique.
Robe, f. Une *robe* légère.

Rôt, m. *Rôti*.
Rot, m. Hoquet parti de l'estomac.

Sale. Vous avez les mains *sales*.
Salle, f. La *salle* des Pas-Perdus.

Saut, m. Le *saut* du Niagara.
Sceau, m. Le garde-des-*sceaux*.
Seau, m. Tirer un *seau* d'eau.
Sot, m. Vous êtes un *sot* en trois lettres, mon fils.
Sceaux. Petite ville près Paris.

Sandales, f. Il dépose ses *sandales* à la porte.
Sandal, m. Le bois de *sandal*.

Satire, f. Ouvrage critique. — Censure.
Satyre, m. Demi-dieu.
S'attire. Du verbe *s'attirer*.

Scieur, m. Un *scieur* de long.
Sieur. Le *sieur* Durand est introduit.

Cygne, m. Les *cygnes* sont dans la nue.
Signe, m. Les *signes* du sourd-muet.

Seine, f. Le département de la *Seine*.
Senne, f. La *Senne* passe à Bruxelles.
Scène, f. Par *scène*, il a tout écrit.

Saine de corps et d'esprit.
Cène, f. La *Cène* de Raphaël.

Santé, f. La *santé* est un trésor.
Sentez. Quoi! vous ne *sentez* pas?

Sain. *Sain* de corps et d'esprit.
Sein, m. Viens sur mon *sein.*
Seing, m. Apposez là votre *seing.*
Saint, m. Le *Saint* des *saints.*
Ceint. Le front *ceint* d'un bandeau.
Cinq. Voilà déjà *cinq* fois.

Sel, m. Cette plaisanterie manque de *sel.*
Scel, m. Le grand *scel* de l'état.
Selle, f. Aller à la *selle.*
Celle. *Celle* que j'ai.

Sol, m. Terrain. — Note de musique.
Saule, m. Arbre.
Sole, f. Poisson.

Soie, f. Les vers à *soie.*
Soi. Chacun pour *soi.*
Soit. Vous le voulez ainsi, *soit !*
Souhait, m. Avoir tout à *souhait.*

Sort, m. Plaignez mon triste *sort.*
Saur. Un hareng *saur.*
Saure. Jaune-brun.

Sou, m. Menue pièce de monnaie.
Saoûl. Rassasié, ivre.
Sous. Courbez-vous *sous* ma loi.

Sûr. Certain,
Sur. Dessus.

Tache, f. Marque qui salit.
Tâche, f. Quand j'aurai fini ma *tâche.*

Tas, m. Un grand *tas* de neige.
Ta. Pour *ta* famille.

Tan, m. Écorce pour tanner.

Tant. Il en a *tant* fait.
Temps, m. Dans l'ancien *temps*.
Tend. Du verbe *tendre*.
T'en. Comme on *t'en* a donné.

Tante, f. Mon oncle ou ma *tante*.
Tente, f. Abri léger. — Du verbe *tenter*.

Taux, m. Le prix établi d'une chose.
Plût au ciel que cela fût arrivé !
Plus tôt sera le mieux.
Plutôt que de voir cela.

Ton, m. Vous le prenez sur un *ton*.
Thon, m. Voulez-vous du *thon* mariné ?
Taon, m. Grosse mouche à aiguillon.

Toux, f. Vous avez une vilaine *toux*.
Tout. *Tout* mon corps tressaillit.
Toue, f. *Toue*, action de touer. — Bateau.

Trait, m. Un *trait* d'esprit. — Javelot.
Très. Cela est *très* mal.

Tribut, m. Payer à César le *tribut*.
Tribu, f. *Tribu* sauvage.

Trois. Les *trois* consuls.
Troie. Le siége de *Troie*.
Troyes. Chef-lieu du département de l'Aube.

Trop. Hélas ! c'est *trop* souffrir !
Trot, m. Au grand *trot* de ma bête.

Thym, m. Il broute le serpolet et le *thym*.
Teint, m. Elle a un *teint* charmant.

Tyran, m. Despote.
Tirant, m. Le *tirant* d'eau d'un navire.

Van, m. Instrument pour vanner.
Vent, m. Agitation de l'air.
Vend. Du verbe *vendre*.

Verre, m. Un carreau de *verre*. — Boire un *verre*.
Vert. Nom de couleur.

Ver, m. Un *ver* de terre.
Vers. *Vers* le ciel. — Mesure d'un *vers*.
Vair, m. Fourrure.

Vin, m. Liqueur exprimée du raisin.
Vingt, nom de nombre.
Vain. Il est frivole et *vain*. — C'est en *vain*.

Veine, f. Les *veines* d'un caillou.
Vaine. Je suis une femme *vaine*.

Vice, m. Pauvreté n'est pas *vice*.
Vis, f. Un tourne-*vis*.

Vos. Cacher *vos* mains.
Veau, m. Le marché aux *veaux*.
Vaux, m. Par monts et par *vaux*.

Voie, f. La *voie* lactée.
Voix, f. Le chien a donné de la *voix*.
Voit. Du verbe *voir*.

Vol, m. Le *vol* au bonjour.

Zest! Exclamation — Entre le zist et le *zest*.
Zeste, m. Le *zeste* d'une noix, d'une orange, etc.

PARONYMES FRANÇAIS.

On appelle *Paronyme* un mot qui a du rapport avec un autre par son étymologie ou seulement par sa forme.

Abbé.	Abée.
Abcès.	Accès.
Abhorrer.	Arborer.
Abime.	Azime.
Aboyer.	Aloyer.
Abréger.	Abroger.
Abstergent.	Astringent.
Abstraire.	Distraire.
Académicien.	Académiste.

Accident.	Incident.
Ajouter.	Ajuster.
Aloès.	Aloi.
Amurer.	Amarrer.
Anagogique.	Analogique.
Ancre.	Antre.
Antenne.	Antienne.
Antidater.	Antidoter.
Affectif.	Effectif.
Agonie.	Atonie.
Appareiller.	Apparier.
Aptitude.	Attitude.
Are.	Arrhe.
Aréole.	Auréole.
Armorier.	Armurier.
Arrhes.	Erres.
Aruspice.	Auspice.
Ascétique.	Ascitique.
Assuré.	Azuré.
Atelier.	Ratelier.
Athée.	Hâtée.
Auban.	Autan.
Babine.	Badine.
Baiser.	Biaiser.
Bard.	Dard.
Barde.	Carde.
Barder.	Border.
Bas.	Pas.
Basin.	Bassin.
Baver.	Paver.
Bec.	Pec.
Beurrée.	Bourrée.
Bol.	Pol.
Boudeur.	Bourdeur.
Boue.	Houe.
Boule.	Poule.
Boulette.	Poulette.
Braise.	Fraise.
Brouetter.	Brouter.

Cage.	Gage.
Capital.	Captal.
Carde.	Garde.
Chorégraphie.	Chorographie.
Clapier.	Clavier.
Clapir.	Glapir.
Conjecture.	Conjoncture.
Consommer.	Consumer.
Constricteur.	Constructeur.
Constriction.	Construction.
Cousin.	Coussin,
Craquer.	Croquer.
Cris.	Gris.
Croupe.	Groupe.
Débit.	Dédit.
Débris.	Dépris.
Décupler.	Déculper.
Délaisser.	Délasser.
Désert.	Dessert.
Devin.	Divin.
Diaconat.	Diagonal.
Ecart.	Egard.
Echarde.	Echarpe.
Emballer.	Empaler.
Embaucher.	Emboucher.
Embrasser.	Embraser.
Emersion.	Immersion.
Emétique.	Hermétique.
Encager.	Engager.
Enduire.	Induire.
Epeler.	Epiler.
Epointer.	Appointer.
Eruption.	Irruption.
Escarbot.	Escabeau.
Espace.	Espèce.
Espatule.	Spatule.
Factif.	Fictif.
Fixe.	Fisc.
Flacon.	Flocon.

Flairer. Fleurer.
Flasque. Flaque.
Gabelle. Gamelle.
Garnement. Garniment.
Gémeau. Jumeau.
Gradation. Graduation.
Graffer. Greffer.
Habileté. Habilité.
Haleter. Halter,
Hennir. Honnir.
Hochet. Huchet.
Houpper. Huper.
Impassible. Impossible.
Infection. Inflexion.
Interpellation. Interpolation.
Jauger. Juger.
Lacer. Lasser.
Laitière. Litière.
Légion. Lésion.
Léguer. Liguer.
Leur. Leurre.
Libération. Libation.
Ligueur. Liqueur.
Métail. Métal.
Militaire. Milliaire.
Mission. Mixtion.
Mitonner. Mixtionner.
Mobiliaire. Nobiliaire.
Modeler. Moduler.
Pailler. Palier.
Pantomètre. Pentamètre.
Pédale. Pétale.
Pédicule. Pellicule.
Peler. Piler.
Pensum. Pinson.
Prescrire. Proscrire.
Prumier. Prunier.
Radeau. Rideau.

Radoter.	Ragoter.
Raiponse.	Réponse.
Râpe.	Rapt.
Rapetasser.	Rapiéceter.
Ras.	Rat.
Rassemble.	Ressemble.
Récif.	Rétif.
Recouvrer.	Recouvrir.
Réfraction.	Réfaction.
Remarquer.	Remorquer.
Rengrainer.	Rengrener.
Repartir.	Répartir.
Rêver.	River.
Risque.	Rixe.
Rogations.	Rogatons.
Rosée.	Rusée.
Rouelle.	Ruelle.
Rougir.	Roussir.
Socier.	Soucier.
Solidaire.	Solitaire.
Sommelier.	Sommeiller.
Souci.	Sourcil.
Soudre.	Sourdre.
Souiller.	Soulier.
Subvenir.	Survenir.
Suc.	Sucre.
Tabarin.	Tamarin.
Tendu.	Tondu.
Tramer.	Trimer.
Tripe.	Triple.
Traquer.	Troquer.
Vaguer.	Vaquer.
Veille.	Vieille.
Vélin.	Venin.
Vertige.	Vestige.

SECONDE PARTIE.

ORTHOGRAPHE ABSOLUE.

EXCEPTIONS A LA RÈGLE DE FAMILLE OU DE DÉRIVATION.

Abri, *abriter*; *absous*, *absoute*; *apostat*, *apostasie*; *appétit*, *appétissant*; *bigarreau*, *bigarreautier*; *bijou*, *bijoutier*; *boyau*, *boyaudier*; *brelan*, *brelander*; *butor*, *butorde*; *cacao*, *cacaotier*; *caillou*, *cailloutage*; *chevreau*, *chevroter*; *choix*, *choisir*; *clou*, *cloutier*; *coco*, *cocotier*; *coi* (*tranquille*), *coite*; *coin*, *encoignure*; *coma* (*maladie*), *comateux*; *corps*, *corpulence*; *courroux*, *courroucer*; *course*, *courir*; *croix*, *croisade*; *daim*, *daine*; *décès*, *décéder*; *dépôt*, *déposer*; *dissous*, *dissoute*; *domino*, *dominotier*; *doux*, *douce*; *écu*, *écusson*; *élan*, *élancer*; *entrepôt*, *entreposer*; *époux*, *épouse*; *étain* (*métal*), *étamer*; *examen*, *examiner*; *faisan*, *faisander*; *faix*, *faisceau*; *faux*, *fausse*; *favori*, *favorite*; *filou*, *filouter*; *folio*, *folioter*; *fourmi*, *fourmilière*; *frais*, *fraîche*; *genoux*, *s'agenouiller*; *glouglou*, *glouglouter*; *glu*, *gluten*; *habit*, *habiller*; *héros*, *héroïne*; *heureux*, *heureuse*, et autres adjectifs en *eux*.

Horizon, *horizontal*; *houx*, *houssine*; *impôt*, *imposer*; *indigo*, *indigotier*; *intérêt*, *intéresser*; *jaloux*, *jalouse*; *jus*, *juteux*; *loin*, *lointain*; *marais*, *maraîcher*; *nécromant*, *nécromancie*; *noix*, *noisette*; *numéro*, *numéroter*; *oing*, *oindre*; *paix*, *paisible*; *pied*, *piéton*; *plafond*, *plafonner*; *poix*, *poisser*; *poulain*, *pouliner*; *prix*, *priser*; *puits*, *puiser*; *rein*, *éreinter ; relais , relayer ; renfort , renforcer ; repas , pâture; rets, réseau; ris , rire ; roux, rousse ; sacristain, sacristine ; sein , insinuer ; seing , signature ; sirop, siroter; soin, soigner; souris, s. m., sourire ; souris, s. f., souriceau; suppôt, supposer ; tabac, tabatière ; talus, taluter; témoin, témoigner ; temps, tempête ; têt, tesson ; tiers , tierce ; toux , tousser ; velours , velouté ; verjus, verjuté ; verrou, verrouiller ; venin , venimeux, voix, voyelle.*

212 (1). — 1. Deux principes généraux peuvent nous guider dans les difficultés que présente l'orthographe usuelle ou absolue ; ce sont *la distinction des genres* et *la dérivation.*

213. — 2. De la distinction des genres résulte cette règle : On écrit avec un *e* final les substantifs féminins terminés par les sons *ai*, *é, i, u, eu, oi, ou.*

214. — 3. Les substantifs féminins du son *ai* sont : une *baie*, une *claie*, une *raie*, une *chênaie* (lieu planté de chênes), *craie*, *futaie*, *haie*, *ivraie*, *laie*, *orfraie, pagaie* (aviron chez les sauvages), *paie, plaie, saie, saussaie* (lieu planté de saules), *taie*, *zagaie* (javelot), *aunaie, boulaie, châtaigneraie, coudraie, fougeraie, frênaie, jonchaie, oseraie, pommeraie, tremblaie.*

La seule exception est le mot *paix.*

215. — 4. Mots féminins en *ée : croisée, épée, bordée, coudée, idée, ondée, bouffée, fée, dragée, rangée , allée, assemblée, gelée, giboulée, giroflée , onglée, vallée , armée, fumée, ramée , renommée, araignée , cheminée, denrée, purée, rosée, pensée,* etc.

5. Beaucoup de substantifs féminins en *ée* rappellent une idée de contenance ou de durée. — Ex. : *journée, année, matinée, soirée, cuillerée, chambrée, couchée, après-dînée, voiturée.*

6. On trouve aussi en *ée* un certain nombre de substantifs masculins; ceux-là sont tirés de la langue grecque et généralement appliqués aux sciences et aux

---

(1) Les numéros de l'*Orthographe absolue* répondent aux numéros du *Questionnaire grammatical* de M. Lévi, page 17.

arts. Ex : *athénée, musée, gynécée, coryphée, athée, apogée, périgée, Colysée, Borée, caducée, camée, Élysée, empyrée, hyménée, lycée, mausolée, Protée, prytanée, pygmée, scarabée, trophée, Tyrtée.*

216. — 7. Les substantifs en *tié* ne prennent pas l'*e* muet. — Ex. : *moitié.*

8. Les substantifs en *té* ne prennent pas non plus l'*e* muet. — Ex. : *beauté, santé ;* à moins qu'ils ne dérivent d'un verbe, comme *dictée, portée.*

217. — 9. Les substantifs en *té* exprimant une idée de contenance prennent un *e* muet final ; *assiettée, charretée, hottée, jattée, platée, portée, potée, pelletée.*

218. — 10. Le mot *clef* ou *clé* est seul de son espèce et ne rentre dans aucune règle.

219. — 11. Les substantifs féminins du son *i* sont : *vie, envie, jalousie, amie, comédie, encyclopédie, maladie, mélodie, tragédie, parodie, perfidie, rapsodie, énergie, bougie, effigie, élégie, vigie, folie, mélancolie, homélie* (sermon), *académie, alchimie, chimie, économie, épidémie, infamie, momie, agonie, colonie, aphonie* (privation de la voix), *calomnie, harmonie, cérémonie, manie, charpie, pie, toupie, avarie, carie, facétie, aphélie, impie,* etc., etc.

Plus la grande famille des mots en *graphie*, comme *géographie, cosmographie,* et celle des mots en *logie,* comme *chronologie, minéralogie,* etc.

Incendie, génie, messie, forment exception et sont masculins.

220. — 12. Il y a cinq mots du son *i* qui ne prennent pas un *e* muet, ce sont : *souris, fourmi, brebis, houri, la merci, perdrix, nuit.*

221. — 13. Les principaux substantifs féminins du son *ue* sont : *avenue, battue, bévue, charrue, ciguë, entrevue, étendue, grue, issue, laitue, massue, morue, nue, rue, tortue, sangsue, statue, tenue, vue.*

On pourrait encore ajouter : *berlue, bévue, crue, retenue, revue, venue, verrue.*

222. — 14. Quatre mots féminins en *u* s'écrivent sans *e* muet : *bru, glu, tribu, vertu.*

223. — 15. Il y a trois substantifs en *eue* : *banlieue, lieue, queue* : ainsi la règle est sans exception.

224. — 16. Substantifs féminins du son *oi* avec un *e* : *courroie, joie, lamproie, oie, proie, soie, voie, bivoie* (chemin fourchu), *boie* (étoffe de soie d'Amiens), *broie* (terme de blason), *charmoie* (lieu planté de charmes) *ormoie* (lieu planté d'ormes), *patissoie* (étoffe de soie de la Chine).

Foie est pourtant du masculin.

225. — 17. Les substantifs féminins qui ne prennent pas l'*e* muet sont : *loi, foi,* une *fois, croix, noix, poix, voix, parois.*

Les autres mots en *oi* sont : *aloi, beffroi, charroi, coi, convoi, désarroi, effroi, émoi, emploi, envoi, octroi, palefroi, pourquoi, quoi, renvoi, roi, tournoi, arroi, moi, toi, soi.*

226. — 18. Les substantifs féminins du son *ou* avec l'*e* muet sont : *boue, houe, joue, moue, proue, roue, toue, bachoue* (hotte de bois), *abajoue* (des singes).

227. — 19. Exception : la *toux* (le rhume).

228. — 20. Quand un substantif féminin offre à l'oreille l'une des terminaisons *al, ol, ul, ir, oir, ur,* la lettre finale est toujours un *e* muet.

229. — 21. Substantifs en *ale* : *annale, cabale, cale, capitale, cathédrale, cavale, cigale, écale, gale, opale, pédale, spirale, vestale.*

Exceptions : *dédale, pétale, scandale, ovale* (poisson), qui sont masculins.

230. — 22. Substantifs féminins en *ole* : *auréole, babiole, boussole, cabriole, camisole, carriole, casserole, console, coupole, croquignole, école, étole, girandole, hyperbole, idole, métropole, parabole, parole, fiole, pistole, rougeole, sole, viole.*

Exceptions : *Capitole, monopole, pôle, symbole, protocole,* qui sont masculins.

231. — 23. Substantifs féminins en *ule* : *bascule, campanule, canicule, capsule, cellule, clavicule, fécule, férule, fistule, formule, mule, particule, péninsule, pellicule, pilule, renoncule, virgule.*

Cette terminaison est souvent un diminutif, comme dans *canicule, pellicule, molécule*.

Elle appartient aussi à quelques noms masculins. — Ex. : *crépuscule, globule, scrupule, préambule, pécule, opuscule*, etc.

232. — 24. Substantifs féminins en *ire* : *cire, hégire, ire, satire, tirelire*, etc.

Cette terminaison appartient aussi au masculin. — Ex. : *délire, empire, navire, sbire*, etc.

233. — 25. Substantifs féminins en *oire* : *armoire, baignoire, balançoire, bassinoire, bouilloire, décrottoire, écritoire, écumoire, foire, glissoire, gloire, histoire, lardoire, mémoire, mâchoire, moire, nageoire, passoire, poire, victoire, avaloire, clifoire, couloire, mangeoire, polissoire, racloire, rôtissoire*.

Il y a quelques mots en *oire* au masculin. — Ex. : *ciboire, grimoire, ivoire, oratoire, promontoire, offertoire, réfectoire, répertoire, vésicatoire, compulsoire, consistoire, déboire, déclinatoire, directoire, exécutoire, laboratoire, observatoire, prétoire, purgatoire, réquisitoire, territoire*.

On écrit par *oir* comme *devoir* : 1° les substantifs *aspersoir, dortoir, drageoir, désespoir, soir, espoir, hoir* (héritier), *ostensoir, noir* ; 2° tous les substantifs masculins dont on peut, en changeant la terminaison de *oir* en *ant*, former le participe présent d'un verbe, comme : *pouvoir, pouvant* ; *tiroir, tirant* ; *vouloir, voulant* ; à l'exception de *compulsoire, consistoire, grimoire* ; 3° tous les verbes de la troisième conjugaison à l'infinitif : *recevoir, prévoir, valoir*. Conséquemment, on écrit par *oire*, comme *gloire*, tous les substantifs masculins qui ne se trouvent pas compris aux numéros 1 et 2 ; — tous les substantifs féminins, tous les adjectifs, excepté *noir* ; — enfin, les deux verbes, *boire, croire*, et leurs composés.

234. — 26. Substantifs féminins en *ure* : *allure, aventure, bigarrure, blessure, bordure, armure, brochure, bure, capture, ceinture, censure, césure, chaussure, chevelure, coiffure, créature, hure, masure*, etc, etc.

Le nombre de ces mots est immense.

Les substantifs masculins : *augure, chlorure, colure, mercure, pédicure, sulfure, parjure* et *murmure*, sont les seules exceptions.

DÉRIVATION.

235. — 27. QUAND LA CONSONNE FINALE D'UN MOT NE S'ENTEND PAS, LA DÉRIVATION LA FAIT PRESQUE TOUJOURS CONNAITRE. — EX. : *Bond* fait *bondir* ; *bat, bâter* ; *bord, border* ; *bois, boiserie* ; *berger, bergerie* ; *champ, champêtre* ; *chant, chanter* ; *crédit, accréditer* ; *début, débuter* ; *dépit, dépiter* ; *drap, draperie* ; *exploit, exploiter* ; *fin, finir* ; *fusil, fusiller* ; *galop, galoper* ; *goût, goûter* ; *hasard, hasarder* ; *magistrat, magistrature* ; *marchand, marchandise* ; *mort, mortel* ; *parfum, parfumer* ; *profond, profondeur* ; *pot, poterie* ; *repos, reposer* ; *sang sanglant* ; *tapis, tapisserie* ; *univers, universel* ; *croc, crochet* ; *faim, famine* ; *abricot, abricotier.*

236. — 28. Il y a peu de mots qui ne soient pas soumis au principe de la dérivation. — Voici les principaux .mots sans dérivés.

En *c* : *cotignac* (confiture de coings), *tabac, arsenic, cric, almanach.*

237. — 29. En *d* : *égard, étendard, brancard, différend* (contestation), *épinard, renard, brouillard, vieillard, tisserand, nid, plafond, lord, nord, muid, nœud.*

238. — 30. En *g* : *étang, orang-outang* (singe).

239. — 31. En *i* : *api, bailli, bistouri, démenti, parti, autrui, étui.*

240. — 32. En *l* : *nombril, avril, alguazil, fournil.*

241. — 33. En *p* : *beaucoup, coup, loup, trop.*

242. — 34. En *s* : *appas, canevas, frimas, chasselas, repas, verglas, ananas, cervelas, coutelas, fatras, galimatias, hélas, lilas, galetas, plâtras, taffetas.* — *Dais, jais, frais, marais, laquais, palais, panais, relais, désormais, jamais, mais, rais* (rayon). — *Mets, legs, décès, congrès, abcès, près, auprès, après, volontiers.* — *Abatis, brebis, cassis, châssis, cliquetis, coloris, croquis, gâchis, glacis,* *hachis, logis, panaris,* Paradis, *parvis, pilotis, radis, ris, souris* (rire), une *souris, sursis, taillis, treillis, cambouis, chenevis.* — *Anchois, carquois,* une *fois, minois, mois, pois.* — *Fonds.* — *Remords, corps, mors* (frein). —*Rebours, toujours, velours.*— *Héros.* — *Talus, plus.* —*Ailleurs* et *d'ailleurs.*

243.—35. Mots en *t: apparat, appât* (amorce), *apostat, apostolat, carat, certificat, contrat, dégât, électorat, état, odorat, pensionnat, plagiat, potentat, résultat, orgeat, consulat.* — *Fait, trait* et leurs composés *forfait, portrait,* etc., *intérêt, bosquet, filet, hoquet, cabinet,* etc.—*Acabit, appétit, bandit, circuit, conflit, délit, habit, répit.* — *Détroit, endroit, surcroît.* — *Billot, bot* (un pied), *canot, escargot, loriot, minot, cachot, chariot, chicot, dépôt, écot, entrepôt, îlot, impôt, javelot, paquebot, pavot, suppôt.*—*Effort, renfort, tort.* — *Tôt* et ses dérivés. — *Artichaut, assaut, défaut, héraut* (d'armes), *levraut, quartaut.* — *Marabout, surtout, atout.*

244. —36. Mots en *x: choix, croix, noix, poix* (goudron); (les dérivés de ces mots sont en *s: choisir, croiser, noisette, poisser*), *voix, crucifix, perdrix, dix, six, deux, faix* (fardeau), *paix, chaux, faux, flux, reflux, courroux, toux, époux, jaloux; heureux,* etc.

245. — *Y.* Mots qui s'écrivent par un *y,* ayant le son de l'*i : analyse, apocryphe, clystère, anonyme, amygdales, encyclopédie, clepsydre, cygne* (oiseau), *cycle, cyprès, cylindre,* Cythère, *dryade, dynastie, dyssenterie,* Élysée, *érysipèle, étymologie, gymnase, chyle, péristyle, idylle, sibylle* (prophétesse), *homonymes, synonymes, hiéroglyphe, stéréotype, lycée,* un *martyr,* le *martyre, porphyre, myopie, myriamètre, myrte, mystère, paralysie, panégyrique, physique, polygamie, polysyllabe, prytanée, polytechnique, polythéisme, presbytère, pygmée, pyramide, style, sycophante, syllabe, symbole, symétrie, sympathie, symphonie, symptôme, synagogue, syndic, synode, syntaxe, système, tympan, tyran; yeux, zéphyr* (vent doux).

246.— 37. En *z: gaz, nez, rez* (de chaussée), *riz, assez, chez.*

DU DOUBLEMENT DES CONSONNES.

247. — 38. On ne double jamais les consonnes *h j k q v x*.

248. — 39. *b c d f g l m n p r s t* sont plus ou moins susceptibles de doublement.

249. — 40. ON DOUBLE GÉNÉRALEMENT LA CONSONNE QUAND LA SYLLABE EST BRÈVE. Exemple : *patte, pomme, nappe.*

250. — 41. Les consonnes qui se doublent le plus ordinairement sont : *l m n p t.*

251. — 42. *A e o* sont les voyelles qui font le plus souvent doubler la consonne suivante.

252. — 43. On double l'*m* après *a e o* quand la syllabe est brève.

Ex. : *grammaire, ammoniac, femme, homme, somme, gamme, dilemme* (sorte d'argument), *gemme* (sel gemme), *comme, gramme, gomme,* il *assomme,* il *nomme,* il *consomme,* et les composés *épigramme, anagramme, programme,* etc.

253. — 44. Le mot *flamme* offre une exception remarquable : l'*a* est long, quoique suivi de deux *m.*

254. — 45. L'*n* se double également après *a e o* quand la syllabe est brève. Exemples : *banne, bannier, bannière, canne, panne, méridienne, moyenne, ancienne, païenne, étrenne, garenne, renne* (quadrupède), *colonne, couronne, bonne, consonne, nonne, tonne, personne, lionne,* etc.

255. — 46. Le *p* double à la fin, et plus souvent au commencement des mots après *a* et *o*. — Ex. : *envelopper, frapper, trappe, rapporter, opprimer,* etc.

256. — 47. Le *t* se double après *a e o u*, mais surtout après *e*, qu'il faut prononcer bref et ouvert. — Exemples : *patte, battre, latte, jatte, datte* (fruit), *natte, chatte, aigrette, baguette, charrette, assiette, dette, civette, cassette, sotte, carotte, hotte, butte, lutte, hutte,* etc.

257. — 48. Quoique ces règles puissent servir de

guide dans beaucoup de cas, elles souffrent de nombreuses exceptions. Souvent la raison d'étymologie empêche de doubler la consonne, même dans les syllabes brèves.

258. — 49. La seconde règle générale est plus positive que la première. — QUAND LES VOYELLES *a* ET *o* COMMENCENT UN MOT COMPOSÉ, ON DOUBLE LA CONSONNE QUI SUIT. — Exemples : *accourir, apprendre, opposer, opprimer*. — Ces mots sont composés ; car, en retranchant la syllabe initiale, on trouve *courir, prendre, primer*, qui sont des mots français. — Au contraire, *acacia, opérer*, n'étant pas des mots composés, ne doublent pas la consonne. — Il en est de même avec les syllabes initiales *col, com, con, rap, rac, sup, im, in*.

259. — 50. — Mots composés commençant par *ac* : *acclamation, acclimater, accolade, accommoder, accompagner, accomplir, accoster, accouder, accoupler, accoutumer, accréditer, accrocher, accroire, accroître, accumuler*, etc. — On retrouve aisément dans ces mots : *clameur, climat, col, commode, compagne, complet, corder*, etc.

260. — 51. Mots composés commençant par *af* : *affaiblir, affaire, affaisser, affamer, affermer, affermir, affiler, affiner, affirmer, affranchir, affluence, afin, Afrique*, etc., s'écrivent avec un seul *f*.

261. — 52. Mots composés commençant par *al* : *allaiter, alléger, alléguer, alliage, allocution, allouer, allumer, allocation, allanguir, allitération* (consonnance du mot *littera*, lettre).

262. — 53. Mots composés en *an* : *annihiler* (anéantir, *nihil*, rien), *annoncer, annoter, annuler, annexer, annomination* (jeu de mots sur les noms), *annonciation, annotation, annihilation, annulation*, etc.

263. — 54. Mots composés en *ap* : *apparaître, appareiller, appartenir, appauvrir, appeler, appesantir, appliquer, appoint, apport, apporter, apposer, apprécier, apprendre, apprêter, apprivoiser, approuver, approcher, approfondir, approprier, approvisionner, approximation*, etc.

264. — 55. Mots composés commençant par *ar* : *arracher, arranger, arrêter, arrestation, arriver, arrogant, arrogance, s'arroger, arrondir, arroser, arrivée, arrondissement, arrosage, arrosoir, arracheur, arrangement, arrivage,*

265. — 56. Mots composés commençant par *as* : *assaillir, assainir, assaisonner, assemblage, assemblée, assentiment, asseoir, assermenter, asservir, assiéger, assigner, assimiler, association, assortir, assouplir, assourdir, assujettir, assurer,* etc.

266. — 57. Mots en *at* : *attabler, attacher, atteindre, attenant, attendre, attendrir, attenter, atténuer, atterrer, attester, attiédir, attirer, attiser, attitrer, attouchement, attraction, attribuer, attraper, attrister, attrouper, attrait,* etc.

267. — 58. Mots en *op* : *opposer, oppresser, opprimer, opprobre, opportun* (on trouve le radical dans importun), *opportunité, opposant, opposite. opposition, oppresseur, oppression, oppressivement, oppressif,* etc.

268. — 59. Mots commençant par *col* : *collaborateur, collaboration, collatéral, collège, collision* (choc de deux corps), *colloque, collusion* (intelligence entre deux plaideurs), *colloquer, collecte, collection, collectif, collègue,* etc. *Col, com, con* signifient toujours avec.

269. — 60. Mots commençant par *com* : *commander, commandite, commémoration, commensal, commensurable* (qu'on peut mesurer), *commentaire, commerce, commère, commettre, commisération, commission, commuer, commettre, commisération. commission, commuer, commun, communiquer, communion, commune,* etc.

270. — 61. Mots en *con* : *connaissance, connaître, connexe, connivence, connaisseur, connexion, connexité,* etc.

271. — 62. Mots en *rap* : *rappareiller, rapport. rapporter, rapprendre, rapprocher, rapprochement, rappeler,* etc.

272. — 63. Mots en *sup* : *supplanter, supplier. sup-*

porter, supposer, suppression, supprimer, suppuration, supputer, supplique, support, etc.

273. — 64. Mots en *rac* : *raccommoder, raccorder, raccourcir, raccrocher,* etc.

274. — 65. Mots en *im* : *immanquable, immatériel, immédiat, immoler, immortel, immuable, immobile, immodéré, immeuble, immense, immémorial,* etc.

275. — 66. Mots en *in* : *innombrable, innovation, innover, inné, innavigable, innumérable,* etc.

RÈGLES PARTICULIÈRES SUR CHACUNE DES CONSONNES.

276. — 67. *B* : le *b* se double dans ces quatre mots : *abbaye, abbé, sabbat, rabbin.*

277. — 68. *C* : le *c* se double dans les mots qui commencent par *ac, bac, ec, oc.* — Ex. : *accident, accablant, bacchanales, baccalauréat, ecclésiastique, occasion, occuper,* etc.

278. — 69. Exceptions. En *ac* : *acabit, acacia, académie, acajou, acanthe, acariâtre, acolyte, acoustique,* et tous ceux où la prononciation indique un seul *c* : *acéré, acide, acerbe, acier,* etc.

279. — 70. En *oc*, trois mots : *ocre, oculaire, oculiste,* et ceux où la prononciation indique un seul *c* : *Océan,* etc.

280. — 71. *D* : le *d* se double dans *addition, reddition,* et les dérivés.

281. — 72. Les syllabes initiales *af, ef, dif, of, suf, souf,* annoncent le doublement de l'*f*. — Ex. : *affection, effroi, difficulté, offense, suffisance, soufflet,* etc.

282. — 73. Exceptions : *afin, Afrique, éfaufiler, éfourneau* (sorte de voiture), *soufre* (substance combustible). (Voyez le n° 260).

283. — 74. L'*f* se double ensuite dans tous les mots suivans : *biffer,* et tous les mots en *fer : beffroi, bouffée, bouffon, souffler, buffetier, buffet, buffle, chiffe, chiffonnier, chiffre, coffre, chauffage, ébouriffer, greffier, gouffre, griffon, raffermir, raffiner, raffoler, sif-

fler, *suffire, suffoquer, suffragant, suffrage, taffetas, touffe, bouffe, griffe, escogriffe, étoffe, greffe, truffe,* et leurs dérivés.

Hors tous ces cas on ne met qu'un *f.*

284. — 75. *G :* le *g* se double dans les quatre mots : *agglutiner, agglomérer, aggraver, suggérer,* et les dérivés.

285. — 76. *L :* on double la lettre *l* dans les mots qui commencent par *al, col,* et par *il.* — Ex. : *allusion, colle, collier, colline, illusion, illustre.* — Exceptions : *alarme, alerte, aligner, aliter, alonger, alourdir, alouette, aloyau,* etc. — *Colère, colifichet, colique, colonie, colophane, colorier, colosse.* — *Ilot, Iliade.*

286. — 77. *L* mouillé se double toujours. — Ex. : *rouille, fille, bille, quadrille.*

Remarquons les mots en *ier* qui prennent un *i* après les deux *ll* mouillés : *aiguillier, coquillier, groseillier, joaillier, mancenillier, marguillier, médaillier, quincaillier, quillier, vanillier, serpillière.* — Un mot en *age, bailliage.*

287. — 78. L'oreille avertit généralement quand *l* doit se doubler, surtout au commencement et au milieu des mots.

288. — 79. Dans les syllabes finales, l'oreille est insuffisante. Voici quelques observations : *alle* termine les mots *balle, dalle, galle* (noix de), *halle, intervalle, malle,* je *déballe, j'installe, salle, stalle.* Partout ailleurs, mettez *al* ou *ale,* selon que le mot est masculin ou féminin.

289. — 80. *Elle* termine tous les substantifs ou les adjectifs féminins. — Ex. : *chapelle, chandelle, nouvelle, bagatelle.* — Exceptions : *Cybèle, parallèle, grêle, fidèle, Philomèle.* — *Elle* se trouve encore dans *rebelle, libelle.*

290. — 81. *El* règne partout ailleurs, à l'exception des substantifs masculins : *fidèle, poêle, érysipèle, modèle,* etc.

291. — 82. *Ille* (non mouillé) termine les mots

suivants : *codicille, calville,* je *distille, gille, mille, tranquille,* je *vacille, vaudeville, ville,* etc. — L'étoile *scintille, idylle, fibrille, pupille.*

292. — 83. *Il* termine les mots *alguazil, baril, chartil* (grande charrette), *chenil, cil, civil, exil, fil, fournil, fusil, gentil, gril, il, mil, morfil, Nil, pistil, profil, puéril, persil, nombril, outil, subtil, viril, volatil, vil.*

Il a le son mouillé dans *avril, babil, grésil, péril.*

293. — 84. *Ile* règne partout ailleurs, soit dans les substantifs masculins ; comme *asile, concile, évangile, ustensile ;*

294. — 85. Soit dans les substantifs féminins, comme *bile, argile, pile, file, vigile ;*

295. — 86. Soit enfin dans les adjectifs des deux genres, comme *facile, utile, habile, débile, fertile, servile, docile, fragile, mobile,* etc.

296. — 87. Les seuls substantifs du son *eil* sont : *appareil, conseil, éveil, orteil, réveil, soleil, sommeil.* — Ceux du son *ail* sont : *ail, attirail, bail, bercail, bétail, camail, corail, détail, émail, épouvantail, éventail, gouvernail, mail, plumail, portail, sérail, soupirail, travail.* — Ceux en *euil* sont : *accueil, bouvreuil, cercueil, cerfeuil, chevreuil, deuil, écureuil, fauteuil, œil, orgueil, recueil, seuil.*

297. — 88. *M* : l'*m* se double dans les mots qui commencent par *com* et *im*. Excepté : *comédie, comique, comète, comestible, comité, comice, Comus,* et les dérivés ; *image, imaginer, imiter,* et les dérivés.

298. — 89. L'*m* médiale se double dans *dommage, grammaire, grommeler, hommage, hommasse, sommeil, sommet ;* on écrit cependant *bonhomie.*

299. — 90. Et dans la plupart des adverbes formés d'adjectifs en *ant* et *ent*. — Ex. : *méchamment, élégamment, prudemment, éloquemment, savamment,* qui viennent de *méchant, élégant, prudent, éloquent, savant.*

300. — 91. L'*m* finale se double dans les mots : *femme, flamme ;* dans *gramme* et tous ses composés, et dans *gomme, homme, pomme, somme.*

301. — 92. *N* : l'*n* médiale se double dans *année*, *anneau*, *anniversaire*, *annonce*, et partout où l'on entend les deux *n*; et dans *baïonnette*, *banneret*, *bannière*, *bannir*, *bonnet*, *canneler*, *cannibale*, *connaître*, *connivence*, *connétable*, *connexe*, *donner*, *ennemi*, *ennoblir*, *ennui*, *hanneton*, *hennir*, *honnête*, *honneur*, *honnir*, *innocent*, *manne*, *monnaie*, *nenni*, *nonne*, *panneau*, *paonneau*, *penne*, *sonner*, *sonnet*, *tonner*, *tonneau*, *tanner*, *vanner*, et dans tous les dérivés; et dans les mots qui rentrent dans les règles ci-dessus (*innover*, *innombrable*, etc.)

302. — 93. Par exception, les dérivés du mot *honneur* ne prennent qu'un *n*, *honorer*, *honorable*, *honorifique*, etc.

303. — 94. L'*n* finale se double, 1° dans les mots *antienne*, *antenne*, *banne*, *canne*, *colonne*, *consonne*, *couenne*, *couronne*, *cretonne*, *étrenne*, *garenne*, *manne*, *indienne*, *méridienne*, *julienne*, *nonne*, *panne*, *personne*, *quotidienne*, *Sorbonne*, *Suzanne*, *tonne*.

304. — 95. 2° *N* se double encore dans le féminin des adjectifs en *en*, *on*. — Ex. : *ancienne*, *bonne*, et dans quelques temps de verbe, comme *apprenne*, *tienne*, *vienne*, etc.

305. — 96. Souvent l'*n* se double dans les dérivés des mots en *on*, comme : *conditionnel* (de condition), *sonneur* (de son).

306. — 97. Mais, très souvent, les dérivés des mots en *on* ne prennent que l'*n* simple. — Ex. : *bonifier*, *colonial*, *donation*, *intonation*, *national*, *démoniaque*, *limonade*, *patronal*, *septentrional*, *saumoneau*, *sonore*, *colonie*, *colonel*.

307. — 98. Les syllabes qui doublent souvent le *p* sont : *ap*, *hip*, *houp*, *op*, *sup*; *hip* et *houp* n'offrent pas d'exceptions : *hippocentaure*, *houppelande*.

308. — 99. Les mots en *ap*, qui ne doublent pas le *p*, sont : *apaiser*, *apanage*, *aparté*, *apathie*, *apens* (guet), *apercevoir*, *Apennin*, *apéritif*, *apétisser*, *api*, *apis* (abeille ou nom d'une constellation), *apitoyer*, *aplanir*, *aplatir*, *aplomb*, *apocryphe*, *apogée*, *Apollon*, *apologétique, apologie, apologue, apophthegme* (sentence), *apoplexie, apostasie, aposter, apostiller, apostolat, apostrophe, apothéose, apothicaire, apôtre, apozème* (sorte de potion), *âpre, après, âpreté, apte, aptitude, apurer,* etc., et les dérivés.

309. — 100. Les mots en *op* ne doublent le *p* que
dans *opportun, opportunité, opposition, oppression,
opprimer, opprobre,* et les dérivés.

310. — 101. Les mots en *sup* qui ne doublent pas
le *p* sont : *supin* (terme de la grammaire latine), *suprême, suprématie,* et tous ceux qui commencent par
super.

311. — 102. Le *p* final se double dans les mots
suivans : *développer, échapper, échoppe, enveloppe,
frapper, grappe, grippe, happer, houppe, japper, lippe,
nappe, nippe, trappe,* et les composés ou les dérivés.

312. — 103. *Q* : la consonne *q* ne se double jamais ;
on la fait précéder de *c* dans *acquérir, acquiescer, acquitter,* et les dérivés.

313. — 104. *R :* les syllabes initiales qui peuvent
doubler l'*r* sont : *ar, cor, ir.*

314. — 105. Les mots en *ar* où l'*r* se double sont
les mots cités au n° 264, plus : *arrérage, arrhes, arrière, arriser* et *arrimer* (termes de marine). Hors
ces cas, on ne met qu'un *r.*

315. — 106. Dans les mots en *cor* et en *ir,* la prononciation et la composition peuvent servir de guide.

316. — 107. L'*r* médial se double dans une centaine de mots : *barrer, barrette, barrique, bourrache,
bourrasque, bourre, bourreau, bourreler, bourrée,
bourriche, bourrique, bourru, carrer, carré, carrefour,
carreau, carrelage, carrier, carrière, carriole, carrousel, charretier, charrue, courrier, courroie, courroux,
derrière, diarrhée, errer, errata, fourrager, fourreau,
fourrier, garrotter, horreur, interrègne, interroger, interrompre, jarret, jarreter, larron, marraine, marri*
(fâché), *marron, myrrhe, narrer, nourrir, parrain,
parricide, perron, perroquet, perruche, perruque, porreau, pourrir, pyrrhonien, Sarrasin, sarrau, sarrette*

(plante), *serrer, serrure, squirre, terre, terreur, terrine, torréfier, torrent, torride, verrat* (pourceau), *verrou, verrue, verre,* et les dérivés très nombreux.

317. — 108. *R* se double encore au futur et au conditionnel des verbes *courir, mourir, quérir, envoyer, choir, voir, pouvoir,* et tous leurs composés. Partout ailleurs *r* médial est simple.

318. — 109. *R* final. — On trouve *arre* dans j'*amarre, bagarre, barre, bécarre, bizarre, carre,* je dé*marre,* je *chamarre,* je *contrecarre,* je *narre, simarre, tintamarre.*

319. — 110. *Erre* se trouve dans *cimeterre, équerre, fumeterre,* j'*erre,* je *ferre,* la *guerre, lierre, parterre, pierre,* je *serre,* une *serre* (d'oiseau), *terre, tonnerre, verre.*

320. — 111. *Orre* se trouve dans j'*abhorre.*

321. — 112. *Ourre* existe dans *bourre* (substantif et verbe), et ses composés, et *courre* (terme de chasse).

322. — 113. *Eurre* termine deux substantifs : *beurre* et *leurre ; eure* termine *heure* et *demeure.*

323. — 114. La prononciation indique assez quand on doit doubler l'*s.*

324. — 115. On écrit par *ssion* les mots terminés en *ession, agression, concession ;* en *ission : commission, émission ;* en *ussion : discussion, répercussion ;* enfin les mots *compassion, passion, scission* (division).

325. — 116. *Asse* termine les mots *basse, bécasse, bonasse, brasse, calebasse, carcasse, chasse, classe, crasse, crevasse, cuirasse, culasse, échasse, embrasse, impasse, masse, Parnasse, paperasse, paillasse, potasse, tasse, terrasse.* — *Ace* s'écrit partout ailleurs.

326. — 117. *Aisse* termine les mots *caisse, graisse,* j'*abaisse,* il *laisse,* il s'*affaisse,* et les composés.

327. — 118. *Esse* termine tous les autres mots, à l'exception de quatre : *espèce, Grèce, nièce* et *pièce.*

Les principaux mots où l'on trouve *se* sont :

science, scélérat, sceller (cacheter), *scène, sceptique, sceptre, sciatique, scier, scission.* — *Adolescent, ascendant, ascension, condescendance ; conscience, convalescence, descendre, discerner, disciple, effervescence, escient, faisceau, fasciner, irascible, lascif, obscène, oscillation, réminiscence, résipiscence, susciter, vesce* (graine).

328. — 119. *Isse* termine *abscisse* (terme de géométrie), *coulisse, éclisse, écrevisse, esquisse, génisse, jaunisse, jocrisse, lisse, mélisse, narcisse, pelisse, pythonisse, réglisse, saucisse, suisse,* et quelques verbes je *glisse,* je *plisse,* etc. ; *ice* règne partout ailleurs.

329. — 120. *Ausse* termine *chausse, fausse* (adj.), *gausse, hausse.*

330. — 121. *Auce* se trouve dans *sauce* et *j'exauce.*

331. — 122. *Oce* a lieu dans *atroce, féroce, négoce, noce, précoce* et *sacerdoce.*

Osse règne dans tous les autres mots.

332. — 123. *Uce* règne dans *astuce, puce,* il *suce.*

Usse se met partout ailleurs,

333. — 124. *At* est la seule syllabe initiale qui double le *t.* (Voyez le n° 266.)

334. — 125. On met un seul *t* dans *atelier, atermoiement, athée, Atlante, athlète, atlas, atmosphère, atome, atours, atout, atrabilaire, âtre, atroce, Atropos,* et les dérivés.

335. — 126. Le *t* médial double dans *betterave, botter, botteler, brouetter, crotter, cette, chattemite, dégoutter, émietter, emmaillotter, fouetter, frotter, garrotter, gigotter, gratter, grelotter, guetter, pirouetter, quitter, littéral, mettre, nettoyer, pittoresque, regretter, sagittaire, sottise, ballotter, acquitter, trotter,* et les dérivés ou les composés.

336. — 127. *T* final. *Atte* règne dans *batte, chatte, datte* (fruit), il *flatte,* il *gratte, jatte, latte, matte,* (plante), *natte, patte,* et dans les composés ou dérivés.

Ate règne dans les autres mots.

337. — 128. *Ette* règne dans *baguette, assiette,*

brette, banquette, emplette, dette, silhouette, etc., ainsi que dans quelques verbes où la prononciation l'exige.

338. — 129. Mais on écrit avec un seul *t* : *athlète, épithète, comète, diète, interprète, planète, poète, prophète;* et les adjectifs féminins : *replète, secrète, discrète, inquiète, complète, concrète.*

339. — 130. *Itte* règne dans *quitte,* il *quitte,* il *acquitte.* — *Ite* se met partout ailleurs.

340. — 131. *Otte* termine les substantifs féminins : *botte, calotte, culotte, crotte, cotte, carotte, bouillotte, flotte, gibelotte, griotte, grotte, hotte, huguenotte; marcotte, marmotte, marotte, motte, polyglotte, quenotte, trotte, vieillotte,* et dans quelques verbes. (Voy. le n° 335.) *Ote* règne partout ailleurs.

341. — 132. *Utte* termine *butte, hutte, lutte, gomme gutte,* et les verbes qui en sont formés. *Ute* se met ailleurs.

342. — 133. *Outte* existe dans le seul mot *goutte. Oute* règne ailleurs.

343. — 134. *W :* les mots où se trouve le *w* appartiennent à des langues étrangères, surtout à l'allemand et à l'anglais. Dans la première, on le prononce comme un *v* français ; dans la seconde, comme *ou.*

344. — 135. Exemples : *Wallon* (langage), *Wagram, Westphalie, Weber, Wisk, Wiski, Williams.*

Z se double dans *lazzi* et dans quelques autres mots italiens.

OBSERVATIONS GÉNÉRALES.

345. — 136. Généralement on ne double pas la consonne, 1° après un *e* muet : *jeter, mener* ; 2° après une voyelle accentuée : *ôter céder, bêler* ; 3° entre deux voyelles semblables : *malade, sonore* ; 4° après une voyelle composée : *foule, faute, taire, paire,* etc.

346. — 137. *G* précède ordinairement *i, e* : *bougie, gerbe.*

347. — 138. *J* précède *a, o, u.* Ex. : *jamais, jour,* *juge.* Exceptions : *je, jeudi, jeune, majeur, majesté, geai, geôle.*

348. — 139. On emploie *m* au lieu de *n* devant *b*, *p*, *m :* c'est la prononciation qui l'exige ; excepté : *bonblanc, bonbon, embonpoint, néanmoins, nous tînmes, nous vînmes,* etc. Il est facile d'expliquer ces anomalies en décomposant les mots : *bonbon,* qui est *bon-bon,* deux fois bon ; *embonpoint,* qui est *en-bon-point,* etc.

349. — 140. *En* et *em* règnent surtout au commencement des verbes. Ex. : *emmener, entrer ;* excepté : *ancrer, antidater, anticiper,* cas que la dérivation explique aisément.

350. — 141. Quand le son *antion* termine un substantif, il faut toujours écrire par un *e*. Ex. : *mention, prévention, détention, ascension,* etc.

351. — 142. *Epandre, répandre,* sont les seuls verbes de cette terminaison.

352. — 143. Tous ceux du même son s'écrivent : *entendre, prétendre, vendre, prendre,* etc., etc.

353. — 144. Dans le corps des mots, *an* se met toujours avant *g : ange, louange, vendange,* et avant comme après *ch, hanche, branche, méchant,* etc.

354. — 145. *Venger, pencher,* et leurs dérivés, sont les seules exceptions à cette règle.

355. — 146. La syllabe *ment* termine toujours : 1° les substantifs formés d'un verbe. Ex. : *bâtiment, mouvement, épanchement,* de *bâtir, mouvoir, épancher ;* 2° les adverbes de manière : *poliment, bonnement,* etc.

356. — 147. Le son *in* au commencement des mots se rend toujours par *in* ou *im : insulte, insulaire, impie ;* excepté : *ainsi.* — Très souvent la particule *in* ou *im* signifie : *qui n'est pas.* Ex. : *indocile, injuste, immobile,* etc.

357. — 148. La dérivation indique généralement quand il faut écrire *ain*. Ex. : *nain, naine ; vain, vaine ; faim, famine ; bain, baigner,* etc.

358. — 149. On écrit par *eindre* tous les verbes de ce son. Ex. : *peindre, feindre, atteindre.*

359. — 150. Trois verbes seulement forment exception : *plaindre, craindre, contraindre.*

360. — 151. *Vaincre* est le seul verbe ainsi terminé, avec son composé *convaincre.*

361. — 152. *Noyau, hoyau, tuyau, boyau, aloyau, joyau, gruau, étau, sarrau,* sont les seuls substantifs terminés par *au.*

362. — 153. *Eau* termine les mots dont un dérivé ou le radical présente un *e.* Ex. : *château, châtelain; couteau, coutelier; manteau, mantelet; bureau, bure,* etc. *Eau* est encore un diminutif. Ex. : *lionceau, perdreau, chevreau,* etc., excepté *bigarreau.*

362 bis. — *Ient* termine, à la troisième personne du présent de l'affirmatif, tous les verbes en *enir.* Ainsi on écrit le *maintien* et il *maintient,* le *soutien* et il *soutient,* l'*entretien* et il *entretient.*

363. — 154. *Iaire* termine les substantifs masculins : *bréviaire, plagiaire;* excepté *lierre* et *cimetière. Iaire* termine aussi beaucoup d'adjectifs des deux genres : *judiciaire, incendiaire,* etc.

On écrit par *er* comme *hiver, enfer, amer,* 1° les substantifs suivants et leurs dérivés : *auster, belvéder, cancer, enfer, éther, fer, frater, gaster, hiver, Lucifer, mâchefer, magister, mer, pater, quaker* (que l'on prononce *quakre*), *stathouder* (que l'on prononce *stathoudre*), *ver.*

2° — Les adjectifs masculins dont le féminin est en *ère,* c'est-à-dire qui ont une terminaison différente pour chaque genre, comme *amer, amère, boulanger, boulangère;* 3° les verbes de la première conjugaison à l'infinitif : *aimer, exhorter, imiter.* — On écrit par *ère* comme *caractère, amère, jarretière;* 1° les substantifs féminins; ils ont presque tous la terminaison en *ière, vipère, mégère, lumière;* 2° tous les adjectifs féminins dont le masculin est en *er,* comme *bouchère, boucher, épicière, épicier;* 3° tous les mots où l'on entend les *è* de la terminaison *ère,* dans les mots de la même famille, comme *arrière, arriéré; austère, austérité; prospère, prospérité;* co-

lère, colérique ; sphère, sphérique ; 4° tous les composés en *fère* (qui porte, qui donne), en *stère*, comme *calorifère, lactifère, centistère, baptistère ;* 5° les mots suivants et leurs dérivés, *frère, cerbère, cimetière, coléoptère, cratère, délétère, derrière, diptère* (temple entouré de deux rangs de colonnes).

On écrit par *air* : *chair, clair, pair,* et leurs dérivés, parce qu'on entend un *a* dans les mots de leur famille, *charcuterie, clarté, parité.*

On écrit par *aire* : 1° tous les substantifs masculins autres que les précédents, comme : *abécédaire, calvaire, dromadaire, exemplaire ;* 2° tous les adjectifs de cette terminaison lorsqu'elle est la même pour les deux genres, comme : *auxiliaire, bénéficiaire, nécessaire, tributaire ;* 3° les verbes de cette terminaison, comme : *soustraire, refaire, plaire,* il *éclaire ;* 4° les substantifs féminins *aire, affaire, chaire, pariétaire, serpentaire ;* remarquez *cimeterre, équerre, erre, guerre, lierre, pierre, terre, verre,* les verbes en *erre, j'enterre,* je *déferre,* et les mots *clerc, cerfs, nerfs.*

Cette terminaison *aire* signifie qui dépend *de,* qui vient *de.*

364. — 155. *Is* termine les substantifs formés d'un participe présent : *souris, souriant ; coloris, coloriant ;* et les mots où *l's* se prononce, *vis, bis.*

365. — 156. *Ire* termine les verbes dont le participe présent est en *vant* ou *sant.* Ex. : *dire, disant ; écrire, écrivant. Ir* termine les autres verbes. Ex. : *dormir, polir, nourrir, ouvrir, venir.* Il faut excepter *frire, maudire, bruire, rire, sourire.*

366. — 157. *Xion* termine les mots *complexion, connexion, flexion, fluxion,* et leurs dérivés, Le son *sion* s'écrit ordinairement *tion* ; voici les exceptions : *accession, agression, appréhension, ascension, aspersion, aversion, cession, compassion, compression, concession, concussion, contorsion, conversion, convulsion, digression, discussion, diversion, dissension, émersion, émission, expansion, expression, expulsion, extension,*

extorsion, immersion, ingression, mission, inversion, obsession, omission, passion, pension, percussion, permission, procession, progression, impression, répercussion, répréhension, rétorsion, rétrocession, réversion, révulsion, scission, session, succession, tension. Le son *sion* ne se rend par *c* que dans le mot *succion.*

367. — 158. Mots terminés en *ct* : *compact* (terme de droit, substantif masculin), *contact, exact, inexact, abject, aspect, circonspect, correct, direct, indirect, infect, respect, suspect, district, strict.*

368. — 159. Les seuls mots terminés en *cin* sont : *chanfrein* (face du cheval, aussi terme d'architecture), *frein, plein* (rempli), *dessein* (projet), *rein, sein, serein* (calme, pur).

369. — 160. *Seing* (signature) est le seul mot de son orthographe.

370. — 161. Après *i* ou *y,* on écrit toujours *en.* Ex. : *académicien, ancien, bien, chirurgien, combien, logicien, moyen, Troyen, doyen, mitoyen,* etc.

371. — 162. La dérivation indique presque toujours quand on doit écrire *in* ou *ain.* Ex. : *arlequin, arlequinade ; assassin, assassinat ; badin, badiner ; bénin, bénigne ; burin, buriner ; carmin, carminé ; chagrin, chagriner ; cousin, cousine ; chemin, cheminer ; crin, crinière ; devin, deviner ; divin, divine ; enfantin, enfantine ; jardin, jardinier ; latin, latiniste ; malin, maligne ; pépin, pépinière ; serin, serine ; fin, finir ; câlin, câliner ; vin, vinaigre, vigne,* etc.

372. — 163. Mots en *ain : américain, américaine ; certain, certaine ; contemporain, contemporaine ; dédain, dédaigner ; hautain, hautaine ; bain, baigner ; humain, humanité ; lointain, lointaine ; mondain, mondaine ; prochain, prochaine ; romain, romaine ; soudain, soudaine ; ultramontain, ultramontaine ; vain, vanité ; vilain, villa, vilaine ; nain, naine ; gain, gagner ; pain, panification, panade ; main, manier ; écrivain, écrivassier,* etc.

373. — 164. *Daim, essaim, étaim* (laine fine), *faim,* sont les seuls mots de cette terminaison.

374. — 165. On trouve *œu* dans *bœuf, cœur, chœur, sœur, vœu, œuvre.*

375. — 166. *Amble* (certaine allure d'un cheval) est le seul mot ainsi terminé.

376. — 167. *Ambre* termine *ambre* jaune, *il se cambre, chambre* et *antichambre.*

Embre termine *décembre, gingembre, membre, septembre.*

377. — 168. *Ampe* termine *crampe, estampe, lampe, rampe,* je *rampe,* je *décampe.*

Empe termine *tempe, trempe,* et les composés.

378. — 169. *Ample* (adj.) est le seul mot de son orthographe.

Emple termine trois mots : *contemple, exemple, temple.*

379. — 170. La terminaison *an* est souvent indiquée par la dérivation. Ex : *an, année ; anglican, anglicane ; ban, bannir; capitan, capitaine ; castillan, castillane; catalan, catalane ; courtisan, courtisane ; gallican, gallicane ; mahométan, mahométane; musulman, musulmane ; Océan, Océanie ; Ottoman, Ottomane ; paysan, paysanne ; plan, plane, planter ; roman, romanesque ; ruban, enrubané ; Satan, satanique ; sultan, sultane ; Toscan, Toscane ; van, vannier ; tyran, tyrannie,* etc. Les autres mots en *an,* sans dérivation, sont : *Alcoran, auban, autan, bouracan, brelan, drogman, écran, encan, faisan, flan, forban, maman, merlan, milan, ortolan, orviétan, ouragan, parmesan, pélican, plan, roman, safran, Satan, soudan, talisman, partisan.*

380. — 171. *An* s'écrit *aon* dans *faon, Laon, paon.*

381. — 172. *Banc, flanc, blanc, franc,* sont les seuls mots de cette terminaison ; les dérivés sont : *banquette, flanquer, franche, blanche.*

Son en *gean* : *affligeant, assiégeant, obligeant, exigeant, outrageant.* Les autres sont en *gent.*

Il faut remarquer qu'il y a des participes présents

des verbes en *ger* qui finissent en *geant*, lorsque l'adjectif correspondant se termine en *gent*. Ce jeune homme *négligent*, *négligeant* ses devoirs; ces lignes *convergentes*, *convergeant* vers le même centre.

Les adjectifs : *extravagant*, *intrigant*, *convaincant*, *fabricant*, *vacant*, *adhérent*, *affluent*, *coïncident*, *différent*, *équivalent*, *excellent*, *précédent*, *président*, *résident*, ont leurs correspondants en *ant*, qui expriment une *action*: *extravaguant*, *intriguant*, *convainquant*, *fabriquant*, *vaquant*, *adhérant*, *affluant*, *coïncidant*, *différant*, *équivalant*, *excellant*, *précédant*, *présidant*, *résidant*. On écrit *clinquant*, *conséquent*, *croquant*, *éloquent*, *fréquent*, *piquant*, *trafiquant*, *peccant*, *prédicant*.

Son *ian*. Écrivez : *client*, *émollient*, *expédient*, moyen de terminer une affaire, qu'il ne faut pas confondre avec *expédiant* (action d'expédier), *inconvénient*, *orient*, *patient*, *quotient*, *récipient*. Les autres en *iant*.

382. — 173. *Anse* termine *anse*, *danse*, *pause*, *ganse*, *manse* ou *mense* (revenu d'abbé), *transe*.

383. — 174. *Ense* termine *dense* (épais), *défense*, *dépense*, *immense*, *offense*, *récompense*, il *pense*, il *compense*, il *dispense*, il *encense*.

384. — 175. *Enche* se trouve dans les seuls mots: *penche* et *pervenche*. — *Anche* est partout ailleurs.

385. — 176. *Encre* est le seul mot qui s'écrive ainsi ; *ancre* est partout ailleurs.

386. — 177. Mots en *and* : *Allemand*, *Allemande*; *brigand*, *brigandage*; *chaland*, *chalande*; *Flamand*, *Flamande*; *friand*, *friande*; *grand*, *grandir*; *marchand*, *marchandise*; *truand*, *truanderie*; *gland*, *glanduleux*; *tisserand*, *tisseranderie*.

387. — 178. *Amfre* se trouve dans le seul mot *camfre* (ou mieux *camphre*.)

Enfle se trouve dans il *enfle*, il *désenfle*, il *renfle*, composés du premier.

388. — 179. *Entre* se trouve dans *entre* (préposition), *centre*, *ventre*, il *concentre*.

389. — 180. *Arc* se trouve dans *arc, parc, marc.*

Antre existe dans *antre* (caverne), et *chantre.*

Arse dans *comparse, éparse, darse* (partie d'un port), *tarse* (partie du pied); *arce* existe dans *farce.*

390. — 181. Mots en *ard.* — *Babillard, babillarde; bavard, bavarde; Bernard, Bernardins; blafard, blafarde; hussard,* mode à la *hussarde; campagnard, campagnarde; dard, darder; fard, farder; gaillard, gaillardement; hasard, hasarder; lard, larder; lézard, lézarder; liard, liarder; mignard, mignardise; montagnard, montagnarde; placard, placarder; poignard, poignarder; regard, regarder,* etc.

391. — 182. *At* se trouve dans les seuls mots *bât, mât, appât, dégât.*

392. — 183. *Aube* se trouve dans *aube* et *daube.*

393. — 184. *Aud* se trouve dans *badaud,* qui fait *badaude; chaud, chaude; clabaud, clabauder; courtaud, courtaude; crapaud, crapaudine; échafaud, échafaudage; grimaud, grimaude; lourdaud, lourdaude; maraud, marauder; nigaud, nigauder; pataud, penaud, réchaud, ribaud, rougeaud, rustaud,* etc.

394. — 185. *Ave* se trouve dans *aggrave, bave, betterave, rave, octave,* et un assez grand nombre de mots tant substantifs que verbes. — *Auve* existe dans *chauve, mauve, guimauve, sauve.*

395. — 186. *Gaz* est le seul mot de cette terminaison.

396. — 187. *Ec* se trouve dans *avec, bec, échec, Grec, pec, rebec, salamalec* (salut profond), *sec.*

397. — 188. *Aigne* existe dans *châtaigne,* il *baigne,* il *daigne,* il *saigne,* qu'il *plaigne,* qu'il *contraigne,* qu'il *se complaigne;* ailleurs on écrit *eigne.*

398. — 189. *Erc* se trouve dans *clerc, mauclerc.* — *Erf* existe dans *cerf, serf, nerf.*

399. — 190. *Est* existe dans *ouest, lest* (poids dans une embarcation), *test* (la partie la plus dure d'une coquille), et *zest.*

400—191. *Êt* se trouve dans *arrêt* (arrestation), *benêt*, *forêt* (forestier), *genêt, intérêt* (intéresser), *prêt* (prestation), *protêt* (protester).

401. — 192. *Éte* se trouve dans *apprête* (autrefois *appreste*), *bête* (bestiaux), *arrête, conquête, crête, honnête, fête* (festin), *quête, enquête* (inquisition), *requête* (requis), *tempête, tête*.

402. — 193. *Être* existe dans *ancêtre, champêtre,* il *enchevêtre,* il *empêtre, être, fenêtre, guêtre, hêtre, prêtre, salpêtre.*

403. — 194. *Eu* termine les mots *adieu, alleu, aveu, bleu, cheveu, Dieu, enjeu, épieu, feu, hébreu, jeu, lieu, milieu, moyeu, neveu, peu, pieu,* etc.

404. — 195. *Ia* se trouve à la fin des mots *acacia, cochléaria, dahlia, hortensia, filaria* (arbrisseau toujours vert), *ratafia.*

405. — 196. *Ic* se rencontre à la fin de *agaric, alambic, arsenic, aspic, astic, pachalic* (gouvernement d'un bacha ou pacha), *basilic, mastic, pic, pronostic, public, syndic, tic, trafic.*

406. — 197. *Ince* existe dans *mince, pince, province, prince,* il *rince,* il *grince,* il *évince.*

Inct se trouve dans *distinct, instinct, succinct.*

407. — 198. *Inthe* se trouve dans *absinthe, hyacinthe, labyrinthe, plinthe, térébinthe.*

Ynx est dans *lynx* et *larynx.*

408. — 199. *Yre* se trouve dans *collyre, lyre, martyre, porphyre, satyre.*

409. — 200. *Isc* existe dans le seul mot *fisc.*

410. — 201. *Oc* se trouve dans les mots *bloc, choc, estoc, froc, manioc, roc, soc, toc, troc.* — Et dans *broc, croc, estoc,* où le *c* ne se prononce pas.

411. — 202. *Ol* se voit dans *bémol, bol, caracol, col, dol, entresol, fol, girasol* (pierre précieuse), *licol, mol, parasol, rossignol, sol, tournesol, vitriol, vol.*

Om se trouve dans *nom,* et ses composés *prénom, pronom, renom, surnom.*

412. — 203. *Aume* se trouve dans *baume, chaume, psaume, royaume, paume.*

413. — 204. *Ond* existe dans *blond, blonde ; bond, bondir; fécond , féconde ; fond, fonder; furibond, furibonde ; gond ; moribond, moribonde ; plafond ; profond, profondeur; rond , rondeur; second, seconde ; vagabond, vagabondage,* et dans le présent, troisième personne du singulier, des verbes en *ondre,* comme *fondre.*

414. — 205. *Ont* existe dans *affront, affronter; amont, monter; front, frontal; mont, montagne; pont, ponton* (pont flottant), *rodomont, rodomontade.*

On, par la prononciation, se trouve dans *taon* (mouche).

415. — 206. *Ord* se trouve dans *abord, aborder; accord, accorder; bord, border; discord, discordant; lord, nord, ord* (vieux mot signifiant malpropre : de là *ordure*) , *sabord,* et quelques autres termes de marine.

416.—207. *Ort* existe dans *accort, accorte; confort, réconforter; effort, fort, forte ; mort, mortel ; port , porte ; raifort* (plante); *rapport, rapporter ; renfort; ressort, ressortir; sort, sortilège; tort, torture ; transport, transporter.*

417. — 208. *Os* se trouve dans *dos , adosser; clos, close ; dispos, disposé; éclos, éclose; gros, grosse; os, osseux; propos, proposer; repos, reposer; endos, endosser; enclos, enclose,* etc.

418. — 209. *Oce* existe dans *atroce, féroce, négoce, noce, précoce, sacerdoce, véloce.*

419. — 210. Mots en *ot : abricot, abricotier; argot, argotier; bigot, bigote; cahot, cahoter; camelot, camelotte; canot, canotier; chicot, chicotin ; complot, comploter; dévot, dévotion; dot, doter; ergot, ergoteur; fagot, fagoter; gigot, gigoter; grelot, grelotter; idiot , idiote; linot, linote; magot, magote; matelot matelote ; pivot, pivoter; sabot, sabotier; trot, trotter; sot, sottise,* etc.

420. — 211. Mots en *ôt : bientôt, aussitôt, tôt, dépôt, entrepôt, impôt, prévôt, rôt, suppôt, tantôt.*

421. — 212. *Aute* se trouve dans *faute, haute, saute.*

422. — 213. *Ours* est dans *cours* et ses composés *secours, recours, parcours, concours ;* et dans *ours, rebours, toujours, velours.*

423. — 214. Mots en *oux : courroux, chiaoux* (huissier turc), *doux, époux, houx, jaloux, roux, toux.*

424. — 215. *Oût* se trouve dans *août, coût, goût, ragoût, moût* (vin).

425. — 216. *Ci* existe dans *ceci, ci, ici, merci, souci, voici, raccourci, adouci, aminci, durci, enforci, rétréci, farci, noirci, ranci.*

Si, dans *reversi, roussi, transi.*

Cie, dans *chiromancie* et les analogues en *mancie , esquinancie, pharmacie, superficie;* il *associe,* il *apprécie,* il *différencie,* il *licencie,* il *négocie,* il *officie,* il *remercie,* il *scie,* il *se soucie,* il *supplicie,* il *vicie.*

Tie, dans *démocratie* et analogues en *cratie, argutie, facétie, impéritie, inertie, minutie, prophétie, suprématie, ineptie, pestilentiel, quotient, sentencieux, substantiel, essentiel, balbutier, captieux, factieux, initier, insatiable, partial, martial, partiel, patience.*

Xie, dans *apoplexie, asphyxie, orthodoxie.*

Sie, dans *autopsie, catalepsie, épilepsie, messie, vessie.*

426. — 217. *Çon* se trouve dans *arçon, caleçon, caparaçon, colimaçon, façon, estramaçon* (épée) . *garçon, glaçon, hameçon, lançon, leçon, maçon, pinçon, rançon, tronçon.*

427. — 218. *Ui* se trouve dans *appui, aujourd'hui, autrui, celui, ennui, étui, lui.*

428. — 219. *Uis* se voit dans *buis, huis* (porte), *pertuis, puis* (ensuite).

429. — 220. *Uit* se trouve dans *nuit, conduit, minuit, séduit, déduit.*

430. — 221. *Um* prononcé *om* se trouve dans *album, laudanum, pensum, Te Deum, vade mecum, veni mecum,* et d'autres mots latins.

431. — 222. *Um* se trouve dans le seul mot *parfum.*

432. — 223. *Unt* existe dans *défunt, emprunt.*

433. — 224. *Ur* se trouve dans *azur, dur, futur, pur, mûr, mur, obscur, sûr, sur*.

434. — 225. **Mots en** *us* : *abus, agnus, angélus, blocus, calus, camus, chorus, confus, dessus, hiatus, jus, obtus, obus, omnibus, plus, rébus, refus, talus, reclus*, etc.

435. — 226. *Ux* se trouve dans *flux* et *reflux*.

436. — 227. *Usc* existe dans *musc* et *busc*.

437. — 228. **Mots en** *ut* : *attribut, attributif; début, débuter; institut, institution; rebut, rebuter; salut, salutation; scorbut, scorbutique; substitut, substitution; tribut, tributaire; azimut* (terme de cosmographie), *azimutal; lut* (enduit), *luter* (se servir de cet enduit); *occiput* (derrière de la tête), *préciput* (terme de droit), *sinciput* (sommet de la tête), *statut* (loi), *turlut* (sorte d'alouette), *chut !*

TROISIÈME PARTIE.

EXERCICES ORTHOGRAPHIQUES.

— o —

MOTS DONT L'ORTHOGRAPHE OFFRE DES DIFFICULTÉS.

Substantifs.

ABBAYE, rabbin, album, ais, alguazil, almanach, amen, absinthe, anachorète, anachronisme, ananas, anoblir, août, appendice, aquatique, aquarelle, archidiacre, arrhes, archiépiscopat, archonte, ardemment, aristocrate, arsenic, as, asthmatique, attelage, atelier, avril, antérieur, athlète, améthyste, arête (de poisson), araignée, aphthe, académie, auriculaire, oculaire.

BABIL, baptiser, baptismal, baril, badaud, bayer, belvéder, bey, bienheureux, bis, bœuf, bourg, bruit, bismuth (métal), bibliothèque, de bonne heure, baume, balai, pied-bot.

CATÉCHUMÈNE, cochléaria, caleçon, châle, cep, cuiller, catarrhe, cerf, chaos, chenil, choléra, chiromancie, choriste, chrétienté, curaçao, chrême, céleri, crassane (poire de), clarté, cherté, collerette, coke, carrousel, cantharide (mouche), crémaillère, cric, carrosse, charrette, chariot, cil, cécité, camphre, cul-de-lampe, coudée franche.

DAMNATION, décemvir, décorum, degré, denier, désert, désir, dey, distinct, digestion, district, dot, douairière, désuétude, daguerréotype, dartre, doigt, dizaine, diphthongue, dahlia, dissonance, dessiller.

ÉCHO, ébahi, éden, emmener, enivrer, ennoblir, ennui, enorgueillir, envahi, équateur, estomac, et cætera, étang, éternuement, eucharistie, examen, exempt, exarchat, exempter, exemption, exhaler, exhausser, érysipèle, exaucer, escroc, encoignure, embarras.

FACÉTIE, faon, factotum, faubourg, factum, un fusilier, fierté, fourmi, fourmilière, fourmiller (abonder), fasciner, flegmatique, frais émoulu.

GAGEURE, gangrène, guet-apens, grammaire, gui, grosciller, goujat, géant, groom (groum), ils gisent, gluten, geai, goujon.

HENNIR, hymen, hétérogène, harengère, homard, huis-clos, honneur, honorer, honorable, hormis.

IDEM, ignée, imbroglio, immédiat, impéritie, imprégnation, imprégné, incognito, initial, indemne, indemniser, inertie, inexpugnable, inhérent, infaillible, in-quarto, intrinsèque, instinct, intérieur, ipécacuanha, intéressant, intéresser, item, isthme, jais, jonc, jarretière, joaillier, joaillerie.

LACS, laps, lacet, lazzi, legs, lest, lingual, larron, larronnesse, lis, labyrinthe, lierre, liteau rose, luette.

MAMELUK, mât, maximum, mollesse, mémento, mezzo, minimum, ministre, messire-jean (poire), martre (animal), million.

NÉANMOINS, nerfs, nonobstant, nain, négociant.

OGNON, ouate, opium, orang-outang, orchestre, orgeat, ouïe fine, ouïes de poissons, ouailles du Seigneur, osciller.

PARMI, paume, paletot, pensum, péril, perruque, phthisie, posthume, pluriel, pistil, pouls, puits, permis, psaume, phare, portion, potion, pied-bot, préséance, Progné, prophétie, punch, parasol, piqûre, poignet, planchéier, phosphore.

QUADRAGÉNAIRE, quaker, quiétisme, quintal, quintuplex, quartz (cristal de roche), quinconce, quiconque.

RÉHABILITER, religion, respect, rhum, récent, roide, roideur, rumb, rémolade, riz, rhéteur, rhétorique, rançon, ronce, rouelle de veau, réflexion.

SAÔNE, scie, scholie, second, secrétaire, séant (convenable), savetier, schisme, semoule, serf, sloop, schiste, solennel, soûl, stagnation, symptôme, strict, stathouder, suprématie, signet, saupoudrer, soufre, salsifis, sourcil, symbole, surdité, soucoupe, stoff, silhouette, solitude, sens dessus dessous.

TABAC, tact, taie (d'oreiller), taon, toast (tost), térébenthine, théocratie, transir, thon, tisane, tuileries, thyrse, tintamarre, tournoiement, toux, type, trophée, tort.

VADE-mecum, veni-mecum, véhément, vermicelle, violoncelle (violonchèle), vis, vraisemblable, vestiaire, viscère, vésicatoire, véhicule.

WISK, wiski.

ZEST ! zeste (de noix), zigzag.

MOTS QUI OFFRENT DES DIFFICULTÉS SUR LES GENRES.

Une *ancre* de salut, une *alvéole*, d'heureux *auspices*, un petit *astérisque*, un *asthme* étouffant, une grande *artère*, *automne* sec, *amadou* excellent, une grande *alcôve*, l'*aigle romaine* était un étendard qui représentait *un grand aigle*, bonnes *arrhes*, une *atmosphère* brumeuse, de l'*argile* fraîche.

Une bonne *décrottoire* (brosse).

Un *cigare* suffocant, ce joli *couple* est heureux, une *couple* d'œufs.

Dinde truffée, des *délices* plus douces que votre grand *délice*, de nombreux *décombres*.

Une belle *écritoire*, une *ébène* bien noire, l'*épiderme* léger, le blanc *ellébore*, un *éloge* ennuyeux, une *équivoque* méchante, l'*émétique* bien doux, un grand *espace*, un *épisode* intéressant, un *érysipèle* fâcheux, l'*Évangile* consolant, une bonne *écrevisse*.

C'est un *foudre* de guerre, la *foudre* gronde, de bonnes *fibres*.

L'*hémisphère* oriental, une petite *horloge*, une première *hypothèque*, d'excellentes *huîtres*, un grand *hôtel*, le bel *hortensia*, les vieilles gens sont *humains*.

Un bel *ivoire*, un grand *intervalle*, des *immondices* puantes, un grand *interligne*.

Jujube excellente.

Un bon *légume*.

Le *marc* de café est salé, un joli *monticule*, des *mânes* chéris, sur le *minuit*, à *midi* précis.

La *nacre* brillante.

Un grand *obélisque*, une *offre* charmante, des *orgues* plus belles que votre *orgue* mesquin, la belle *orge* fait de bon *orge* mondé, un bel *ongle*, un *orchestre* excellent, la grande *orbite* de la terre, un *organe* flatteur, un grand *orifice*, un long *ovale*, cette *ocre* est belle, des *oies* grasses, l'*ouïe* fine, une *outre* pleine.

Une jolie *perce-neige*, il a le *pourpre*, sous la *pourpre*, le *platine* est de l'or blanc, *Pâques fleuries*, la *Pâque* des juifs, *Pâque* sera venu, la *paroi* d'un vase, une *patère* ronde, un beau *parafe*, la *pédale* cassée, de grands *pleurs*.

De bonne *réglisse*.

Des *sentinelles* vigilantes, la blanche *sandaraque*, le

solde d'un compte, de beaux *stores*, un grand *squelette*, de bons *socques* aux pieds, de beaux *socles* en marbre, une *stalle* commode, de bons *simples* (herbes).

D'épaisses *ténèbres*.

Un grand *ulcère*.

La *vase* de la mer, je vous souhaite le bon *vêpre* (le bon soir), les *vêpres* sont dites, la *voile* d'un vaisseau est plus grande que votre charmant *voile*, de grandes *varices*.

OBSERVATIONS SUR L'ACCENT CIRCONFLEXE.

On met un accent circonflexe : 1° dans les mots terminés par *âtre* : albâtre, pâtre, jaunâtre.

2° Dans les mots terminés par *ême* : même, baptême, carême, suprême, extrême, système, les autres en *ème*.

3° Sur *i* dans les verbes terminés à l'infinitif par *aître* et par *oître* : il reconnaîtra, il accroîtra, ainsi que sur les substantifs et adjectifs de la terminaison *aître* : maître, traître.

4° Sur *à* long dans les mots où *a* est suivi de *ch* ou de *t* : lâcheté, tâcher, empâter, gâter, âge, qu'on écrivait autrefois *aage*.

5° Sur *ô* précédant, à la fin des mots, *le, me, ne* : drôle, contrôle, fantôme, aumône, trône, rôle, qu'on écrivait autrefois *roole*.

6° Sur les voyelles longues, quelles que soient les consonnes qui les suivent : côte, grâce, clôture, hâbleur, quête, fraîcheur, ragoût, voûte, piqûre.

7° Sur les voyelles qui autrefois, ou récemment encore, en précédaient d'autres que l'on a supprimées : dévoûment, dévouement ; tutoîment, tutoiement ; gaîté, gaieté; bâiller, baailler ; je prîrai, je prierai.

8° Sur l'avant-dernière voyelle des premières et secondes personnes plurielles du passé défini de l'affirmatif, et sur la dernière voyelle de la troisième personne singulière de l'imparfait du subjonctif : nous reçûmes, vous aimâtes, qu'il vécût.

9° Dans mûr, sûr, adjectifs; crû, participe du verbe croître; dû, participe; jeûne; substantif; appât (amorce), substantif; mât, substantif; le nôtre, pronom, etc., afin de distinguer ces mots de mur (muraille), substantif; sur, préposition; cru (qui n'est pas cuit), adjectif; du, de le, article et préposition; jeune, adjectif; appas, substantif pluriel; mat, adjectif; notre, adjectif.

10° Sur la voyelle qui précédait dans les mots un *s* qui a été supprimé, et que l'on retrouve dans les mots de la même famille : pâque, pascal; tête, tester; fête, festin; forêt, forestier; épître, épistolaire; embûche, embuscade.

Mots invariables.

Les adverbes sont des mots qui expriment la *manière* (lentement), le *temps* (hier), le *lieu* (ici), la *quantité* (beaucoup), l'*ordre* (premièrement), la *comparaison* (plus), l'*affirmation* (certes), la *négation* (ne pas). — *Il*, modifiera le verbe ; comme il écrit *bien* ; l'adjectif, comme il est *très* joli; l'adverbe, il marche très *vivement*.—Les adjectifs font quelquefois les fonctions d'adverbes, comme : Chanter *juste* pour chanter *justement* ; marcher *droit*, pour *droitement* ; rester *court* pour *courtement* ; coûter *cher* pour *chèrement* ; tenir *bon* pour *bonnement* ou d'une manière obstinée ; tenir *ferme* pour *fermement* ; voir *clair* pour *clairement* ; sauter *haut* pour *hautement* ; parler *bas* pour *bassement* ou d'une manière basse ; sentir *bon* pour *bonnement*, ou d'une bonne manière.

Que le verbe soit employé au singulier ou au pluriel, *les adverbes circonstanciels* sont toujours invariables.

PHRASES MODÈLES.

Quand on vous a priés, mes enfants, de chanter *juste*, vous êtes restés *court*.

Les fleurs sentent *bon* quand la pluie vient de tomber.

Quand les peuples se révoltent, il faut que les gouvernants tiennent *ferme*, autrement ils sont perdus.

Si les hommes marchent *droit* dans le chemin de l'honneur, leur vie s'écoule paisible.

Quand vous m'aurez mis à la *lanterne*, disait l'abbé Maury aux factieux, y verrez-vous plus *clair* ?

Les révolutions coûtent toujours *cher*.

Les petits tableaux placés trop *haut* ne se voient pas ; avis aux petits enfants qui veulent s'élever trop *haut*.

Liste des adverbes.

Ailleurs, ainsi, alors, assez, assurément, aujourd'hui, auparavant, auprès, aussi, aussitôt, autant, autrefois, autrement, beaucoup, bien, bientôt, çà, céans, cependant, certes, ci, pour ici, combien, comme, comment, davantage, deçà, dedans, dehors, déjà, demain, derrière, désormais, dessous, dessus, devant, dorénavant, encore, enfin, ensemble, ensuite, environ, exprès, fort, gratis, guère, hier, ici, incognito, incontinent, instamment, jadis, jamais, journellement, là, loin, lors, maintenant, mal, même, mieux, moins, naguère, ne, nenni, néanmoins, non, notamment, nuitamment, nullement, où, oui, parfois, partant, pas, peu, pis, plus, plutôt, point, pourtant, présentement, premièrement, près, presque, proche, puis, quand, quant, quasi, que, quelque, quelquefois, sciemment, si, sinon.

Liste des prépositions.

Nota. Les mots marqués d'un astérisque ne sont qu'accidentellement prépositions.

Après, attenant*, attendu*, auprès, autour, au travers, avant, avec, chez, concernant*, contre, dans, de, delà, depuis, derrière, dès, dessous, dessus, devant, devers, durant, en, entre, envers, environ, excepté, hormis, hors, joignant, jusque, jusques, malgré, moyennant, non-obstant, outre, par, parmi, pendant, plein, pour, près, proche, sans, sauf, selon, sous, suivant, sur, touchant*, vers, vis-à-vis, voici, voilà, vu.

Expressions ou locutions prépositives.

On appelle ainsi la réunion de plusieurs mots qui s'emploient dans le sens des prépositions.

Voici les principales :

A côté de, à cause de, à l'égard de, à travers, au-delà de, auprès de, autour de, au travers de, d'après, d'avec, en deçà de, jusqu'à, le long de, loin de, non compris, par delà, par deçà, par dessus, par dessous, par dedans, par devers, près de, proche de, quant à, vis-à-vis de, y compris.

Liste des conjonctions.

Afin, ainsi, aussi, car, cependant, comme, donc, et, lorsque, mais, néanmoins, ni, or, ou, pourquoi, pourtant, puis, puisque, que, quand, quoique, savoir, si, sinon, soit, toutefois.

Expressions ou locutions conjonctives,

A cause que, afin de, afin que, à condition que, après tout, attendu que, à moins que, au reste, au surplus, ainsi que, avant que, après que, à propos, bien que, c'est-à-dire, c'est pourquoi, de plus, dès que, de sorte que, du reste, durant que, depuis que, d'autant que, de peur que, de crainte que, d'ailleurs, encore que, et puis, en effet, en cas que, jusqu'à ce que, ou bien, outre que, par conséquent, parce que, pourvu que, pendant que, sans que, si ce n'est que, supposé que*, sans quoi, tandis que, tant que, vu que.

Liste des interjections.

Nota. Les mots marqués d'un astérisque ne sont qu'accidentellement interjections.

Ah ! aie ! allons*! bon*! courage*! çà! chut! ciel*! crac! diantre! Dieu*! eh! fi! fi donc ! ha! hélas! holà ! ha! hem! hein ! hé! hé bien! hé quoi! ô ! oh! ouais! ouf! oui dà ! or çà! miséricorde*! paf! paix*! parbleu! peste*! pouah! pouf! tout beau! zest!

SUBSTANTIFS.

Mots où la consonne médiale F *est représentée par* PH.

Acéphale, alphabet, amphibie, et tous les mots commençant par *amphi*. Amphore, anthropomorphisme, anthropophage, aphélie, aphonie, aphorisme, aphthe, apocryphe, apographe, et tous ceux qui sont terminés par *graphe*, excepté *agrafe*. Apophthegme, asphalte, asphyxie. Bibliographe, bibliophile, blasphême, Bosphore, Bucéphale. Cacographie, cacophonie, camphre, cénotaphe, Céphée, colophane. Daphné, dauphin, diaphane, diaphragme, diphthongue. Éléphant, emphase, encéphale, éphémère, éphémérides, éphores, épiphanie, épitaphe. Euphémie, euphonie. Graphie, hiéroglyphe, hiérophante, homonyme, homophonie, hydromel, hydrophobie. Limitrophe, lithophage, lithophyte, logogriphe, lymphe. Méphitique, métamorphose, métaphose, métaphore, Morphée, morphine. Naphte, néophyte, nymphe, œsophage, ophthalmie, et tous les mots commençant par *ophthal*, dont aucun ne s'écrit par *of*. Orphée, orphelin. Pamphlet, philosophe, phosphate, phosphore, porphyre, prophète. Saphique, saphir, sarcophage, séraphin, sophisme, sphère, sphinx, strophe, sycophante, sylphe, symphonie. Triomphe, trophée, typhon, typhus. Zéphyr, Zéphyre, zoolithe, zoophore, zoophyte, ainsi que tous leurs dérivés et composés.

Mots où la consonne initiale T *est représentée*
par T H.

Thaumaturge, thé, théâtre, théïsme, thème, Thémis, théocratie, et tous les mots qui commencent par *théo*, excepté *téorbe*; thérapeute, thériaque, thermes, thermidor, thermomètre, thersite, thésauriser, thèse, thlaspi, thon, thorax, Thrace, thym, thymbrée, thyrse, ainsi que tous leurs dérivés et composés.

Mots où la consonne initiale F *est représentée par* PH.

Phaéton, phalange, Pharaon, phare, pharisien, pharmacie, pharynx, phase, Phébus, phénix, phénomène, philanthropie, philippique, philologie, philosophie, philtre, phosphore, phrase, phthisie, physicien, physiologie, physionomie, physique, et tous leurs dérivés ou composés.

Mots qui commencent par le H *muet.*

Habile, habileté, habit, habitude, hagiographe, haleine, harmonie, hebdomadaire, héberger, hébéter, hébreu, hécatombe, hectare, hectolitre, hectogramme, hectomètre, hégire, hélas! héliaque, héliastes, Hélicon, héliotrope, helléniste, hémi, hémicycle ou hémiplégie, hémisphère, hémistiche, hémorragie, heptaméron, heptarchie, héraldique, herbe, Hercule, hérésie, héritage, hermétique, hermine, héroï-comique, et les composés de *héroï*; hésitation, hétéroclite, hétérodoxe, hétérogène, heur, heure, heureux, hexagone, hexamètre, hiatus, hidalgo, hier, hiéroglyphe, hiérophante, hilarité, hippocentaure, Hippocrène, hippodrome, hippopotame, hirondelle, histoire, histrion, hiver, hoirie, holocauste, homélie, homicide, hommage, homme, homocentrique, homogène, homologue, homonyme, homophonie, honnête, honneur, honorer, hôpital, horizon, horloge, hormis, horographie, horoscope, horreur, hospice, hospodar, hostie, hostilité, hôte, hui, huilé, huissier, huitre, humanité, humble, humecter, humérus, humeur, humidité, humilité, hurluberlu, hyacinthe, hyades, hydraulique, hydre, hydrocéphale, hyène, hygiène, hygromètre, hymen, hymne, hyperbole, hypocrisie, hypothèque, hypothèse, et les dérivés ou composés des précédents.

*Principaux mots où l'*H *est aspiré, c'est-à-dire dur,*
âpre.

Hibou, hideux, hiérarchie, hic, hisser, héros, hêtre, héraut d'armes, herse, héron, hère, hérisser, hérisson, hernie, heurter, huche, huée, huguenot, huit, hure, huppe, hautement, hutte, holà, homard, hoquet, horde, hors, hotte, hacher, hasard, halte, hameau, hanneton, harde, haricot, harnais, havre-sac, hangar, hennir, honte, haie, haillon, haine, hanter, hausser, haute paye, houblon, houe, houille, houlette, housse, houppelande, houspiller, houssine, hotte.

Mots dans lesquels se trouve le H *muet.*

Abhorrer, achromatique, achronique, adhérer, ah! ahi!

ahurir, a'manach, anachorète, anachronisme, appréhen-
der, archaïsme, archange, archonte, arrhes, aujourd'hui.
Bacchanal, bonheur, brouhaha. Cahin-caha, cahier, chaos,
catachrèse, catarrhe, Chaldéen, chat-huant, chirogra-
phaire, chlorure, chorégraphie ou choréographie, choriste,
chorographie, chorus, saint-chrême, Christ, chromatique,
chronique, chronographie, chronologie, chronomètre,
chrysalide, chrysocome, chrysolithe, cochléaria, cohésion,
cohibition, cohorte, compréhension. Ébahir, écho, eh!
envahir, Eucharistie, exhaler, exarchat, exhiber, exhortation, exhorter, exhumer. Ichneumon, ichnographie,
ichthyologie, ichthyophage, incohérence, inhiber, inhu-
mer, ipécacuanha. Jéhovah. Lichen. Machabée, Melchi-
sédec, myrrhe. Nabuchodonosor. Polytechnique, prohi-
ber, pyrotechnie. Rédhibition, réhabiliter, répréhensible,
rhéteur, rhinocéros, rhombe, rhubarbe, rhumatisme,
rhus. Scholastique, souhait. Terpsichore, trahison. Vé-
hémence, véhicule, et tous les composés ou dérivés de
ceux-là.

ORTHOGRAPHE DES SUBSTANTIFS.

Noms composés dont le premier mot prend seul la marque du pluriel.

Aides-de-camp, appuis-main, arcs-en-ciel, bains-marie, barbes-de-bouc, becs-de-cane, becs-de-corbin, belles-de-nuit, blancs-de-baleine, bouts-d'aile, chefs-d'œuvre, ciels-de-lit, ciels-de-tableau, clins-d'œil, gardes-chasse, gardes-marine, gardes-manteau, gardes-du corps, gardes-vente, hautes-contre, hôtels-dieu, jets-d'eau, œils-de-bœuf, pieds-d'alouette, pots-de-vin, vers-à-soie, etc.

Noms composés dont le dernier mot prend seul la marque du pluriel.

Aigre-douces, arrière-boutiques, arrière-neveux, arrière-petits-fils, avant-coureurs, blanc-seings, casse-noisettes, cent-suisses, chevau-légers, chauffe-pieds, clair-semés, co-propriétaires, contre-amiraux, coupe-jarrets, couvre-pieds, croque-notes, cure-dents, demi-aunes, entre-actes, entre-sols, essuie-mains, garde-fous, garde-meubles, gobe-mouches, grand'mères, havre-sacs, non-valeurs, passe-droits, perce-oreilles, pèse-liqueurs, porte-clefs, prud'hommes, quinze-vingts, serre-papiers, terre-pleins, tire-bottes, tire-boutons, tourne-feuillets, va-nu-pieds.

Noms composés dont toutes les parties prennent le signe du pluriel.

Aides-majors, arcs-boutants, cerfs-volants, chats-huants, chauves-souris, chefs-lieux, chiens-loups, choux-fleurs, colins-maillards, courtes-pailles, crocs-en-jambes, francs-maçons, gardes-champêtres, gardes-magasins, gardes-malades, gardes nationales, hauts-de-chausses, lauriers-roses, loups-garous, maîtres-ès-arts.

Noms composés dont aucune des parties ne prend le signe du pluriel.

Abat-jour, abat-vent, après-demain, après-midi, ave-maria, bien-dire, bien-être, blanc-manger, boute-en-train, boute-feu, brise-cou, brise-glace, brise-raison, brise-tout, casse-cou, casse-tête, chasse-marée, chauffe-lit, chauffechemise, coq-à-l'âne, coupe-gorge, coupe-tête, couvre-feu, couvre-chef, crève-cœur, cric-crac, doit-et-avoir, ex-voto, fouille-au-pot, gagne-denier, gagne-pain, gagne-petit, garde-manger, garde-boutique, garde-feu, garde-vaisselle, garde-vue, gâte-métier, gâte-sauce, grippe-sou, haut-le-corps, haut-le-pied, hors-d'œuvre, in-folio, in-quarto, in-douze, in-dix-huit, in-huit, in-octavo, in-seize, in-trente-deux, laissez-passer, meurt-de-faim, mezzo-termine, mi-carême, mouille-bouche, ouï-dire, passe-parole, passe-partout, passe-temps, passe-pied, pater-noster, perce-neige, pied-à-terre, pleure-misère, porte-aiguille, porte-bougie, porte-drapeau, porte-enseigne, porte-épée, porte-malheur, porte-étendard, porte-respect, porte-voix, post-scriptum, pot-au-feu, pour-boire, prie-Dieu, qui-va-là, rabat-joie, rez-de-chaussée, réveille-matin, revenant-bon, savoir-faire, savoir-vivre, serre-file, serre-tête, souffre-douleur, sous-pied, *Te-Deum*, tête-à-tête, tire-balle, tire-bouchon, tire-bourre, tire-ligne, tire-pied, tout-ou-rien, trente-et-un, trompe-l'œil, trouble-fête, tu-autem, *vade-mecum*, va-et-vient, va-tout, *veni-mecum*, vis-à-vis, vole-au-vent.

Un certain nombre de noms composés sont passés à l'état de mots simples ; ils s'écrivent en un seul mot et suivent, pour la formation du pluriel, la règle commune aux autres noms :

Portecrayon, porteballe, gendarme, contrefaçon, becfigue, portemanteau, portechâsse, justaucorps, tournebroche, pourboire, portefeuille, tirelire, contrevent.

MOTS EN AL.

Substantifs en AL *qui ne forment pas leur pluriel en* AUX.

Un aval, des avals ; un bal, des bals ; un cal, des cals ; un carnaval, des carnavals ; un cantal, des cantals ; un napal, des napals ; un régal, des régals ; un serval, des servals.

Adjectifs en AL *qui ne forment pas le pluriel en* AUX.

Amical, amicals ; automnal, automnals ; banal, banals ; doctoral, doctorals ; frugal, frugals ; fatal, fatals ; naval, navals ; pénal, pénals ; marital, maritals ; théâtral, théâtrals.

Substantifs en **AIL** *qui ne forment pas le pluriel en* **AUX.**

Bercail, bercails ; camail, camails ; épouvantail, épouvantails ; portail, portails ; sérail, sérails.

Adjectif en **IAL** *qui ne forment pas leur pluriel en* **AUX.**

Filial, filials ; glacial, glacials ; initial, initials.

NOMBRE

DANS LES SUBSTANTIFS PRÉCÉDÉS D'UNE PRÉPOSITION.

Des coups de poing, des coups d'œil, des coups de pied, de genou, de tête, de bâton, de pierre, de barre.

Des peaux de mouton, de cheval, d'âne, de chèvre, de chat, de chien, etc.

Des marchands de vin, de beurre, de bière, de drap.

Gelée de pomme, de groseille, de poire, de cerise, d'abricot.

Fécule de pomme de terre, des croquettes de pomme de terre, sirop d'asperge, de groseille.

Marmelade de pomme, de poire, de cerise, etc.

Sucre de pomme, jus de citron, d'orange, de pomme, etc.

Bouquet de jasmin, de giroflée, etc.

Paniers de raisin, un lit de *plume.*

Les derniers subtantifs restent invariables, parce qu'ils désignent la classe, le genre, l'espèce, la nature des choses qu'ils représentent.

Substantifs au pluriel après une préposition.

Des têtes d'hommes charmants, de femmes aimables, d'enfants étourdis.

Des coups de ciseaux.

Des peaux de bêtes, d'animaux, de lapins gris.

Marchand de vins fins, de draps fins, d'habits.

Compote de pommes, de poires, d'abricots.

Ragoût de pommes de terre, jus d'herbes.

Confitures de groseilles de Bar.

Bouquet d'œillets, de roses, etc. Paniers de poires, de cerises.

Un gâteau d'amandes, de la conserve de roses, de la purée de lentilles, un paquet de plumes.

En décomposant ces expressions, on trouve que le pluriel est demandé par le sens de la phrase.

MOTS INVARIABLES APRÈS UN SUBSTANTIF.

Des rubans *paille*, des gants *soufre*, des écharpes *ponceau*, des gazes *cerise*, des robes *noisette*, du taffetas *jonquille*, des souliers *pistache*, des ceintures *orange*, des papiers *vélin*, des velours *puce* (grammaire nationale), des cheveux *châtain clair*, *châtain foncé*, *châtain blond*; une robe *bleu clair*; des châles *jaune pâle*, des habits *brun foncé*, des brodequins *rouge bai*, des chapeaux *rouge cramoisi*.

ADJECTIFS.

Adjectifs avant et après le mot GENS.

Je me suis trouvé dernièrement avec d'*excellentes* gens; je ne dirai pas *tous*, mais pour la plupart bons grammairiens, et non de *ces certains petits gens de lettres* qu'on peut regarder comme de *sottes* gens. Un de ces *excellentes* gens demandait de quel genre est définitivement le mot *gens*. Quoique *instruits* dans l'art de l'analyse, *tous ces gens* étaient *partagés;* et dans ce conflit d'opinions, *toutes les bonnes* gens et *tous* les braves gens qui écoutaient, ne savaient quel parti prendre. Cependant quelques-*uns* de ces *dernières* gens disaient aussi leur mot; mais on voyait qu'*ils* n'y entendaient rien. Il y eut même *certaines* gens (*tous sottes* gens à la vérité) qui crurent se donner de l'importance en bavardant impunément, et qui jetèrent de la poudre aux yeux à *tels* ou tels jeunes gens; mais *quelles* gens! *Toutes sottes* gens ne sont-*ils* pas de l'avis du dernier qui parle! Et moi, monsieur, profitant aussi bien du bavardage de *toutes* les *sottes* gens qui m'ont assommé que des lumières de *tous* les *habiles* gens qui m'ont éclairé, je me suis retiré en rêvant un peu à ce que je venais d'entendre.

TEL.

Tel homme est bon, *telle* femme est douce. *Tel* qui rit vendredi dimanche pleurera. *Tels* qui vous *sourient* peuvent vous perdre. Vous demandez une place; *telle* (place) qu'on vous offrirait vous déplairait demain. Donnez-moi une occupation *telle quelle*. Je vous prends votre livre *tel quel*. Vous allez tantôt chez un *tel*, tantôt chez une *telle*. *Telle* vie *telle* fin. *Tel* maître *tel* valet. *Telles* étaient

alors les affaires de ce peuple, qu'il acceptait les condi-
tions, les ordres même de ses ennemis *tels* qu'on les lui
présentait.

CHACUN, AUCUN, QUELQU'UN, QU'UN.

Chacun pense pour soi, et c'est un égoïsme injuste ;
car *aucun* ne peut se dire toujours heureux ; il ne faut
qu'*un* moment pour que *quelqu'un* de riche tombe dans
la pauvreté.

MÊME.

Mêmes pensées, *mêmes* actions, *mêmes* plaisirs, *mêmes*
souffrances, c'est à ces signes qu'on reconnait les vrais
amis.

Les *mêmes* événemens qu'on avait lus dans l'histoire
ancienne se reproduisent sous nos yeux : ce sont les
mêmes passions, les *mêmes* vices, la *même* ambition, les
mêmes hommes, *même* avec des noms différents.

Les rois *eux-mêmes* suivent la route des rois leurs
prédécesseurs ; nous croyons *même* que les hommes, les
femmes, les vieillards, les enfants *même* (et *même* les enfants, et jusqu'aux enfants) redisent ce que les hommes,
les femmes, les vieillards, et *même* les enfants disaient il
y a mille ans.

CENT.

Cent chevaux avec leurs *cent* cavaliers sont tombés
dans un précipice qui a *cent pieds* de profondeur ; mille
cent livres.

Le mot *cent*, dans ces phrases, n'exprime qu'une centaine.

Deux cents, trois cents, quatre cents, cinq cents, six
cents, sept cents, huit cents, neuf cents francs.

Le mot *cent*, dans ces locutions, exprime plusieurs
centaines justes.

En ou l'an huit cent, neuf cent, sept cent, etc.

Le mot *cent* signifie, dans ces locutions, *centième* ; en
l'an ou l'an *huit centième*

Deux cent *quatre*, trois cent *vingt*, mille huit cent *cinq*.

Le mot *cent*, dans ces locutions, n'exprime pas des *centaines justes*.

VINGT.

Vingt jeunes personnes ont donné *vingt* francs aux
pauvres, et les ont secourus *vingt* fois.

Dans cette phrase, le mot *vingt* signifie une vingtaine.

Quatre-*vingts* soldats se sont embarqués pour l'Afrique.

Les Quinze-*vingts* ne sont plus que quatre-vingts.

Dans ces phrases, le mot *vingt* exprime plusieurs vingtaines justes,

Quatre-*vingt-six francs* ont été employés à donner du pain aux malheureux.

Ici, le mot *vingt* n'exprime pas des vingtaines justes.

MILLE, MIL.

Mille soldats ont été envoyés en Afrique.

Mille fois nous nous sommes trouvés embarrassés dans les questions qu'on nous a adressées.

La retraite des dix *mille* est célèbre dans l'histoire ancienne.

Il y a dix *mille* à parier contre un que la colonie d'Alger sera conservée à la France.

La lune est à quatre-vingt-seize *mille* lieues de la terre.

L'an *mille* de l'ère chrétienne, les Européens craignaient de voir arriver la fin du monde.

L'an deux mille, trois mille, quatre mille, cinq mille, six mille, sept mille, etc., nos descendants seront heureux.

Les uns placent la naissance de J. C. l'an quatre *mille* quatre, les autres l'an quatre *mille* neuf cent soixante-trois, de sorte qu'aujourd'hui (1843) nous comptons la cinq *mille* huit cent quarante-sixième année, ou la six *mille* huit cent sixième année du monde.

L'an *mil* trente et un, mourut Robert, le premier roi de France.

L'an *mil* cinq cent quinze, François Ier monta sur le trône.

En *mil* sept cent neuf, Pierre-le-Grand défit Charles XI, à Pultava, au sud de la Russie.

On lit sur une médaille, du temps de Louis XIV, *mil* six cent quarante-huit, Traité de Westphalie.

On fera bien remarquer à l'enfant qu'on ne met *mil* que lorsque ce mot *commence* la date de l'année ; partout ailleurs on écrit *mille*.

UN MILLE (espace de chemin).

Il faut deux *milles* et *demi* d'Angleterre et un *demi-mille* d'Allemagne pour faire une lieue de France.

Il y a plus d'un *mille* de Paris à *Passy*.

On compte plus de mille trois cent soixante-cinq *milles* (d'Angleterre) de Paris à Saint-Pétersbourg.

L'Himalaya, la chaîne de montagnes la plus élevée du globe, a près de six *milles* de hauteur.

Il faut faire près de mille *milles* pour aller à Rome.

NU.

N'allez jamais *nu*-tête, et par conséquent tête *nue*.

Ne traitez personne de va-*nu*-pieds, cette expression est basse.

Les capucins allaient autrefois *nu*-pieds et *nu*-jambes.

La propriété d'un fonds dont un autre a l'usufruit se nomme la *nue* propriété. C'est la seule locution où le mot *nu*, placé avant le substantif, est variable.

Il ne faut pas toujours faire voir son cœur à *nu*.

Nota. Quelquefois on détermine l'adjectif *nu*, et alors il devient substantif :

Les peintres traitent mieux les draperies que le *nu*. David a fait de beaux *nus*.

DEMI.

Demi-heure, et heure et demie; demi-pension, et pension et demie ; demi-mesure, et mesure et demie ; demi-voie, et voie et demie; demi-bourse, et bourse et demie; demi-bouteille, et bouteille et demie; demi-jour, et jour et demi; demi-lune, et lune et demie; demi-livre, et livre et demie; demi-once, et once et demie ; demi-course, et course et demie; demi-litre, et litre et demi; demi-tasse, et tasse et demie; demi-boisseau, et boisseau et demi; demi-année, et année et demie; demi-nu.

Trois heures et demie, deux pensions et demie, quatre mesures et demie, cinq voies et demie, six bourses et demie, sept bouteilles et demie, huit jours et demi, neuf aunes et demie, dix livres et demie, onze grammes et

demi, douze courses et demie, treize litres et demi,
quatorze tasses et demie, quinze boisseaux et demi,
seize années et demie; midi et demi, minuit et demi;
à midi, une demie, deux demies, trois demies, quatre
demies, etc.

FEU.

Feu la douairière d'Orléans avait un grand courage.

Feu la reine de Madagascar avait déployé un génie digne d'un autre théâtre.

La *feue* princesse de Salm écrivait avec une élégance soutenue.

Feu ma sœur et ma *feue* cousine s'aimaient beaucoup.

ON.

On n'est pas toujours heureux; *on* n'est pas toujours heureuse, madame. *On* est *fier* d'être le père d'enfans vertueux; *on* est *fière* d'être la mère d'aimables filles.

On avait mis à la porte d'un cimetière : Ici, *on* est *égaux*.

Messieurs, *on* n'est pas *contents*, je crois.

Mesdames, *on* n'est pas aussi embarrassées que je le croyais.

Quand *on* est *amis* comme votre cousin et moi, *on* ne peut pas être brouillés pendant longtemps.

On n'est *belle* qu'une saison, *on* peut être *bonne* toute sa vie.

Adjectifs invariables.

Excepté vos sœurs, vos sœurs exceptées.
Excepté vos frères, vos frères exceptés.
Passé trois heures, trois heures passées.
Passé quatre jours, quatre jours passés.
Supposé vos intentions, vos intentions supposées.
Y compris ces lettres, ces lettres comprises.
Reçu trois cents francs, trois cents francs reçus.
Vu les certificats, les certificats vus.
Franc de port ces lettres, ces lettres franches de port.
Franc de port ces paquets, ces paquets francs de port.
Ci-inclus la copie, la copie ci-incluse.
Ci-joint vos annonces, vos annonces-ci-jointes.
Ci joint vos écrits, vos écrits ci-joints.

Féminins irréguliers.

Absous, absoute; antérieur, antérieure; auteur, auteur; bailleur, bailleresse; bas, basse; beau, belle; bénin, bénigne; blanc, blanche; caduc, caduque; chasseur, chasseresse; chaleur, *calorique;* complet, complète; courtisan, courtisane; défendeur, défenderesse; demandeur, demanderesse; discret, discrète; doux, douce; enchanteur, enchanteresse; épais, épaisse; exprès, expresse; faux, fausse; fou, folle; frais, fraîche; franc, franche; gras, grasse; grec, grecque; gros, grosse; inquiet, inquiète; jaloux, jalouse; jouvenceau, jouvencelle; long, longue; majeur, majeure; malin, maligne; meilleur, meilleure; meneur, meneuse; mou, molle; nouveau, nouvelle; nul, nulle; paysan, paysanne; pécheur, pécheresse; profès, professe; persécuteur, persécutrice; public, publique; roux, rousse; sec, sèche; sot, sotte; témoin, témoin; tiers, tierce; traître, traîtresse; turc, turque; vengeur, vengeresse; vieux, vieille.

Devin, devineresse; gouverneur, gouvernante; diable, diablesse; serviteur, servante; calculateur, calculatrice; délateur, délatrice; spoliateur, spoliatrice; ambassadeur, ambassadrice; exécuteur, exécutrice; inspecteur, inspectrice; empereur, impératrice; inventeur, inventrice; persécuteur, persécutrice; acteur, actrice; auditeur, auditrice, accusateur, accusatrice; conducteur, conductrice; créateur, créatrice; protecteur, protectrice; procureur, procuratrice, destructeur, destructrice, appréciateur, appréciatrice; dénonciateur, dénonciatrice; moteur, motrice, bienfaiteur, bienfaitrice.

Mots qui n'ont pas de féminin.

Agresseur, auteur, orateur, abatteur, appareilleur, amateur, censeur, graveur, imprimeur, imposteur, laboureur, professeur, littérateur, écrivain, peintre.

Féminins bizarres.

Doge, dogaresse; larron, larronnesse.

En terme de palais : demandeur, demanderesse ; défendeur, défenderesse ; bailleur, bailleresse.

Fat, châtain, témoin, résous, dispos, n'ont pas de féminin,

On dit, une tumeur *résolue*, pour *qui a disparu* ; et le brouillard *résous* en pluie. Au féminin il faut employer des adjectifs équivalents, comme : eau *réduite* en gaz.

ADJECTIFS.

Exercice sur les QUELQUE *avant un adjectif seul.*
Il signifie *tellement* (il est invariable).

Quelque bonnes *que* soient les jeunes personnes, il faut les surveiller.
Quelque belles *que* fussent vos fleurs, elles sont flétries.
Quelque grands *que* soient les hommes, ils meurent.
Quelque savants *que* vous fussiez, on vous a repris.

Ici, *quelque* peut se changer en *tellement*.
Tellement bonnes *que* soient les jeunes personnes, etc.

Avant un adverbe et un adjectif, il peut se remplacer par
TOUT, TELLEMENT. (Il est invariable.)

Quelque mal tournés *que* soient ces couplets, etc.
Quelque savamment écrits *que* fussent ces ouvrages, etc.
Quelque mal prononcés *que* seraient ces discours, etc.

Avec un adjectif et un substantif, il s'accorde en nombre
avec le substantif.

Quelques belles pensées *que* je lise dans cet ouvrage, etc.
Quelques grands services *que* vous rendiez, etc.
Quelques douces consolations *que* vous me donniez.
Quelques nobles dames *que* j'aie vues.

QUELQUE *signifiant environ* (rarement on l'emploie). Il est
invariable.

Il y a *quelque* (environ) vingt ans.
Il y a *quelque* (environ) deux mille ans.

QUEL QUE *devant* SOIT *ou* SOIENT, FÛT *ou* FUSSENT. QUEL
s'accorde avec le substantif sujet qui suit le verbe.

Quel que *fût* son pouvoir.
Quelle que *fût* sa bonté.
Quels que *fussent* les Romains.
Quelles que *fussent* les Assyriennes.
Quel que *soit* le courage moral d'Abraham.
Quelle que *soit* la douceur d'Abel.
Quels que *soient* les ennemis de Dieu.
Quelles que *soient* les erreurs des hommes.

TOUT *invariable se rapportant à un adjectif.*

Tout étonnée qu'*était* Sara de la prédiction des anges.
Tout inépuisable qu'*était* la charité de Tobie, il avait
des ennemis.
Tout affreuse qu'*est* la mort, il faut l'attendre de sang-
froid.
Tout indignée que *fut* la mère des Machabées.
Tout bons que *sont* les hommes, ils ont bien des dé-
fauts.
Tout jolis qu'*étaient* les bijoux de Cornélie, ses enfants
l'emportaient à ses yeux.
Tout grands que *sont* les rois, ils meurent comme
nous.

Exceptions avec des adjectifs féminins commençant
par une consonne.

Toute complaisante qu'*est* cette jeune personne.
Toute charmante qu'*est* cette fleur.
Remarquons qu'avec *tout*, on emploie les temps de
l'*affirmatif*, et avec *quelque*, ceux du *subjonctif*.

TOUT, signifiant *entièrement, tout-à-fait*, est invariable.
Tout à vous.

Mon amie, je suis *tout* à toi.

Tout autre.

Toute autre occupation que le dessin ne me plairait pas.

Une *tout* autre science que l'astronomie conviendrait mieux à un enfant.

Cette dame est *tout* autre depuis quelque temps.

Tout entière.

Ne mangez pas cette pomme *tout* entière.
La patrie *tout* entière s'est émue.
Mademoiselle, adonnez-vous *tout* entière au travail.
Soyez *tout* entière à vos devoirs.

PARTICIPES.

*Participes ou adjectifs toujours invariables apparte-
nant à des verbes intransitifs ou neutres.*

SON É.

8 Aboyé, accédé, acquiescé, adhéré, afflué, anticipé, apostasié, attenté.

7 Bavardé, badiné, babillé, bélé, brillé, baillé, bronché.

11 Cabalé, capitulé, conversé, clabaudé, coïncidé, conspiré, caracolé, chancelé, coopéré, consisté, caqueté.

6 Daigné, découché, dîné, duré, déjeuné, déraisonné.

8 Été, erré, extravagué, excellé, étincelé, échoué, existé, éternué.

3 Folâtré, frissonné, flamboyé.

8 Germé, guerroyé, grelotté, gambadé, grêlé, grassayé, grisonné, galopé.

3 Haleté, hérité, hiverné.

2 Insisté, intercédé.

4 Jasé, jouté, jeûné, jappé.

2 Lutté, lambiné.

2 Marché, mué,

3 Neigé, navigué.

3 Obtempéré, obvié, opté.

70 à reporter.

 70 d'autre part.
  7 Parlé (au propre), peiné, plané, patiné, persévéré,
    procédé, palpité.
  6 Résonné, reflué, ricané, ruisselé, résidé, répugné.
  9 Séjourné, sanglotté, succédé, sautillé, semblé, songé,
    sommeillé, sympathisé, soupé.
  6 Toussé, tournoyé, tonné, triché, tardé, triomphé.
  7 Vagabondé, volé (au propre), végété, voyagé, voltigé,
    vacillé, voisiné.
105 Participes en É invariables.
  Le participe *pardonné* ne s'accorde qu'avec *les choses*.

Participes en I.

  2 Abouti, agi.
  2 Bondi, bouilli.
  1 Consenti.
  1 Dormi.
  1 Failli.
  1 Joui.
  1 Henni.
  2 Lui, langui.
  3 Menti, mugi, médit.
  1 Nui.
  2 Rugi, ri.
  4 Suffi, sailli, souri, sévi.
  ——
 21 en I, dont un en IT.

  1 Sursis.

  Obéi fait exception : avec le verbe *être* seul, il s'accorde toujours avec son sujet ; avec le verbe *avoir*, il est
toujours invariable. — Ma mère est *obéie*.

EN U.

  1 Appartenu,
  2 Concouru.
  2 Discouru, dépendu.
  1 Fallu.
  1 Plu (plaire ou pleuvoir).
  1 Subvenu.
  1 Vécu.
  ——
  9 en U.   17

Pû, du verbe *paître*, est invariable ; mais *repû*, du verbe *se repaître*, est variable.

Répondu, quoique venant d'un verbe intransitif, est variable employé dans *lettre répondue* ; il en est de même de *paru* ; on écrit des journaux *parus*.

Récapitulation des participes.

Invariables en é 105
En I   20
En IS........   1
En IT   1
En U   9
                  ———
Il y a donc   136 participes invariables.

Féminins de quelques participes.

Inclus, incluse, de l'ancien verbe *inclure*.
Exclu, exclue, du verbe *exclure*.
Conclu, conclue, du verbe *conclure*.
Perclus, percluse, de l'ancien verbe *perclure*.
Absous, absoute, du verbe *absoudre*.
Confit, confite, du verbe *confire*.
Dissous, dissoute.
Reclus, recluse.

ADJECTIFS PARTICIPES S'ACCORDANT TOUJOURS ET PROVENANT DE VERBES ESSENTIELLEMENT PRONOMINAUX.

EN É.

6 Accordé, acharné, acheminé, adonné, agenouillé, attroupé.
3 Cabré, carré, comporté.
2 Démené, désisté.
12 Éboulé, écroulé, embusqué, emparé, empressé, allé, enquêté, escrimé, évadé, évaporé, évertué, extasié·
1 Formalisé.
4 Gargarisé, gendarmé, immiscé, ingéré.

———

28 à reporter.

28 d'autre part.
 2 Méfié, moqué.
 1 Opiniâtré.
 2 Parjuré, prosterné.
 5 Racquitté, ravisé, récrié, réfugié, rengorgé.

—

38 adjectifs participes toujours variables, et ne pou-
    vant pas se passer des deux pronoms : *nous nous
sommes accordés* ou *accordées.*

EN I.

5 Accroupi, blotti, ébahi, évanoui, repenti.
 1 Dédit.
 2 Enquis, mépris.

—

8 en i et is.

EN U.

2 Abstenu, souvenu.
En tout, 48 adjectifs participes appartenant à des verbes pronominaux, toujours *variables* avec leur sujet.

EXERCICE SUR LES PARTICIPES.

Participe adjectif avec ÊTRE, *s'accordant toujours
avec le sujet du verbe.*

Les Français sont si polis qu'ils *sont* bien *reçus* partout.[1]
Frédégonde est *restée* le type des méchantes reines.
Les jeunes filles ne sont *embarrassées* pour écrire que
parce qu'elles sont *détournées* de leur travail par des
conversations.
Etant *arrivées* à pied, ces dames sont *reparties* chéz
elles à pied.
Nota. Il faut multiplier ces exemples le plus que l'on
pourra.

*Participes verbes employés absolument, c'est-à-dire avec le
verbe* AVOIR *seulement, non précédé de* QUE, *pour lequel,
laquelle, lesquelles; de* LES, *nous, vous, se, etc.*

Ces enfans *ont joué, dansé, parlé, couru, écrit.* Moi,
jeune fille, j'avais composé, pensé, imaginé. J'arrivais
pour secourir ces jeunes infortunées; elles *avaient vécu.*
　　Auront-ils *succombé,* ces malheureux voyageurs?
　　Les gouvernemens anciens ont tous *péri* par défaut de
prévoyance.
　　Comment ces jeunes personnes n'auraient-elles pas
compris ? elles ont bien *écouté.*
　　Faites faire des phrases avec les participes toujours
invariables.

Participes verbes placés avant un complément direct.

Les Romains *ont vu leurs armées* défaites par les Ger-
mains.
　　Les avalanches de *la Suisse* ont *englouti les chaumières.*
　　Les Européens *auront civilisé les naturels* de la Nou-
velle-Zélande dans un demi-siècle.
　　Ces dames n'ont *pas agréé nos hommages.*
　　Nota. Quand l'élève aura *acquis* du sujet et du complé-
ment *une idée* claire, il ne fera plus de fautes.

*Participe adjectif placé après le complément direct. Le
sujet placé avant le participe.*

Les présents *que* (lesquels) Caïn avait *offerts* à Dieu
n'avaient pas été acceptés.
　　Les paroles *que* (lesquelles) Crésus avait *prononcées*
devant Cyrus lui avaient sauvé la vie.
　　Les monuments *que* (lesquels) les Égyptiens avaient
élevés sont encore debout.
　　Les combats *que* (lesquels) Cyrus avait *livrés* l'avaient
rendu maître de l'Asie occidentale.
　　La coupe *que* (laquelle) Benjamin avait *trouvée* dans son
sac y avait été mise par l'ordre de Joseph.

Le coup de baguette *que* (lequel) Moïse a *frappé* sur le rocher lui a fermé l'entrée de la terre promise.

Nota. Multipliez les exemples, faisant toujours tourner le *que* pronom conjonctif, par lequel, laquelle, lesquels, lesquelles.

Le sujet après le participe.

Les jardins suspendus qu' (pour que, lesquels) a *élevés* Sémiramis, reine d'Assyrie, n'existent plus que dans la mémoire des hommes.

On n'a pas retrouvé tous les ouvrages qu' (pour que, lesquels) avait *écrits* Hérodote.

Vous rappelez-vous les rêves qu' (pour que , lesquels) avait *expliqués* Joseph?

Nota. Multipliez les exemples dans tous les temps.

Adjectifs participes suivis d'un verbe à l'infinitif qui peut se tourner par l'imparfait de l'affirmatif.

Les Macédoniens que nous avons *vus donner* des lois à la Grèce et à l'Asie ont été vaincus par les Romains. *Ils donnaient des lois.*

Les dames que vous avez *laissées passer* dans le salon. Elles passaient dans le salon ; vous les *avez laissées.*

Les feuilles mortes que vous avez *vues tomber* annonçaient l'hiver. Elles tombaient ; vous les *avez vues.*

Les rossignols que vous aurez *entendus chanter* auront été les précurseurs du beau temps. Ils chantaient ; vous les *avez entendus.*

Les académiciens que vous aviez *écoutés lire* avec tan de plaisir sont partis pour une expédition littéraire. Ils lisaient ; vous les *aviez écoutés.*

Nota. Multipliez les exemples.

Adjectifs participes se rapportant au mot QUELQU'UN *ou*
QUELQUE CHOSE.

Les Arabes que j'ai *vu vaincre* par les Français se son enfuis. Les Arabes *ne vainquaient* pas. J'ai vu quelqu'un (les Français) vaincre les Arabes.

Que dites-vous de la *romance* que vous avez *entendu*

chanter ? La romance ne chantait pas. Vous avez entendu *quelqu'un* chanter la romance.

Les enfants *de deux mois* que nous avons laissé passer par la fenêtre. Ils ne passaient pas (à l'âge de deux mois !). Nous avons laissé *quelqu'un* passer les enfants.

Multipliez les exemples.

CRU, PARU, SEMBLÉ, IMAGINÉ, VOULU, FALLU, PU, *sont toujours invariables avant un infinitif.*

Les fantômes que vous aviez *cru voir*, que vous vous êtes *imaginé rencontrer*, que vous auriez *voulu toucher*, qu'il aurait *fallu vous montrer*, et que vous n'auriez *pu regarder* en face, n'ont existé que dans votre tête exaltée.

Adjectifs participes suivis d'un autre adjectif. — Ils s'accordent toujours.

Mesdemoiselles, votre mère *vous a trouvées dissipées* aujourd'hui ; vous vous êtes *crues seules*, vous vous êtes *rendues indépendantes* ; on vous a *vues légères, étourdies*, et l'on vous a grondées.

Les druides s'étaient *montrés cruels* dans leur religion avant l'arrivée des Romains.

Que de demoiselles se sont *faites religieuses* par conviction !

Que d'hommes se sont *faits professeurs* sans vocation.

Vous êtes inquiète de vos châles, je les ai *vus étendus* sur une *chaise*.

EXCEPTIONS.

PARU, FALLU, SEMBLÉ.

Ces livres m'avaient *paru reliés*. Il les aurait *fallu grands* et mieux imprimés ; ils m'avaient *semblé blancs*.

OBSERVATIONS.

Quand l'adjectif participe est suivi d'un mot, adjectif ou verbe, finissant par le son É, les enfants se trompent toujours.

Exemple : Les cadres que j'ai vus placés.
          Les cadres que j'ai vu placer.

Il est évident que le dernier mot de la dernière phrase marque l'*action*, et que le dernier de la première marque l'*état*; mais l'enfant ne réfléchit pas à cette différence quand il écrit; il faut donc lui donner le moyen de bien orthographier.

Dans les phrases analogues, il est donc nécessaire de l'habituer à se rendre compte du sens des mots. Faites-lui placer le participe présent *étant* avant l'adjectif participe, et faites tourner par l'imparfait de l'affirmatif, à la troisième personne, avec le pronom *on*, le verbe à l'infinitif.

Exemple : Les cadres que j'ai vus *étant* placés.
          Les cadres que j'ai vu que l'on plaçait.

Participes d'un verbe impersonnel employés en GALLICISMES, *c'est-à-dire qui ne peuvent être soumis à une analyse grammaticale rigoureuse.*

Il y a *eu* de grandes chaleurs.
Les grandes chaleurs qu'il y a *eu*.
Les froids qu'il a *fait*.
Il est *résulté* de grands malheurs de ce naufrage.
Les malheurs qu'*il* en en est *résulté*.
Il s'est *rassemblé* plusieurs personnes.
Il s'est *consommé* plus de provisions en un jour que nous n'en dépensons en un mois.
Les trois cents bouteilles de vin qu'il s'est *bu* à ce repas ont été payées cher.
Il s'est *vendu* hier beaucoup de marchandises.
Nota. Dans toutes ces phrases le pronom *il* ne se rapporte à rien, et les verbes auxquels il appartient sont nommés *impersonnels*.

Verbes COUTER, VALOIR, PESER.

Les bons grammairiens rangent aujourd'hui les participes de ces verbes dans le principe général.
On écrira donc, avec l'accord :
Les sommes d'argent que cette affaire m'a *values*.
Les trois cents francs que ces meubles ont *coûtés*.
Les vingt kilos que cette marchandise a *pesés*.

Nous nous sommes *valus* dans notre temps.
Les millions que Versailles a *coûtés* à Louis XIV.

Participes précédés de EN.

Ils sont invariables quand le mot *en* est indispensable au sens de la phrase ; variables, quand on peut le supprimer sans nuire à la clarté du sens.

Invariables.

Que j'ai envie de recevoir vos lettres ! il y a déjà près d'une demi-heure que *je n'EN ai reçu*. (Mme *de Sévigné*.)— On ne pourrait pas dire que *j'ai reçu*.

Tout le monde m'a offert des services, et personne ne *m'EN a rendu*. — On ne pourrait pas dire : ne m'a rendu

Variables.

Je n'ai point oublié vos conseils ni les résultats *que j'EN ai obtenus*. — On pourrait dire les *résultats que j'ai obtenus*.

Avez-vous lu Homère en grec? Les traductions qu'on EN a faites sont bien faibles.—On pourrait dire *les traductions qu'on a faites* d'Homère, etc.

Accord avec COMBIEN, PLUS, AUTANT, *marquant la pluralité.*

Vous parlez de livres, *combien* j'en ai lus ! *autant* j'en ai lus, autant j'en ai analysés ; et *plus* j'en ai analysés, *moins* j'en ai retenus, tant ma mémoire est inexacte.

Invariabilité, avec COMBIEN, PLUS, AUTANT, *se rapportant à un substantif singulier, en marquant l'étendue.*

Je vous avais donné une tourte, combien vous *en avez mangé* ; vous en avez tant *mangé*, qu'il n'y en a presque plus. Plus j'en aurai trouvé, moins j'en aurai goûté.

VERBES IRRÉGULIERS.

PREMIÈRE CONJUGAISON.

Les verbes terminés en GER doivent être suivis d'un *e* euphonique avant A, O.

Dans les verbes terminés en CER, le C prend la cédille avant A et O.

Les verbes terminés en ÉLER, en ÉTER, doublent l'L et le T avant un E muet.

Les verbes en ER, dont la syllabe finale de l'*Infinitif* est précédée d'un E aigu, changent cet E aigu en un E grave avant une syllabe muette.

Lorsque l'*Infinitif* est terminé en YER, l'Y se change en I avant un E muet.

Le verbe ALLER est très irrégulier ; voici sa conjugaison :

AFFIRMATIF PRÉSENT : Je vais, tu vas, il va, ils vont.

FUTUR : J'irai, tu iras, etc.

CONDITIONNEL : J'irais, etc. OPTATIF : Va, vas-y.

SUBJONCTIF : Que j'aille, que tu ailles, etc.

Les autres formes sont régulières.

Les temps composés du verbe S'EN ALLER prennent l'auxiliaire ÊTRE qui doit être placé entre le mot EN et le participe.

DEUXIÈME CONJUGAISON.

Il y a des verbes qui ne sont irréguliers qu'au *Présent de l'Affirmatif* ; ce sont : DORMIR, je dors ; MENTIR, je mens ; PARTIR, je pars ; SE REPENTIR, je me repens ; SENTIR, je sens ; SERVIR, je sers ; SORTIR, je sors.

Les verbes irréguliers, en IR, qui au *Présent de l'Affirmatif* et à l'*Impératif*, prennent les finales des verbes en ER, sont :

OUVRIR. J'ouvre, nous ouvrons ; ouvre ; ouvert.

COUVRIR. Je couvre, nous couvrons ; couvre ; couvert.

SOUFFRIR. Je souffre, nous souffrons ; souffre ; souffert.

OFFRIR. J'offre, nous offrons ; offre ; offert.

CUEILLIR. Je cueille, nous cueillons ; cueille ; je cueillerai ; je cueillerais.

SAILLIR (en termes d'architecture). Je saille, ils saillent; il saillera; il saillerait.

VENIR. Je viens, nous venons; ils viennent; je viendrai; je vins; que je vinsse; venu.

TENIR. Je tiens, nous tenons; ils tiennent; je tiendrai; je tins; que je tinsse; tenu.

MOURIR. Je meurs, nous mourons; ils meurent; je mourrai; je mourus; que je mourusse; mort.

ACQUÉRIR. J'acquiers, nous acquérons, ils acquièrent; j'acquerrai; j'acquis; que j'acquisse; acquis.

FUIR. Je fuis, nous fuyons, ils fuient.

BOUILLIR. Je bous, nous bouillons. Les autres radicaux sont réguliers.

COURIR est entièrement irrégulier : Je cours, nous courons; je courais; cours; que je coure; courant; je courrai; je courus; que je courusse; j'ai couru.

FAILLIR n'est guère en usage qu'au *Passé défini* : Je faillis; aux temps composés : J'ai failli, j'avais failli; au *Participe présent* : Faillant. On dit : Ses forces défaillent.

FLEURIR est régulier dans le sens propre. Il a pour radical *floriss.*, dans le sens d'être en réputation, dans un état prospère, brillant; à l'*Imparfait de l'Impératif* et au *Participe présent* : Florissait, florissant.

GÉSIR. Ce verbe n'est usité que dans : Il gît, ci-gît, ils gisent; il gisait, ils gisaient; gisant.

HAÏR n'est irrégulier qu'au singulier du *Présent de l'Affirmatif* où il fait : Je hais, tu hais, il hait; à l'*Optatif* : Hais, et au *Passé défini* ainsi qu'à l'*Imparfait du subjonctif* où il ne prend point d'accent circonflexe.

OUÏR n'est usité qu'au *Participe passé* : J'ai ouï dire.

VÊTIR. Je vêts, nous vêtons; je vêtais; que je vête; vêtant.

TROISIÈME O NJUGAISON.

S'ASSEOIR. Je m'assieds, nous nous asseyons; assieds-toi; asseyez-vous; je m'asseyais; que je m'asseye; s'asseyant, je m'assiérais; je m'assis; que je m'assisse, je me suis assis.

CHOIR. Ce verbe n'est usité qu'à l'*Infinitif.*

DÉCHOIR. Je déchois, nous déchoyons, ils déchoient; je déchus; que je déchusse; je décherrai; je décherrais;

que je déchoie, que nous déchoyons : les autres temps sont inusités. *Participe passé : déchu.*

DEVOIR. Je dois, nous devons, ils doivent; je devais; je dus; que je dusse; je devrai; je devrais; que je doive, que nous devions, qu'ils doivent; dois, devons. *Participe présent : devant; Participe passé : dû.*

ÉCHOIR. Il échoit ou il échet, ils échoient ou ils échéent; il échoyait; qu'il échoie; il écherra; il échut; qu'il échût; échéant; échu.

FALLOIR. Il faut; il fallait; il fallut; qu'il fallût; il faudra; qu'il faille; fallu, invariable.

MOUVOIR. Je meus, nous mouvons, ils meuvent; je mouvais; je mus; que je musse; je mouvrai; mus; mouvons; que je meuve, que nous mouvions, qu'ils meuvent; mouvant; mu.

PLEUVOIR. Il pleut; il pleuvait; il plut; qu'il plût; il pleuvra; qu'il pleuve; pleuvant; plu, invariable.

POURVOIR. Je pourvois, nous pourvoyons, ils pourvoient; je pourvoyais; je pourvus; que je pourvusse; je pourvoirai; pourvois, pourvoyons; que je pourvoie, que nous pourvoyions; pourvoyant; pourvu.

POUVOIR. Je puis ou je peux, tu peux, il peut, nous pouvons, vous pouvez, ils peuvent; je pouvais; je pus; que je pusse; je pourrai; que je puisse; pouvant, pu, invariable.

RECEVOIR. Je reçois, nous recevons, ils reçoivent; je recevais; je reçus; que je reçusse; je recevrai; reçois; recevons; que je reçoive, que nous recevions, qu'ils reçoivent; recevant; reçu.

SAVOIR. Je sais, nous savons; je savais; je sus; que je susse; je saurai; sache; que je sache; sachant; su.

SÉOIR. Une chose sied; ces choses siéent bien; seyaient; cela vous siéra; je doute que cela vous siée; séyant dans le sens d'être assis, placé, situé; séant; sis.

SURSEOIR. Je sursois, sursoyons, ils sursoient; je sursoyais; je sursis; que je sursisse; je surseoirai; sursois; que je sursoie; que nous sursoyions, qu'ils sursoient; sursoyant; sursis.

VALOIR. Je vaux, tu vaux, il vaut, nous valons, ils valent; je valais, etc.; je valus, que je valusse; je vaudrai; que je vaille, etc., que nous valions, que vous valiez, qu'ils vaillent. Il ne se dit point à l'*Optatif.* Valant; valu, invariable.

VOIR. Je vois, nous voyons, ils voient; je voyais; nous

voyions ; je vis ; que je visse ; je verrai ; vois, voyons ; que je voie, que nous voyions, que vous voyiez, qu'ils voient ; voyant ; vu.

VOULOIR. Je veux, tu veux, il veut, nous voulons, etc.; je voulais ; je voulus ; que je voulusse ; je voudrai ; veuille, veuillez ; que je veuille, que nous voulions, que vous vouliez, qu'ils veuillent ; voulant ; voulu.

QUATRIÈME CONJUGAISON.

ABSOUDRE. J'absous, nous absolvons ; j'absolvais. Point de *Passé défini* ni d'*Imparfait du Subjonctif*. J'absoudrai ; absous, absolvons ; que j'absolve ; absolvant ; absous ; *féminin :* absoute.

BATTRE n'est irrégulier que dans je bats, tu bats, il bat ; bats.

BOIRE. Je bois, nous buvons, vous buvez, ils boivent, je buvais : je bus, etc.; que je busse : je boirai ; bois, buvons, buvez ; que je boive, que nous buvions, que vous buviez, qu'ils boivent ; buvant ; bu.

BRAIRE. Il brait, ils brayent ; il brayait. Point de *Passé défini* ni d'*Imparfait du Subjonctif*. Il braira ; qu'il braye ; brayant. Point de *Participe passé*.

BRUIRE. Il bruit, ils bruissent ; il bruyait ; bruyant. Les autres temps sont inusités.

CLORE. Je clos, il clôt ; je clorai. Les autres temps sont inusités.

CONCLURE. Ce verbe n'a que deux radicaux : CONCLUR pour le *Futur* et le *Conditionnel*, et CONCLU pour tous les autres temps.

CONDUIRE. Je conduis ; je conduisais ; je conduisis ; que je conduisisse ; je conduirai ; je conduirais ; conduis ; conduisons ; que je conduise ; conduisant ; conduit.

CONFIRE. Je confis, nous confisons ; je confisais ; je confis ; que je confisse ; je confirai ; je confirais ; confis, confisons ; que je confise ; confisant ; confit.

CONNAÎTRE. Je connais, il connaît, nous connaissons ; je connaissais ; je connus ; que je connusse ; je connaîtrai, etc.; connais, connaissons ; que je connaisse ; connaissant ; connu.

COUDRE. Je couds, nous cousons ; je cousais ; je cousis ; que je cousisse ; je coudrai ; je coudrais ; couds, cousons ; que je couse ; cousant ; cousu.

CROIRE. Je crois, nous croyons, ils croient ; je croyais ; je crus ; que je crusse ; je croirai ; je croirais ; crois, croyons ; que je croie, que nous croyions, que vous croyiez, qu'ils croient ; croyant ; cru.

CROÎTRE. Je crois, nous croissons ; je croissais ; je crûs ; que je crûsse ; je croîtrai ; je croîtrais, crois, croissons ; que je croisse ; croissant ; cru.

DIRE. Je dis, nous disons, vous dites, ils disent; je disais ; je dis ; que je disse ; je dirai ; je dirais, dis, disons, dites ; que je dise ; disant ; dit.

ÉCRIRE. J'écris, nous écrivons ; j'écrivais ; j'écrivis ; que j'écrivisse ; j'écrirai ; j'écrirais ; écris, écrivons ; que j'écrive ; écrivant ; écrit.

FAIRE. Je fais, nous faisons, vous faites, ils font ; je faisais ; je fis ; que je fisse ; je ferai ; je ferais ; fais, faisons, faites ; que je fasse ; faisant ; fait.

FRIRE. Je fris, tu fris, il frit ; je frirais ; fris (*Optatif*) ; frit, *Participe passé*.

Les autres formes sont inusitées : pour y suppléer, on emploie le verbe FAIRE, suivi de l'*Infinitif* frire.

LIRE. Je lis, nous lisons ; je lus ; que je lusse ; je lirai ; je lirais ; lis, lisons ; que je lise ; lisant ; lu.

LUIRE. Il luit, ils luisent ; il luisait. Point de *Passé défini* ni d'*Imparfait du Subjonctif*. Il luira ; il luirait ; luis ; qu'il luise ; luisant ; lui, invariable.

METTRE, Je mets, tu mets, il met, nous mettons ; je mettais ; je mis ; que je misse ; je mettrai ; je mettrais ; mets, mettons ; que je mette ; mettant ; mis.

MOUDRE. Je mouds, nous moulons ; je moulais ; je moulus ; que je moulusse ; je moudrai ; je moudrais ; mouds, moulons ; que je moule ; moulant ; moulu.

NAÎTRE. Je nais, tu nais, il naît, nous naissons, vous naissez ; je naquis ; que je naquisse ; je naîtrai ; je naîtrais ; nais, naissons ; que je naisse ; naissant ; né. Les temps composés prennent l'auxiliaire ÊTRE.

NUIRE. Je nuis, nous nuisons ; je nuisais ; je nuisis ; que je nuisisse ; je nuirai ; nuis, nuisons ; que je nuise ; nuisant ; nui, invariable.

PAÎTRE. Je pais, tu pais, il paît, nous paissons ; je paissais. Point de *Passé défini* ni d'*Imparfait du Subjonctif*. Je paîtrai ; je paîtrais ; pais, paissons ; que je paisse ; paissant ; pû, invariable.

PARAÎTRE. Je parais, tu parais, il paraît, nous paraissons ; je paraissais ; je parus ; que je parusse ; je paraitrai ; je paraîtrais ; parais, paraissons ; que je paraisse ; paraissant ; paru, invariable.

PEINDRE. Je peins, nous peignons ; je peignais ; je peignis ; que je peignisse ; je peindrai ; je peindrais ; peins, peignons ; que je peigne ; peignant ; peint.

PLAIRE. Je plais, tu plais, il plaît, nous plaisons ; je plaisais ; je plus ; que je plusse ; je plairai ; je plairais ; plais, plaisons ; que je plaise ; plaisant ; plu, invariable.

PRENDRE. Je prends, nous prenons, vous prenez, ils prennent ; je prenais ; je pris ; que je prisse ; je prendrai ; je prendrais ; prends, prenons ; que je prenne, que nous prenions, qu'ils prennent ; prenant ; pris.

RIRE. Ce verbe n'a que deux radicaux : RIR pour le *Futur* et le *Conditionnel*, et RI pour tous les autres temps. Le *Participe passé* est invariable.

SUIVRE. Ce verbe n'est irrégulier que dans les formes suivantes : Je suis, tu suis, il suit, suis ; suivi, *Participe passé*.

TAIRE. Je tais, nous taisons ; je taisais ; je tus ; que je tusse ; je tairai ; je tairais ; tais, taisons ; que je taise ; taisant ; tu.

TRAIRE. Je trais, nous trayons ; je trayais. Point de *Passé défini* ni d'*Imparfait du subjonctif*. Je trairai ; je trairais ; trais, trayons ; que je traye ; trayant ; trait.

VAINCRE. Je vaincs, tu vaincs, il vainc. La seule irrégularité est le changement de c en q avant une voyelle.

VIVRE. Je vis, nous vivons ; je vivais ; je vécus ; que je vécusse ; je vivrai ; je vivrais ; vis, vivons ; que je vive ; vivant ; vécu, invariable.

La plupart des Grammairiens admettent des temps primitifs et des temps dérivés.

Les TEMPS PRIMITIFS sont ceux qui servent à former tous les autres. Ils sont au nombre de cinq : Le *Présent de l'infinitif*, le *Participe présent*, le *Participe passé*, le *Présent de l'affirmatif*, et le *Passé défini*.

Les TEMPS DÉRIVÉS sont ceux qui sont formés des temps primitifs.

L'INFINITIF forme deux temps : le *Futur simple*, en changeant R, RE ou OIR EN RAI ; le *Conditionnel présent* ou *Futur* par le même changement en *rais*.

Le PARTICIPE PRÉSENT forme trois temps : le pluriel de l'*Affirmatif présent*, en changeant ANT en ONS, EZ. L'*Imparfait de l'Affirmatif* en changeant ANT en AIS, AIT.

Le *Présent du Subjonctif*, en changeant ANT en E, ES, E, IONS, etc.

Le PRÉSENT DE L'AFFIRMATIF forme l'*Optatif* par la suppression des pronoms sujets.

Le PASSÉ DÉFINI forme l'*Imparfait du Subjonctif* par le changement de AI en ASSE pour la première conjugaison, et par l'addition de SE pour les autres.

Le PARTICIPE PASSÉ forme les temps composés avec l'un des verbes auxiliaires.

OBSERVATIONS

SUR QUELQUES ANCIENS VERBES.

1° Nous n'avons conservé que les *participes passés* ISSU, TISSU, des anciens verbes ISSIR, TISTRE.

2° GÉSIR fait au *futur* : il gira. On dit aussi : Ils gisent, ils gisaient, gisant.

3° FAILLIR fait : il faut, il faudra. Le cœur me FAUT, me FAUDRA.

4° OUIR fait au *futur* : il ouira. La messe OUIRAS.

5° FÉRIR (frapper) ne s'emploie qu'à l'*infinitif* : Sans coup FÉRIR.

TABLEAU SYNOPTIQUE

DES FINALES RÉGULIÈRES DANS LES TEMPS SIMPLES.

CONJUGAISONS.

		1re.				2e.	3e.	4e.	
AFFIRMATIF PRÉSENT	sing.	e	es		sing.	s	s	t	
	plur.	ons	ez	ent	plur.	ons	ez	ent	
PASSÉ SIMULTANÉ		....	....	....		....	....	....	sing. ais ais ait plur. ions iez aient
PASSÉ DÉFINI	sing.	ai	as	a	sing.	s	s	t	
	plur.	âmes	âtes	èrent	plur.	mes	tes	rent	
FUTUR		....	....	....		....	....	....	sing. ai as a plur. ons ez ont
CONDITIONNEL		....	....	....		....	....	....	sing. ais ais ait plur. ions iez ent
OPTATIF IMPÉRATIF	sing.		e		sing.		s		
	plur.	ons	ez		plur.	ons	ez		
SUBJONCTIF PRÉSENT		....	....	....		....	....	....	sing. e es e plur. iont iez ent
IMPARFAIT	sing.	asse	asses	ât	sing.	sse	sses	t	
	plur.	assions	assiez	assent	plur.	ssions	ssiez	ssent	
INDÉFINI INFINITIF		....	er			ir	oir	re	
PARTICIPE PRÉSENT		....	....	....		....	....	....	.... ant
—— PASSÉ		....	....	....		i	u	u	

EXERCICES SUR LES VERBES.

Est-ce ainsi ? Qu'est-ce donc ? Qui est-ce ? Es-tu ? Qu'il

ait ou qu'ils *aient* de l'esprit, peu m'importe? On dit qu'il est bon. Était-ce bien? Qu'était-ce? Sera-ce bien? Que sera-ce? Eût-ce été bien? C'eût été bien. Fussent-ils à Pékin en ce moment. Fût-ce pour vous, je ne le ferais pas. Fut-ce à Paris que cela arriva?

Quels contes sont-ce là? C'étaient de braves gens. Serait-ce pour vous cet habit? Seraient-ce vos amis?

Verbes en *ier*. — Cries-tu? Crie-t-il? Crieras-tu?

Verbes en *oyer*.— Tu tutoies. Le tutoies-tu? Te tutoie-t-il? Le tutoieras-tu?

Verbes avec deux *i*. — Hier nous criions. Vous criiez. Que nous criions. Que vous criiez. Hier nous tutoyions. Vous tutoyiez. Nous voyions.

Tu payes. Payes-tu? Paye-t-il? Paieras-tu? Ploiera-t-il?

Verbes en *uyer*. — J'essuie. Tu essuies. Essuies-en. Essuies-tu. Essuie-t-il? Essuiera-t-il?

Verbes en *uer*. —Tu tues. Le tues-tu? Le tue-t-il? Le tueras-tu? Le tuera-t-il?

Verbes en *ouer*. — Loue. Tu loues. Loues-tu? Loue-t-il? Le loueras-tu? Le louera-t-il?

Tatoue. Le tatoues-tu? Le tatoue-t-il? Tatoueras-tu?

Cela te sied. Ces châles me siéent. Il faut qu'ils me *siéent*.

On créera, agréera, suppléera.

Il bout, résout, absout. Bous, résous, absous. Je bous, résous, absous. Couds, mouds. Il moud, il coud. Il bouillira, résoudra, absoudra, moudra, coudra.

J'acquiers, nous acquérons, vous acquérez, que j'acquière.

Que nous bouillions, que vous bouilliez.

J'acquerrai, je courrai, j'enverrai, je pourrai, je verrai, j'écherrai.

Dors, pars, mens, sers, repens-toi, je sens, je sers, je nais, je parais, je crois.

Va, vas-en, vas-y, va-t'en. Aie du courage. Il, elle ou qui. Emploie, ploie, charroie, choie. Il faut que tu en aies, et que ton ami en ait. Tutoie, nettoie, ondoie, verdoie, guerroie, tournoie.

Il gît, nous gisons, il gisait, gisant.

Je tienne, je promène.

Je vêts, je vêtais. Il s'assied, je m'assiérai.

Hier nous nous asseyions, vous vous asseyiez.

Je déchois, je décherrai.

Ces billets échoient demain.

Je me meus, nous nous mouvons, meus-toi, je me mouvrai, il se meut.

Je pourvoirai.

Que je me prévale, que nous nous prévalions, prévaux-toi.

Il siéra, cela me sied.

Je sursois, je surscoirai, il faut surseoir. Nous valons, que je vaille, valez. Je bats, nous battons.

Les ânes braient, ils brairont. Je conclus, il conclura, il faut que nous concluïons, que vous concluïez. Je confis, je confirai (confire). Je confierai (confier).

Vous contredisez, vous médisez, vous prédisez, vous interdisez, vous maudissez, vous dédisez.

Je croîs (grandir), je crois (croire), je croîtrai, je croirai.

Je dissous, dissous, il dissoudra.

Éclore, il éclora, qu'il éclose.

Je faisais, je mets, je mettrai.

Je naquis, j'acquis.

J'oins, j'ai oint, j'oindrai.

Je pais, je paîtrai.

Craindre, plaindre, contraindre. Tous les autres verbes sont en *cindre*.

Crains, plains, contrains, ceins, éteins, peins, feins.

Craignant, plaignant, éteignant, peignant.

Joindre, poindre, oindre.

Joins, poins, poignant, joignant, oignant.

Hier nous riions, vous riiez.

Je trais une chèvre, que je traie, trais.

Je vaincs, je convaincs, vaincs, il vainc, il convainc, je vaincrai, vainquant.

Je romps, il rompt, je romprai, romps.

Toi qui pleures, pleure ; toi qui bats, bats ; toi qui règnes, règne ; toi qui cries, crie ; toi qui ploies, ploie ; toi qui vends, vends.

Enfant qui m'aimes, qui connais mon cœur, qui as été associé à mes malheurs et à mes plaisirs, écoute mes conseils.

Soleil qui nous éclaires, qui vivifies les plantes, qui charmes toute la nature, qui es l'œil de l'Éternel, ne crois pas que tu aies le privilége d'une existence éternelle ; tu périras comme nous.

Les verbes en *oyer* sont : employer (emploi), envoyer

(envoi), noyer, ployer, (ploiement), broyer (broiement), choyer, tutoyer (tutoiement).

En *uyer* : appuyer, d'appui ; ennuyer, d'ennui.

En *ayer* : bayer, égayer, balayer (balai), bégayer (bégaiement), déblayer, défrayer, délayer, effrayer (effroi), essayer (essai), étayer (un étai), frayer, payer (paye), rayer (une raie).

En *eyer* : grasseyer (grasseyement).

Ceux où l'*y* se fait sentir, et où, par conséquent, on pourrait le conserver au présent de l'affirmatif et du subjonctif, et au futur, sont : je baye, je bayerai ; j'étaye, j'étayerai ; je raye, je rayerai ; j'égaye, j'égayerai.

Verbes en CER.

Les plus difficiles à orthographier sont : acquiescer, courroucer, délacer (ôter le lacet), immiscer.

Verbes terminés par É *au mode interrogatif.*

Les deux verbes les plus ordinairement employés sont *dussé-je*, pour quand je devrais ; *puissé-je*, pour je voudrais pouvoir.

Verbes qui prennent deux T *à tous les temps.*

Mettre et ses composés : il faut qu'il mette, il mettra.

Brouetter, il brouette ; il faut qu'il brouette, il brouettera.

Émietter, il émiette ; il faut qu'il émiette, il émiettera.

Fouetter, il fouette ; il faut qu'il fouette, il fouettera.

Guetter, il guette ; il faut qu'il guette, il guettera.

Regretter, il regrette ; il faut qu'il regrette, il regrettera.

Pirouetter, il pirouette ; il faut qu'il pirouette, il pirouettera.

Verbes en ÈTRE.

Prête, je prête, que je prête.
Arrêter, j'arrête, qu'il arrête.
Entêter, j'entête, qu'on entête.

Verbes en ETER.

De tous les verbes en *eter*, il n'y a que *jeter*, *caqueter*, et *téter* qui prennent deux *t* devant l'*e* muet.

Jeter, il jette ; il faut qu'il jette, il jettera.

Caqueter, il caquette, il faut qu'il caquette, il caquet-
tera ; téter, il tette, il faut qu'il tette.

Écrivez donc : *décacheter*, *acheter*, *compléter* sans deux
t dans tout le cours de la conjugaison.

Verbes en ELLER.

Les verbes qui prennent deux *l* dans tout le cours de
la conjugaison sont : emmieller, desceller (ôter le scellé),
desseller (ôter la selle), exceller, flageller, interpeller,
osciller, quereller, recoller, vaciller.

On écrira donc j'emmielle, je descelle, etc.

Verbes en ELER.

Doublez l'*l* devant le muet dans les verbes en *eler* ;
excepté dans :

Bourreler, qui fait : je bourrèle, je bourrèlerai.

Déceler, qui fait : je décèle, je décèlerai.

Geler, qui fait : je gèle, je gèlerai.

Harceler, qui fait : je harcèle, je harcèlerai.

Peler, qui fait : je pèle, je pèlerai.

Verbes en ÉGER, ÉDER, *etc.*

Changez l'*é* fermé en *è* grave quand l'infinitif se termine en *eler*.

Abréger, j'abrège, que j'abrège, j'abrègerai.

Accéder, j'accède, que j'accède, j'accèderai.

Céder, je cède, que je cède, je cèderai.

Célébrer, je célèbrerai, que je célèbre, je célèbrerai.

Céler, je cèle, que je cèle, je cèlerai.

Compléter, je complète, que je complète, je complè-
terai.

Considérer, je considère, que je considère, je consi-
dèrerai.

Inquiéter, j'inquiète, que j'inquiète, j'inquièterai.

Régler, je règle, que je règle, je règlerai.

Régner, je règne, que je règne, je règnerai.

Répéter, je répète, que je répète, je répèterai.

Révéler, je révèle, que je révèle, je révèlerai.

Verbes en ÈVER, ÈNER, ÉSER.

Changez l'*e* muet en è grave devant une syllabe muette.
Élever, j'élève, que j'élève, j'élèverai.
Crever, je crève, que je crève, je crèverai.
Endéver, j'endève, que j'endève, j'endèverai.
Achever, j'achève, que j'achève, j'achèverai.
Soulever, je soulève, que je soulève, je soulèverai.
Amener, j'amène, que j'amène, j'amènerai.
Se démener, je me démène, que je me démène, je me démènerai.
Égréner, j'égrène, que j'égrène, j'égrènerai.
Promener, je promène, que je promène, je promènerai.
Surmener, je surmène, que je surmène, je surmènerai.
Peser, je pèse, que je pèse, je pèserai.

Verbes en OLLER, ALLER.

Décoller, je décolle, que je décolle, je décollerai.
Grisoller, je grisolle, que je grisolle, je grisollerai.
Emballer, j'emballe, que j'emballe, j'emballerai.

Les autres sont en *oler, aler, uler,* et ne prennent jamais deux *l.*

Verbes en IENNE *et* ENNE.

Que je m'abstienne, que j'appartienne, que je comprenne, que je contienne, que je contrevienne, que je convienne, que j'entretienne, qu'il étrenne, qu'il intervienne, que tu maintiennes, que tu obtiennes, que tu parviennes, que tu proviennes, que je reprenne, que je me ressouvienne, qu'il retienne, que tu soutiennes, qu'il survienne, qu'il tienne, qu'il vienne.

Imparfait *du subjonctif* INSSE.

Il fallait, il fallut, il a fallu, il faudrait :
Que je vinsse, puisqu'on dit je vins.
Que je tinsse, puisqu'on dit je tins.

Que je prévinsse, puisqu'on dit je prévins.
Que j'appartinsse, puisqu'on dit j'appartins.
Que je convinsse, puisqu'on dit je convins.
Que j'entretinsse, puisqu'on dit j'entretins.
Que je maintinsse, puisqu'on dit je maintins.

Verbes en USSE.

Que je vécusse, parce qu'on dit je vécus.
Que je courusse, parce qu'on dit je courus.
Que je dusse, parce qu'on dit je dus.
Que j'eusse, parce qu'on dit j'eus.
Que j'échusse, parce qu'on dit j'échus.
Que je musse, parce qu'on dit je mus.
Que je perçusse, parce qu'on dit je perçus.
Que je pourvusse, parce qu'on dit je pourvus.
Que je pusse, parce qu'on dit je pus.
Que je prévalusse, parce qu'on dit je prévalus.
Que je reçusse, parce qu'on dit je reçus.
Que je susse, parce qu'on dit je sus.
Que je valusse, parce qu'on dit je valus.
Que je voulusse, parce qu'on dit je voulus.
Que je busse, parce qu'on dit je bus.
Que je conclusse, parce qu'on dit je conclus.
Que j'exclusse, parce qu'on dit j'exclus.
Que je connusse, parce qu'on dit je connus.
Que je crusse, parce qu'on dit je crus.
Que je crûsse, parce qu'on dit je crûs.
Que je lusse, parce qu'on dit je lus.
Que je moulusse, parce qu'on dit je moulus.
Que je mourusse, parce qu'on dit je mourus.
Que je me repusse, parce qu'on dit je me repus.
Que je plusse, parce qu'on dit je plus.
Que je tusse, parce qu'on dit je tus.
Que je vécusse, parce qu'on dit je vécus.

Verbes en ISSE.

Que je bouillisse, car le passé fait je bouillis
Que je faillisse, car le passé fait je faillis.
Que je fleurisse, car le passé fait je fleuris.
Que je vêtisse, car le passé fait je vêtis.
Que je haïsse, car le passé fait je haïs.

Que j'assisse, car le passé fait j'assis.
Que je sursisse, car le passé fait je sursis.
Que je visse, car le passé fait je vis.
Que je bâtisse, car le passé fait je bâtis.
Que je contraignisse, car le passé fait je contraignis.
Que je confisse, car le passé fait je confis.
Que je craignisse, car le passé fait je craignis.
Que je disse, car le passé fait je dis.
Que j'écrivisse, car le passé fait j'écrivis.
Que je cousisse, car le passé fait je cousis.
Que je nuisisse, car le passé fait je nuisis.
Que je plaignisse, car le passé fait je plaignis.
Que je peignisse, car le passé fait je peignis.
Que je teignisse, car le passé fait je teignis.
Que je prisse, car le passé fait je pris.
Que j'ouvrisse, car le passé fait j'ouvris.
Que je risse, car le passé fait je ris.
Que je vainquisse, car le passé fait je vainquis.

Finale *a*, troisième personne du passé de l'affirmatif.

Finale *ât*, troisième personne de l'imparfait du subjonctif.

Nous prendrons pour exemple les verbes en *ger* et en *cer*.

Les principaux verbes en *ger* sont : abréger, affliger, alléger, allonger, arranger, assigner, changer, corriger, diriger, engager, exiger, négliger, soulager, venger.

Les verbes en *ger* prennent un *e* muet après le *g* devant *â*, *a*, *o*.

Je voudrais qu'il *soulageât* les pauvres que *soulagea* son ami.

Je voudrais qu'il se *vengeât* noblement des peines qu'on lui *infligea*.

Nous n'avons pas voulu qu'il *négligeât* les devoirs qu'*exigea* son professeur.

Nota. Multipliez les exemples.

Verbes en CER.

Les verbes en *cer* prennent un seul *c* devant *a* ou *o*.

Acquiescer, agacer, dénoncer, amorcer, annoncer, avancer, bercer, courroucer, délacer, dépecer, déplacer, effacer, efforcer, émincer, enfoncer, enlacer, énoncer, épicer, espacer, exaucer, exercer, fiancer, glacer, gercer, s'immiscer, lancer, menacer, nuancer, percer, pincer, placer, prononcer, rapiécer, renoncer, retracer, rincer, sucer, lancer, tiercer.

Nota. Les autres verbes qui finissent par le même *son* se termine en *sser.*

Phrases.

Vous voudriez bien que la bonne *rinçât* les verres; que votre mère *acquiesçât* à votre demande; que votre enfant *suçât* de bons principes et ne s'*immisçât* pas dans les querelles des autres; ne désireriez-vous pas *que* l'on *tançât* vertement cette jeune personne?

Mon sang se *glaça,* quand on m'*annonça* que cet enfant se *perça* hier la main avec un canif.

Verbes en AILLER.

Batailler, détailler, émailler, empailler, entailler, ferrailler, railler, ravitailler, rimailler, tailler, tenailler, tirailler.

Nous bataill*i*ons hier mieux que nous ne bataillons aujourd'hui; il ne faut pas que nous bataill*i*ons; nous raill*i*ons hier moins bien que nous ne raillons aujourd'hui; il ne faut pas que nous raillions.

Nota. Continuez de conjuguer ainsi les autres verbes.

Tressaillir, faillir, valoir, aller, aux deux premières personnes plurielles de l'imparfait de l'indicatif et du présent du subjonctif.

OBSERVATIONS.

Aller fait au subjonctif que j'aille, que tu ailles, qu'il aille, que nous allions, que vous alliez, qu'ils aillent.

Tressaillir fait que je tressaille, que tu tressailles, que nous tressaill*i*ons, que vous tressailliez, qu'ils tressaillent.

Valoir fait que je vaille, que tu vailles, qu'il vaille, que nous valions, que vous valiez, qu'ils *vaillent.*

Faillir fait qu'il *faille.*

Verbes en ILLE (son mouillé).

Apostiller, briller, déciller, déshabiller, fourmiller.

fusiller, gaspiller, griller, habiller, pétiller, nasiller, piller, pointiller, sautiller, sourciller.

J'apostille, tu brilles, nous déshabillons, vous fourmillez.

Qu'hier nous fourmill*ions*, nous pétill*ions*, nous nasill*ions*, vous sourcill*iez*.

Nota. Continuez ces exercices.

Verbes en ILLE (son non mouillé).

Distiller, osciller, scintiller, vaciller, instiller et titiller, tous deux peu employés.

Verbes en OUILLE.

Agenouiller, barbouiller, brouiller, chatouiller, dépouiller, dérouiller, embrouiller, gazouiller, fouiller, mouiller, patrouiller, rouiller, souiller.

Agenouillons-nous sur la pierre où nous nous agenouill*ions* hier.

Cet enfant barbouille du papier et gazouille comme un oiseau.

Nota. Continuez ces exercices.

Verbes en OUER.

Allouer, amadouer, avouer, bafouer, clouer, dénouer, désavouer, dévouer, douer, échouer, engouer, jouer, louer, rouer, secouer, trouer, vouer.

Que nous allou*ions*, que vous avou*iez*; nous clou*ions*, vous jou*iez*.

Nota. Continuez ces exercices.

Verbes en UER.

Accentuer, affluer, atténuer, attribuer, commuer, constituer, contribuer, dénuer, déshabituer, destituer, diminuer, distribuer, éternuer, évacuer, évaluer, s'évertuer, exténuer, habituer, huer, influer, insinuer, instituer, muer, perpétuer, ponctuer, remuer, restituer, ruer, saluer, situer, statuer, substituer, suer, tortuer, transmuer, tuer.

Hier nous accentu*ions*, insinu*ions*, mu*ions*, perpétu*ions*.

Vous suiez, tortuiez, transmuiez, tuiez.

Aujourd'hui nous remuons, saluons, statuons, tortuons.

Nota. Multipliez ces exercices.

Verbes en OURRER.

Débourrer, fourrer. Les autres finissent en *ourer*.

Je bourre mon fusil, et je le bourrerai demain.

Il se fourre et se fourrera bien à cause du froid.

Verbes en ATTER.

Il n'y en a que trois : flatter, natter, gratter.

Le courtisan flatte ; la jeune fille natte ; le chat gratte.

Le verbe *battre* et ses dérivés prennent deux *t* au présent du subjonctif.

Il faut que le Français combatte avec loyauté.

Battre, abattre, combattre, débattre, ébattre, rabattre.

Verbes en OTTER.

Balotter, débotter, décrotter, flotter, frotter, garrotter, marmotter, grelotter.

Verbes en GNER.

Accompagner, aligner, assigner, *baigner*, cligner, cogner, *daigner*, éborgner, égratigner, éloigner, empoigner, enseigner, épargner, gagner, imprégner, indigner, peigner, répugner, rogner, *saigner*, signer, témoigner, trépigner, régner.

Les verbes en *cindre* et en *aindre* font au présent du subjonctif *eigne* et *aigne*.

Qu'il atteigne, aveigne, peigne, déteigne, enfreigne, éteigne, étreigne, feigne, restreigne, teigne, contraigne, craigne, plaigne.

Verbes en EILLER.

Appareiller, conseiller émerveiller, éveiller, réveiller, sommeiller, veiller.

Il faut faire attention que les enfants écrivent souvent j'appareil, pour j'appareille, confondant ainsi le verbe avec le substantif; il est donc utile de leur faire écrire à part les substantifs de ce *son :*

Appareil, conseil, éveil; orteil, pareil, soleil, sommeil, vermeil, vieil.

Verbes en UEILLIR:

Accueillir, cueillir, recueillir.
Effeuiller fait au présent j'effeuille.

Substantifs en *euil*, accueil, bouvreuil, cercueil, cerfeuil, chevreuil, deuil, écueil, écureuil, fauteuil, œil, orgueil, recueil, seuil.

Verbes avec deux GG.

Agglomérer, agglutiner, aggraver.

Verbes en ZER.

Bronzer, gazer.

Verbes en IR *qui prennent un* E *muet au présent.*

Cueillir, je cueille, que je cueille, je cueillerai.
Accueillir, j'accueille, que j'accueille, j'accueillerai.
Tressaillir, je tressaille, que je tressaille, je tressaillerai.
Assaillir, j'assaille, que j'assaille, j'assaillirai.
Saillir, il saille, qu'il saille, il saillira.
Offrir, j'offre, que j'offre, j'offrirai.
Ouvrir, j'ouvre, que j'ouvre, j'ouvrirai.
Couvrir, je couvre, que je couvre, je couvrirai.
Souffrir, je souffre, que je souffre, je souffrirai.
Le participe de ces quatre verbes fait *ert :* offert, ouvert, couvert, souffert.

Verbes en COUR.

Le verbe *courroucer* seul prend deux r; écrivez donc *courir* et ses composés avec un seul r.

Le participe de ces verbes est en *u*, couru.

Verbes en EVOIR.

Les verbes en *evoir* font leur futur en *evrai* : recevoir, devoir, concevoir, apercevoir, percevoir.

Leur participe est en *u* : reçu, dû, conçu, aperçu, perçu.

Quatre verbes en x aux deux premières personnes du singulier du présent de l'affirmatif.

Valoir, je vaux ; vouloir, je veux ; pouvoir, je peux (ou je puis) ; prévaloir, je prévaux.

Verbes en ENDRE.

Tous s'écrivent par *en ;* il n'y a que *épandre* et *répandre* qui prennent un *a*.

Verbes en COUDRE.

Les verbes en *coudre* font *cousis* au passé, et *coudrai* au futur : recoudre, découdre, coudre.

Verbes en UIRE.

Ces verbes ont le participe en *uit* et le passé en *uisis :* Conduire, réduire, instruire, induire, construire, introduire, enduire.

SUBJONCTIF.

Locutions conjonctives et phrases qui veulent toujours le verbe au subjonctif.

Afin que, à moins que, avant que, au cas que, bien que, de peur que, de crainte que, en cas que, encore que, jusqu'à ce que, loin que, non que, non pas que, nonobstant que, posé que, pour que, pourvu que, quel que, quelque que, qui que, quoique, quoi que, à qui que, de quoi que, sans que, si peu que, si tant est que, soit que, supposé que.

Phrases.

On n'en trouve pas qui ou que.
Il n'y a personne qui.
Il y a peu de personnes qui.
Et après tout verbe qui exprime le doute, la crainte, le désir ou la volonté ; l'admiration ou la surprise ; la dénégation ou le consentement ; la défense ou la permission ; l'obligation ou la tendance ; après toute idée de souhait ou d'option.

MODÈLES DE PHRASES SUR LES VERBES.

OBSERVATIONS.

L'orthographe des verbes est pour les enfants d'une grande difficulté : leur légèreté naturelle les empêche de se rappeler *les désinences* de chaque personne, et surtout de porter leur attention sur le *sujet*. Il faut avouer aussi qu'il y a des tournures de phrases qui présentent des incertitudes, même pour les personnes instruites.

On se borne souvent à faire conjuguer un verbe isolément, je veux dire sans l'accompagner de compléments directs, indirects ou circonstanciels. C'est le moyen de faire de l'enfant une machine à mots ; j'en donnerai pour preuve l'impossibilité où se trouvent ceux qu'on instruit ainsi, de bien orthographier la plus simple phrase où les mots ne suivent pas l'ordre grammatical. Je pense qu'il est utile, 1° de les familiariser avec les finales de chaque temps, de les leur faire réciter souvent en intervertissant l'ordre des modes et des personnes ; 2° de leur faire conjuguer oralement et par écrit des *phrases en verbes* qui aient rapport à leurs études historiques, géographiques et cosmographiques ; 3° de leur faire copier souvent des phrases où les verbes soient placés avant le sujet ou combinés avec des *locutions embarrassantes*. Je donne quelques exemples ici, laissant aux professeurs le soin de les multiplier.

ÊTRE   ET   AVOIR

PRÉSENT.

Être Dieu,	et avoir créé les mondes.
Étant des anges,	et ayant l'immortalité pour partage.
Je suis Abraham,	et j'ai une piété fervente.
Tu es Ève,	et tu as enfreint les ordres du Seigneur.
Il est Abel,	et il a excité par sa bonté la jalousie de Caïn.
Nous sommes enfans de Jacob,	et nous avons une haine profonde pour Joseph.
Vous êtes Agar et Ismaël,	et vous avez attendri le Seigneur dans le désert.
Ils sont Esaü et Jacob,	et ils ont une postérité différente.

IMPARFAIT.

J'étais Éliézer,	et j'avais à choisir une femme pour Isaac.
Tu étais Aaron,	et tu avais une parole plus forte que Moïse.
Il était Absalon,	et il avait armé des soldats contre son père.
Nous étions Azarias et Ananias,	et nous avions adoré Dieu dans la fournaise ardente.
Vous étiez Athalie et Abimélec,	et vous aviez assassiné toute votre famille.
Ils étaient Isaïe et Jérémie,	et ils avaient annoncé la ruine de Jérusalem.

PARFAIT DÉFINI.

Je fus Aman,	et j'eus un orgueil déplacé.
Tu fus Esther,	et tu eus à sauver le peuple juif.
Il fut Urie,	et il eut une fin malheureuse.
Nous fûmes Achab et Jézabel,	et nous eûmes un règne cruel.
Vous fûtes Esdras et Néhémie,	et vous eûtes à relever les murailles de Jérusalem, à rassembler les livres saints,
Ils furent Asmonéens,	et ils eurent à combattre les Syriens et les Romains.

FUTUR.

Je serai Iphis,	et j'aurai élevé Moïse.
Tu seras Arbaces,	et tu auras à détrôner Sardanapale.
Il sera Ésope,	et il aura une ambassade à la cour de Crésus.
Nous serons Astyage et Cyrus,	et nous aurons des mœurs différentes.
Vous serez Héli et Samuel,	et vous aurez une grande piété et aussi des fils coupables.
Ils seront Élie et Elysée,	et ils auront annoncé de grands événements aux rois d'Israël.

CONDITIONNEL.

Je serais Alexandre,	et j'aurais asservi la Grèce, la Perse et l'Inde.
Tu serais Aristote,	et tu aurais un génie universel.
Il serait Omar,	et il aurait incendié la bibliothèque d'Alexandrie.
Nous serions Hécube et Priam,	et nous aurions assisté au massacre de nos enfants.
Vous seriez Achille et Patrocle,	et vous auriez une amitié inaltérable.
Ils seraient Argonautes,	et ils auraient enlevé les trésors de la Colchide.

IMPÉRATIF.

Sois Isaac,	et aie une obéissance aveugle aux ordres de ton père.
Soyons Héraclides,	et ayons envahi la Grèce.
Soyez Étéocle et Polynice,	et ayez une haine invincible.

PRÉSENT DU SUBJONCTIF.

Que je sois Antigone,	et que j'aie un amour filial sans bornes.
Que tu sois Œdipe,	et que tu aies exterminé le Sphinx.
Qu'il soit Hercule,	et qu'il ait immortalisé son nom par des travaux.
Que nous soyons Agamemnon et Ménélas,	et que nous ayons à venger notre injure.

PRÉSENT DU SUBJONCTIF.

Que vous soyez Aristide et Miltiade,	et que vous ayez abaissé l'orgueil de Darius à Marathon.
Qu'ils soient exilés de Thèbes,	et qu'ils aient à leur tête Épaminondas et Pélopidas.

IMPARFAIT DU SUBJONCTIF.

Que je fusse Alcibiade,	et que j'eusse un extrême désir de faire parler de moi.
Que tu fusses Aster,	et que tu eusses une grande habileté dans l'arc.
Qu'il fût Antalcidas,	et qu'il eût à signer un traité.
Que nous fussions Aspasie et Périclès,	et que nous eussions un goût passionné pour les arts.
Que vous fussiez Anaxagore et Phidias,	et que vous eussiez un grand talent dans la sculpture.
Qu'ils fussent Hippias et Hipparque,	et qu'ils eussent outragé la sœur d'Harmodius.

INFINITIF.

Présent.

Être Clotaire 1er et mourir de remords.

Passé.

Avoir été Witikind et avoir résisté trente ans à Charlemagne.

Participe présent.

Étant Clodoald et fondant le monastère de Saint-Cloud.

EXERCICES SUR LES VERBES EN RAPPORT AVEC QUI.

Présent de l'affirmatif (indicatif).

Je suis Adam qui mange du fruit défendu.

Tu *es* Noé qui construis l'Arche.
Il est Jacob qui *a* douze fils.
Nous sommes les anges qui prévenons Loth de la ruine
de Sodome.
Vous êtes Judith et Esther qui sauvez le peuple juif.
Ils *sont* les Machabées qui se défendent contre les Sy-
riens.

Passé simultané (imparfait).

J'*étais* Sémiramis qui embellissais Babylone.
Tu *étais* Mœris qui faisais creuser le lac de ce nom.
Il *était* Sardanapale qui se brûlait sur un bûcher.
Nous *étions* les Scythes qui faisions fuir Darius.
Vous *étiez* les Hyksos qui envahissiez l'Égypte.
Ils *étaient* Chéops et Chéphrem qui élevaient d'immen-
ses pyramides.

Passé défini.

Je *fus* Sésostris qui mourus aveugle.
Tu *fus* Déjocès qui fondas Ecbatane.
Elle *fut* Nitocris qui envoya chercher Daniel.
Nous *fûmes* les Mèdes qui nous unîmes aux Perses.
Vous *fûtes* Ésope et Solon qui rendîtes sage Crésus.
Ils *furent* les Ninivites qui effrayèrent Jonas par leur
perversité.

Futur simple.

Je *serai* Junon qui métamorphoserai Io, Argus, etc.
Tu *seras* Proserpine qui suivras Pluton aux enfers.
Elle *sera* Hébé qui versera le nectar aux dieux.
Nous *serons* les Furies qui tourmenterons les âmes au
Tartare.
Vous *serez* Castor et Pollux qui partagerez l'immorta-
lité.
Elles *seront* les Grâces qui accompagneront Vénus.

Conditionnel.

Je *serais* Codrus qui me dévouerais pour les Athéniens.
Tu *serais* Ulysse qui errerais si longtemps sur les
mers.

Elle *serait* Antigone qui *veillerait* sur Œdipe.

Nous *serions* les Argonautes qui *irions* en Colchide.

Vous *seriez* Thémistocle et Miltiade qui *vaincriez* les Perses.

Ils *seraient* les trois cents Spartiates qui *périraient* aux Thermopyles.

Impératif ou *Optatif*.

Sois Homère et chant*e* la guerre de Troie.

Soyons les rapsodes et reten*ons* les chants d'Homère.

Soyez Épaminondas et Pélopidas et déliv*rez* Thèbes des trente tyrans spartiates.

Présent du subjonctif.

Il faut que je *sois* Régulus qui vien*ne* reprendre ses chaînes à Carthage.

Il faut que tu *sois* Brutus qui chas*ses* les Tarquins de Rome.

Il faut qu'elle *soit* Cornélie qui regar*de* ses fils comme sa seule parure.

Il faut que nous soy*ons* les plébéiens qui nous re*tirions* sur le Mont-Sacré.

Il faut que vous soy*ez* les Gaulois qui vous empa*riez* de Rome.

Il faut qu'ils *soient* les Gracques qui *soient* massacrés par le peuple.

Imparfait.

Il faudrait que je *fusse* Clotilde qui conver*tisse* Clovis.

Il faudrait que tu *fusses* Clovis qui agran*disses* le royaume des Francs.

Il faudrait qu'elle *fût* Brunehaut qui mour*ût* cruellement.

Il faudrait que nous *fussions* les enfants de Clodomir, qui mour*ussions* sous le fer de nos oncles.

Il faudrait que vous *fussiez* les maires du palais qui pri*ssiez* l'autorité royale.

Il faudrait qu'ils *fussent* les missi dominici qui al*lassent* porter les volontés de Charlemagne dans tout l'empire.

PREMIÈRE ET TROISIÈME PERSONNE.

HISTOIRE DE LYCURGUE.

Je suis Lycurgue. C'est moi qui *donnai* aux Spartiates, mes compatriotes, une constitution, regardée comme un chef-d'œuvre de politique. Platon, dans sa République, ne *cesse* d'admirer mes lois : Xénophon, banni d'Athènes, et accueilli à Sparte, *vante* les institutions de ses hôtes généreux ; et l'auteur d'Anacharsis, bien des siècles après moi, *présente* l'état des Spartiates, après ma réforme, sous les couleurs les plus séduisantes. Cependant mon existence *est* incertaine ; on met en doute si les travaux que j'ai accomplis ne sont pas l'ouvrage de plusieurs hommes, et si un seul, Lycurgue, n'est pas l'héritier des titres que les autres *avaient* à l'immortalité.

Je suis né dans le IXe siècle avant J. C., siècle témoin des crimes d'Athalie, reine de Judée, et de la gloire de Didon, fondatrice de Carthage ; mon père, Eunomus, *était* roi de Sparte, et de la famille des Héraclides ; après sa mort, Polydecte, mon frère, *lui succéda,* gouverna neuf mois, et *me laissa* le sceptre entre les mains ; mais la femme de mon frère *ayant* mis un fils au jour, je le fis proclamer roi, et m'*exilai* bientôt après, pour *éteindre* la haine de mes ennemis par mon absence. Je *visitai* la Grèce, je *remarquai* tout ce qu'il y avait de bon dans chaque gouvernement; je *parcourus* ensuite l'Asie-Mineure et l'Égypte, et j'y *recueillis* encore les meilleures institutions.

Lorsque je *revins* à Lacédémone, je *formai* le projet de *changer* la constitution de mon pays, et de consacrer tous mes travaux et toutes mes recherches à ma patrie ingrate. Il y *eut* deux rois à Sparte, et je *me proposai* d'assurer l'indépendance du gouvernement en faisant un peuple guerrier. Témoin des désordres de Sparte, provenant de l'excessive richesse des Spartiates et de la pauvreté des Lacédémoniens, *je fis* un nouveau partage des terres pour *faire disparaître* cette disproportion de fortune. Par cette conduite, *je devenais* l'ami du peuple, mais je m'*attirais* la haine de tout ce que Sparte *avait* de plus puissant; il *en résulta* quelques mouvements séditieux, dans lesquels je *reçus* un coup de bâton qui me priva d'un œil.

Je fis plusieurs institutions, par lesquelles tout était commun entre les citoyens : ainsi les repas publics, l'éducation des enfants et les exercices auxquels tout Spartiate *devait être* accoutumé.

Dès qu'un enfant *était* né, on *le portait* aux magistrats qui *examinaient* s'il *était* bien constitué; dans ce cas, on *le donnait* à une nourrice payée par l'État; s'il en *était* autrement, on *le faisait* inhumainement périr. Après *avoir* passé le temps de son enfance entre les mains des femmes, tout jeune Spartiate *allait* aux écoles publiques; je ne lui *faisais* point donner une éducation savante, et j'*avais* exclu de la république tout ce qui n'*est* pas du ressort de la guerre. On *apprenait* aux jeunes gens à ne se *plaindre* de rien, à *être* adroits et rusés; et des maîtres leur *expliquaient* les lois que j'*avais* données. L'éducation des femmes se *rapprochait* en grande partie de celle des hommes; je *voulais* en *faire* des femmes fortes et courageuses, capables d'*encourager* leurs fils, au lieu de les *retenir*, à *sacrifier* tout à la défense du pays et des lois; on m'*a* blâmé de la sévérité de ces institutions, ainsi que de quelques autres, et l'on *a dit* que j'*avais rendu* la vie si dure aux Spartiates, « qu'on n'*était* pas étonné de leur ardeur à *braver* les dangers et la mort, puisqu'ils ne *pouvaient* que gagner en cessant de *vivre*. »

Craignant, non sans raison, que les Spartiates ne *tinssent pas* longtemps à *conserver* mes lois, je *résolus* de faire *intervenir* les dieux, et je *partis* de Lacédémone, après lui *avoir fait* jurer d'*observer* mes institutions jusqu'à mon retour. J'*allai* consulter l'oracle de Delphes, j'en reçus une réponse favorable que je m'*empressai d'envoyer* à Sparte, et croyant alors n'avoir plus rien à faire pour le bien de ma patrie, je *terminai* mes jours volontairement, commandant qu'on *jetât* mes cendres à la mer, afin que les Spartiates ne se *crussent* pas dégagés de leur serment, *en me donnant* une sépulture dans leurs murailles.

Ma république *subsista* plusieurs siècles, et mes institutions *périrent* une à une, peu de temps après ma mort. On m'*a* souvent *comparé* à Solon, le législateur d'Athènes; *on a dit* que j'*avais donné* aux Spartiates des mœurs conformes à mes lois, tandis que Solon *avait donné* aux Athéniens des lois conformes à leurs mœurs. Notre caractère, à la vérité, n'*était* par le même. Dur et austère, *je dus* imprimer à mon pays ce cachet bien propre au guerrier que je *voulus* former; Solon *réunit* les talents aux vertus militaires, et *fit* des hommes dans tous les genres. Quoi qu'il *en soit*, nous *avons réussi* tous deux.

SECONDE PERSONNE. — MODE INTERROGATIF.

HISTOIRE DE CORIOLAN.

N'*es-tu* pas Coriolan? N'*est-ce* pas toi qui, nommé d'abord Marcius, échangeas ce nom d'enfance contre celui plus glorieux que te valut la prise de Corioles? et ne *reçus-tu* pas dès lors la couronne murale, en récompense de ton courage? Parmi toutes tes vertus privées, ne *remarquait-on* pas surtout ton amour pour Véturie, cette noble Romaine qui t'avait mis au jour, et dont tu faisais la gloire?

Malheureusement, Coriolan, n'*as-tu* pas terni tant d'illustres qualités par une fierté excessive, qui te fit bientôt détester de tout le peuple romain? On t'accusa d'avoir empêché les provisions d'*arriver* jusqu'à Rome, et d'avoir donné lieu, par ce moyen, à la famine affreuse qui la décimait : oh! qu'une telle accusation *était* fausse, n'*est-ce pas?* que tu étais peu capable, malgré ta haine, de cette lâche vengeance! Pourtant, la voix du peuple cria plus haut que celle de tes amis, et tu fus banni. Que se *passa-t-il* dans ton cœur, à ce moment terrible, où pressant pour la dernière fois tes deux fils et ta femme sur ton sein, où quittant cette mère que tu vénérais à de si justes titres, tu te vis honteusement chassé de ta patrie, et poursuivi de cris de malédiction, que tes nombreux amis ne pouvaient empêcher d'arriver jusqu'à toi?

Que *fis-tu* alors? Le désespoir, la fureur t'égarant, n'*oublias-tu* pas ton nom, toujours illustre, et ne *marchas-tu* pas à la tête des Volsques pour punir ton pays de la haine qu'il t'avait vouée?

Mais aussi, ne *trouvas-tu* pas ta mère, la noble Véturie, aux portes de la ville pour arrêter et calmer la fureur de son fils? ne se *traîna-t-elle* pas à tes genoux, allant jusqu'à te conjurer de ne pas souiller l'existence qu'elle t'avait donnée? et ne *prononças-tu* pas ces paroles qui rachetaient ta faute : « Rome est sauvée, votre fils est perdu! »

En effet, que *trouvas-tu* chez les Volsques? la rage de te voir renoncer à un dessein perfide ; et quel prix *reçus-tu* de ton noble dévouement? la mort par une main ennemie.

Mais ta mémoire ne *fut-elle* pas bénie dans cette Rome qui t'avait si cruellement méconnu pour son enfant? et les dames romaines, auxquelles était dû le triomphe de ta vertu sur ta haine, ne *réparèrent-elles* pas, par le deuil qu'elles s'imposèrent, l'injustice de ta patrie?

TROISIÈME PERSONNE.

HISTOIRE DE ROMULUS.

Celui dont tu vois le portrait, c'est Romulus. C'est lui qui, né de Rhéa, fille de Numitor, et du dieu Mars, *fut emmené* dans une forêt, avec son frère Rémus, pour y être mis à mort, par ordre d'Amulius, son grand oncle, qui *craignait* qu'il ne fît valoir ses droits à la couronne.

C'est lui qui, abandonné dans les bois, *fut* allaité par une louve, qu'on *croit* la personnification de la femme du berger Faustulus. Ayant appris sa noble origine, *il marcha* contre Amulius, *le tua, remit* son grand-père sur le trône, et *résolut*, avec son frère, de bâtir une ville.

C'est lui qui, oubliant les liens sacrés qui l'unissaient à Rémus, *commença* sa royauté par un fratricide, et que ce crime rendit malheureux tout le reste de sa vie.

C'est lui qui, resté seul maître de la nouvelle ville, la nomma Rome, *voulut* que des animaux en traçassent l'enceinte, et qui *attela* à une charrue un taureau et une génisse qu'il *laissa* marcher au hasard.

C'est lui qui, désespérant d'engager des femmes à s'unir à ce peuple aventurier, *fit* annoncer qu'il *allait* donner une grande fête aux dieux, et, profitant de l'empressement que les Sabins avaient mis à s'y rendre avec leurs femmes et leurs filles, *fit* enlever ces dernières et les *donna* pour épouses aux Romains.

C'est lui qui, obligé de combattre les Sabins offensés, *conclut* un traité avec Tatius, à la prière d'Hersilie, et le *fit* assassiner bientôt après, selon toute probabilité.

C'est lui qui *mit* tous ses soins au gouvernement de son empire naissant, *organisa* un sénat pour l'aider à régir son peuple turbulent, *créa* différentes charges de magistrats et d'officiers publics, et *commença* à donner à Rome les bases d'une institution primitive.

C'est lui qui, d'un caractère fier et emporté, *s'attira*

la haine du sénat et du peuple, et *disparut* au milieu d'un orage sans qu'il *pût* être dit si le ciel ou les hommes avaient consommé sa ruine.

C'est lui enfin, qui, déifié par ce même peuple qui le détestait, *fut* adoré sous le nom de Quirinus, et regardé comme une des divinités tutélaires de Rome.

Sujets après le verbe.

Vive la jeune fille qui comprend ses devoirs de femme !

Vive le jeune homme qui se prépare, par le travail, un noble avenir !

Vivent les mères de famille qui entourent de respect et d'affection le père de leurs enfans !

Puisse l'éducation des jeunes filles apporter le bonheur et la tranquillité dans notre patrie !

Puissent les législateurs sentir l'importance de l'éducation des femmes !

Périsse le vice qui divise les hommes !

> *Périssent* à jamais ces beautés malheureuses
> Qui, loin de tempérer la rigueur du pouvoir,
> Des peuples suppliants osent trahir l'espoir !

Fasse le ciel que les hommes s'aiment comme des frères !

Fassent les dieux, disait Socrate, que l'homme connaisse la dignité de son être !

> Les fautes sont à craindre où *manque le bon sens.*
> Répétez les beaux vers que *soupiraient* vos Muses.
> Il n'est point de noblesse où *manque la vertu.*
> Vivez donc sobrement comme vivaient nos pères.

Nous ne craignons, *disaient* les Gaulois à Alexandre, que les cieux qui peuvent nous écraser.

LE, LA, LES, LEUR, *compléments du verbe.*

Mes enfants, vous désirez ces livres ? je vous les donne ; je vous les donnais d'avance ; je vous les donnai hier ; je vous les ai donnés il y a huit jours ; je vous les avais déjà donnés ; je vous les donnerai encore ; je vous les aurai donnés ; je vous les donnerais encore ; je vous les aurais donnés si vous étiez sages. Que je vous les donne tôt ou tard, peu vous importe; vous aimeriez mieux que je vous les donnasse tout de suite. Si vous aviez préféré que je vous les aies donnés, et si vous aviez voulu que je vous les eusse donnés, j'aurais acquiescé à votre demande.

Ces jeunes personnes demandent de nouvelles explications, on les leur donnera; donnez-les-leur même aujourd'hui; vous les leur ferez écrire sur un beau cahier; je les leur dicterai si vous le désirez.

Verbes en apostrophe.

O mort que l'on redoute et qui seule peux nous délivrer des maux de cette vie, viens, je t'attends sans crainte, frappe-moi; et je ne suis pas le seul qui voudrais m'envoler vers notre céleste patrie, qui brûle de voir mon âme déliée des langes terrestres, et qui, me repentant des fautes que j'ai commises, aspirerais à la béatitude des anges!

Ni moi, ni lui, ni personne ne voudra croire que Jules-Cesar ait désiré la couronne.

Ni lui, ni moi, nous n'avons lu assez l'histoire pour nous rappeler toutes les dates.

Ni toi, Sara, ni lui, Abraham, vous n'avez désobéi aux ordres du Seigneur comme l'ont fait Adam et Ève.

Ni vous, ni eux n'auriez eu la ferveur et le courage de Moïse, ni la sagesse de Salomon.

L'une ou l'autre dame *doit* être ma mère.

Ni l'une ni l'autre ne sera mon institutrice.

Vous avez lu l'histoire de Tibère et de Néron, ni l'un ni l'autre n'étaient vertueux.

Le premier, le second et le troisième *siècle* de l'ère chrétienne ont été les témoins des persécutions contre les chrétiens.

Eux et lui se seraient laissés aller à leurs bons penchants s'ils avaient été bien dirigés.

Lui ou elle chantera ce soir au concert.

Plus d'un Romain mourut sous Caligula.

Les Pélasges étaient très ignorants, *la plupart* se nourrissaient de racines et se vêtaient de peaux de bêtes.

La plupart du monde ne sait rien de ce qu'il faut savoir.

La foule des voitures *encombrait* la place.

Une nuée d'oiseaux chantaient au dessus de nous.

Une nuée d'oiseaux obscurcissait l'air.

L'armée des alliés *a été* vaincue près du Rhin.

La plus grande partie des maisons de la Martinique a été emportée par un ouragan.

Non-seulement tous les soldats romains, mais encore Jules César pensait que la guerre contre les Gaulois ne durerait pas longtemps.

Constantinople, aussi bien que *Rome*, a été la capitale de l'empire romain.

Pompée, ainsi que *César*, avait reçu le titre de triumvir.

Auguste, accompagné de Livie, sa femme, fit son entrée triomphale à Rome.

Crassus, comme Pompée, mourut misérablement.

Les honneurs, les richesses, *rien* ne tente le philosophe.

L'or, les dignités, les décorations, *tout* séduit l'homme du monde.

Non-seulement les biens de Tobie, mais encore sa famille a été perdue pour lui.

Une parole, un sourire, un regard d'Abraham *suffisait* à Isaac. Il y avait dans son dévouement autant d'amour pour son père que d'amour pour son Dieu.

Du biscuit, de l'eau, des armes *suffisaient* à nos soldats d'Afrique pour marcher contre les Arabes.

Bien écouter ou bien lire, bien comprendre ou bien retenir, *c'est* là le secret du vrai savoir.

VERBES RÉFLÉCHIS INTRANSITIFS A CONJUGUER.

Mode interrogatif.

Se *plaire* au travail, ne pas se *nuire* dans l'esprit de ses professeurs, se *suffire* dans toutes les circonstances.

VERBES RÉFLÉCHIS ET PRONOMINAUX ESSENTIELS.

A conjuguer au mode impératif.

S'*abstenir* de toute expression outrée, s'*adonner* à un travail assidu, s'*enquérir* de tout ce qui est bien, ne s'*immiscer* dans aucune mauvaise affaire, se *repentir* d'avoir nui à quelqu'un, se *réfugier* dans sa conscience, se *désister* de toute accusation contre quelqu'un, et *s'emparer* ainsi doucement de tous les cœurs, voilà ce qu'un jeune homme bien né doit toujours faire.

A conjuguer au mode affirmatif (indicatif).

S'*accouder* à table, s'*accroupir* sur une chaise, s'*ingérer* de parler sans raison, s'*agenouiller* pour jouer, se *blottir* dans un coin, se *dédire* après avoir donné sa parole, s'*extasier* pour rien, s'*évanouir* à la vue d'une souris, se *formaliser* d'une réprimande, se *méfier* de sa mère, se *moquer* de ses compagnes, s'*opiniâtrer* dans sa pensée, se *récrier* sur un reproche, se *rengorger* pour quelques éloges, se *souvenir* du mal, n'est-ce pas se conduire en jeune fille mal élevée?

VOYAGES AU FUTUR.

1re, 2e et 3e *personne du singulier.*

Je partirai de France en même temps que tu quitteras les États-Unis et que ton frère sortira de Londres, pour me rendre en même temps que vous en Ecosse.

Je m'embarquerai à Calais ou à Boulogne, je traverserai le Pas-de-Calais; en douze heures, j'apercevrai les côtes d'Angleterre; au lieu de m'arrêter à Douvres, je remonterai en paquebot la Tamise, et j'admirerai le spectacle imposant qui se présentera à ma vue, Londres tout entier se déployant sur les deux rives du fleuve : je séjournerai quelque temps dans la capitale de l'empire britannique; j'y visiterai les plus beaux monuments; je me rendrai dans les palais, les parcs, les musées, puis je continuerai mon voyage; je longerai les côtes orientales; et quand je serai fatigué de la route, je descendrai dans quelque port agréable, notre vaisseau se rafraîchira, puis il remettra à la voile, et en peu de temps je foulerai le sol écossais.

Tu traverseras l'océan Atlantique, tu côtoieras les comtés du sud de l'Angleterre; tu éprouveras peut-être quelques tempêtes dans la Manche, mais tu pourras t'arrêter dans quelques îles dont elle est parsemée, puis tu prendras la même route que moi, et nous nous réunirons à Édimbourg.

Ton frère pourra faire le voyage plus agréablement que nous ; il ira par terre, voyagera dans le centre de l'Angleterre, visitera les villes manufacturières, abrégera sa route quand il se servira des chemins de fer ; il verra avec plaisir l'industrie croissante des habitants de la contrée, achètera quelques productions remarquables qu'il enverra en France, parcourra les lieux célèbres dans l'histoire de ce peuple, se rendra aux universités, y étudiera, si le temps le lui permet, et reviendra nous joindre à Édimbourg.

HOMÈRE A L'INFINITIF.

Être Homère, avoir un beau génie et chanter la grande guerre de l'Europe contre l'Asie, raconter la bouillante colère d'Achille si fatale aux Troyens, conduire pendant cent années entières l'infortuné Ulysse errant sur les mers, ou bien, abandonnant des sujets si élevés, descendre de l'Olympe et nous tracer le combat des Grenouilles, et toujours jeter un grand éclat.

Conquérir et mériter justement les titres de savant historien, d'exact géographe et de poète sublime, conserver depuis bien des siècles ces titres glorieux, les voir augmenter de suffrages nouveaux.

Mais quelle horrible destinée ! Encourir la jalousie des hommes, perdre la vue par leurs mains, heureux encore de vivre malgré eux ; errer proscrit, misérable, de ville en ville, récréer par ses chants les habitants de son pays, et leur laisser des chants immortels.

Avoir des disciples incorrects, des rapsodes, et penser que ses œuvres seront un jour altérées ; mais apercevoir dans l'avenir un homme de talent qui les mettra en ordre, avoir pour commentateur un Lycurgue, c'est déjà une récompense.

SECONDE PERSONNE. — MODE OPTATIF.

HISTOIRE DE CORNÉLIE.

O Cornélie, qui sus refuser un trône pour te consacrer à tes fils, dont tu faisais ton ornement et ta gloire la plus chère ; toi, dont Cicéron vantait l'esprit et les talents, te rendant publiquement cet éloge que c'était à toi que Tibérius et Caïus devaient leur entraînante éloquence et l'élégance de leur élocution;

Reçois les hommages de la postérité, qui a pu long-temps admirer tes écrits, dont la pureté de la diction répondait à l'ornement et à la culture de ton esprit ; qui a pu apprécier le mérite de tes fils et justifier, par son approbation, tes belles paroles : « Ce sont mes bijoux et mes ornements. » Car leur courage imprudent, leur philanthropie peut-être téméraire, occasionnèrent de graves malheurs, il est vrai, mais le motif en était beau, la source était la vertu même.

SECONDE PERSONNE. — MODE AFFIRMATIF.

HISTOIRE DE NUMA.

C'est toi, Numa, qui as d'abord refusé la couronne, mais qui, cédant à la volonté de ton père, t'es résolu à gouverner les Romains. C'est toi qui, revêtant la puissance souveraine, embrassant toutes les obligations qu'elle impose, te fis un devoir d'édifier la royauté romaine, et de fonder le bonheur de ton nouveau peuple. Toi qui, prince accompli, marquais chaque jour de ton règne par des bienfaits réels et par des institutions qui devaient être la base d'une durée éternelle pour Rome. Toi qui, ne voulant pas briser en face les opinions encore barbares des Romains, sus allier la sagesse à leur grossière ignorance et préféras enfanter ce bien immense et moral que tes lois renfermaient, par un vertueux mensonge, que de les en priver par un cri mal entendu de ta conscience. Toi qui, préparant un règne paisible et pacifique, fermas le temple de Janus, dont l'ouverture révélait toujours les horreurs et les maux qu'amène la guerre. Toi qui instituas les cérémonies, les prêtres des dieux, qui voulus qu'on les honorât, que leurs fêtes fussent sanctifiées : qui réglas le nombre des vestales, et offris enfin, au peuple romain, l'image la plus parfaite peut-être de la royauté.

C'est toi encore qui, voulant détruire la coutume de brûler les morts, ordonnas que ton corps fût déposé dans un sépulcre de pierre, et que tes livres fussent dérobés aussi aux regards de ton peuple, dans le cœur duquel tu avais voulu graver les institutions dès le temps de ton avénement. Ces livres sages, ces institutions admirables furent dévoués sans pitié pourtant à la destruction et à l'oubli, quand le temps, ayant effacé tout souvenir d'un prince si juste et si éclairé, Rome, soumise à un autre gouvernement, craignit d'y retrouver des maximes opposées à ce qu'elle pratiquait.

Cependant c'est toi, Numa, qui, le premier, as fait voir des jours sans nuages au peuple romain ; qui, le premier, habituas ce peuple turbulent à la civilisation, fruit de la paix ; qui préparas les voies à la puissance éternelle de Rome, et qui fus le plus digne d'enseigner la vertu du pouvoir aux princes de la terre.

QUELQUES DICTÉES.

L'ENFANT TROUVÉ.

Sur un beau fleuve de France, non loin de l'*Océan*, est une *ville* dont les Anglais furent longtemps maîtres ; depuis sa réunion à la monarchie, elle fut quelquefois *rebelle*. Dans ces occasions, le son du *beffroi* répandait l'*alarme* et l'*effroi* dans le cœur des habitants. A peine l'*alerte* était-elle donnée, que la discorde venait *souffler* parmi eux son feu dévastateur et *aggraver* leur position ; alors, on les voyait s'*agglomérer* dans les rues et sur les places publiques : les plus sages s'efforçaient de *suggérer* aux autres des pensées d'accommodement, pour les tirer du *gouffre* dans lequel ils se précipitaient. Les témoins *oculaires* disent que c'était une triste chose de voir une si *belle ville* livrée à toutes les horreurs des désordres *civils*. Enfin, après bien des coups de *fusil*, bien du sang versé, il fallut se rendre.

Sous le *règne* de Henri II arriva une de ces révoltes, et après la *reddition* de la cité, le roi exigea la réparation de l'*offense* qui lui avait été faite, et, pour *raffermir* son autorité, plusieurs des plus mutins furent punis par l'*exil*. A l'avenir elle n'encourut plus la *colère* royale. Son aspect a bien changé depuis qu'on veut *aligner* les rues ; mais sans établir un *parallèle* entre l'ancienne et la nouvelle *ville*, je vous dirai que maintenant elle est toute livrée au commerce, qu'on y trouve des produits de l'*Asie* et de l'*Afrique*, des bords du Nil ; mais ce sont surtout ceux des colonies d'*Amérique* qui y abondent. A

peine si l'on peut circuler dans le quartier de la *halle :*
ce sont des *balles* de coton, plus loin des caisses de noix
de *galle ;* des *outils* laissés par terre vous font trébucher;
vous heurtez une *malle* qu'on *déballe ;* des hommes portant un *baril d'acide* crient gare, vous croyez les éviter et
vous vous êtes jeté sur eux.

Voilà l'*étoffe* de votre habit salie ; peut-être, vous ima-
ginez-vous qu'ils vous feront des excuses? nullement : ils
s'en vont en vous *accablant* d'injures. Alors, vous vous
hâtez d'*alonger* le pas pour sortir de ce quartier et aller
visiter les autres; car il y en a de beaux dans cette *ville*
qui a une *académie,* une cour royale, un siége épiscopal
dont plusieurs évêques sont *suffragants.* Si vous désiriez
connaître les hommes *illustres* qu'elle a vus naître, je vous
dirais de lire l'histoire au quatorzième siècle : vous y ver-
riez le nom de Clément V, sous le pontificat duquel fut tenu
le concile de Vienne.

Puis, après un *intervalle* de plusieurs siècles, vous arrive-
riez à cette époque où un prince digne de *l'affection* de
son peuple allait mourir victime d'affreuses calomnies et
d'odieux *libelles ;* et vous aimeriez à prononcer le nom
du sujet *fidèle* (Desèze), qui au *péril* de sa vie éleva noblement la voix en faveur de son roi. Voyez comme je vous
ai parlé longuement de cette cité, et ce n'était pas mon
intention ; je voulais seulement vous raconter un acte de
bienfaisance, qui y eut lieu en mil huit cent, etc..... Mais
prenez patience, traversons le magnifique pont de pierre,
dont les dix-sept arches sont soutenues par des *piles*
très solides, et nous allons arriver à la maison *asile* de la
famille dont je voulais vous parler.

Un *acacia* planté devant la porte peinte en *vert* vous la
fera reconnaître, car elle n'a pas d'ornements; aucune
sculpture, pas de colonnes, de chapiteaux de feuilles d'a-
canthe. L'intérieur en est simple et modeste, c'est dans la
salle à manger dont les *dalles* noires et blanches attestent
par leur propreté que la maîtresse du logis est un *modèle*
d'ordre et de soin, que se tient ordinairement la famille.
On y voit un *buffet* et une table *d'acajou,* un *poêle,* des
chaises, plusieurs tableaux dont l'un représente la *chapelle de l'abbaye* de Jumiéges, et un autre une assemblée
de *rabbins* un jour de *sabbat.*

Un soir du mois *d'avril,* la jeune femme, épouse du
greffier, maître de cette maison, était *occupée* à préparer
le dîner de la famille ; elle étendait une tranche *d'aloyau*

sur un *gril*, la saupoudrait de *persil* haché; tandis qu'une petite *fille* de 10 ans, dont les longs *cils* et le charmant *profil* se dessinaient sur la boiserie, s'appuyait d'une main sur la table près de la *chandelle* qui les éclairait, et de l'autre faisait jouer un petit *griffon* aux poils *ébouriffés* avec un morceau de *taffetas* qu'elle venait d'*éfaufiler*. Le *gentil* animal faisait de vains efforts pour débarrasser ses *griffes*: le bruit des grelots de son *collier* amusait Pauline.

Dans l'enfance, un *colifichet*, une *bagatelle* suffit pour distraire; elle faisait *mille* contes à son chien et le menaçait s'il était méchant de le mettre dans un *chenil*. Mais le *babil* de Pauline ne pouvait tirer sa mère de ses pensées inquiètes. Il était six heures et demie, son mari ne rentrait pas. Le *greffe* ferme à cinq heures, disait-elle, jamais il ne prend rien chez le *buvetier*, il sait que je l'attends.

Le vent qu'on entendait *siffler*, le *grésil* (petite grêle) qui tintait dans les carreaux, tout cela redoublait les inquiétudes de Madame G. et lui faisait craindre que son mari n'eût été *suffoqué* par le froid, car sans être *alité* il était très faible, parce qu'il relevait de maladie; un *érysipèle* dans la figure l'avait retenu longtemps au lit, et un *oculiste* avait déclaré que pendant plusieurs mois encore, il faudrait prendre de grandes précautions de peur que la *bile* ne se portât aux yeux.

Madame G. fut interrompue dans ses réflexions par les cris de Pauline. « Maman, quelle *bouffée* de fumée ! ce bois de *chauffage* ne vaut pas nos petites broussailles. Voulez-vous que je prenne le *soufflet* et que je mette un peu de *chiffes* dans le *poêle?* sans cela nous n'aurons jamais de feu. » Madame G. tourna la tête et vit Pauline qui essayait d'allumer une *allumette* dont le *soufre* avait été enlevé : craignant quelque *accident*, elle allait l'éloigner du feu, lorsqu'au bruit de la sonnette elle accourut à la porte en criant seulement à la petite de la suivre.

Autant madame G. avait été inquiète, autant elle fut aise en revoyant son mari; car c'était lui. Mais elle fut bien surprise en apercevant dans ses bras un petit enfant. « Voilà un ange que je vous apporte, dit M. G. en embrassant son épouse; avec votre suffrage, il fera partie de notre famille sans *alourdir* nos charges, car celui qui a découvert ce trésor fait valoir ses droits sur cet enfant, dit M. G., faisant *allusion* à la loi qui accorde une partie de la somme ou du trésor caché à celui qui le trouve le premier.

Pendant ce temps madame G. avait pris le petit dans ses bras et le réchauffait de ses baisers. La pensée d'une bonne œuvre ne la laissait jamais froide ; elle se sentait toute disposée à s'associer à celle que son mari lui proposait. Pauline ne se possédait plus, elle *raffolait* déjà de ce petit qu'elle avait à peine aperçu. « Donnez-nous à dîner, dit le *greffier* à son épouse qui le pressait de questions ; je vous conterai tout cela. » Madame G. servit un potage, une tranche d'*aloyau*, des saucisses aux *truffes*, des épinards, une salade et des pommes de *Calville* d'un bon *acabit*. Pauline courut au *fournil* chercher un pain ; elle rapporta en même temps une bouteille de vin du *pays*. Au lieu de dîner en écoutant le récit de son mari, madame G. donna des soins au petit inconnu.

« Je sortais de mon bureau, dit Monsieur G. où j'avais fait plusieurs expéditions pour ce procès qui occupe les esprits en ce moment, vous savez, il s'agit de quelques chiffres biffés dans le *codicille* d'un testament, ce qui pourrait le faire déclarer nul. Chaque partie fait valoir les arguments les plus *subtils* en faveur de sa cause. En passant dans la rue***, je fus arrêté par une *file* de voitures parmi lesquelles se trouvaient un *éfourceau* et un *chartil*. C'est alors que j'ai rencontré mon cousin B. qui portait ce petit. — Votre cousin B. je ne vous en ai jamais entendu parler. — Oh! vous l'avez vu ici, c'est ce jeune homme qui, après avoir passé-heureusement les examens du *baccalauréat*, témoigna à ses parents le désir d'embrasser l'état *ecclésiastique* : il est maintenant *acolyte*.

J'étais allé chez Ml .'abbé S., m'a-t-il dit, ne l'ayant pas trouvé, je suis sorti de la ville pour examiner le cours du fleuve... Je venais de gravir une petite *colline*, lorsque les vagissements d'un enfant ont attiré mon attention, j'ai aussitôt porté mes pas vers l'endroit d'où ils semblaient venir, et j'ai vu ce pauvre enfant, couché sur l'*argile* humide, la tête appuyée sur une *touffe* d'herbe ; près de lui était un petit *coffre* dont les charnières d'*acier* pleines de *rouille* tenaient un couvercle fermé par un peu de colle-forte, que j'ai aisément fait sauter. Il renfermait un extrait de baptême, dont les noms espagnols font croire que cet enfant appartient à quelque réfugié.

La crainte de tomber avec son fils entre les mains des *alguazils* en tentant de rentrer dans sa patrie, l'aura engagé à le confier à la charité de nos concitoyens. Pauvre enfant, je ne veux pas l'abandonner ; mais cela présente quelques difficultés, ajouta mon cousin ; à qui le

confier ? je ne puis le garder. Donnez-le-moi, lui dis-je.
— Oh ! si vous vous en chargez, je serai tranquille ; mais
j'y mets une condition : c'est que tous les frais seront sup-
portés par moi ; Dieu m'a envoyé vers ce petit innocent,
je ne puis refuser l'obligation qu'il m'impose d'en prendre
soin. J'ai répondu à mon cousin que jamais un acte de
charité ne serait un sujet de rupture entre nous, et je
l'ai quitté en l'assurant que j'allais remplir les formalités
nécessaires en pareilles circonstances. Il doit venir le
voir le premier jour qu'il pourra sortir. »

Pauvre petit, j'aurais bien du plaisir à te garder, dit
Madame G. ; mais, si je ne me fais illusion, tes parents vien-
dront te réclamer.

« S'il en est autrement, répliqua Madame G., son entrée
dans notre maison est une addition à nos jouissances et à nos
devoirs : nous l'élèverons en chrétien ; nous lui appren-
drons à aimer Dieu et sa sainte loi ; à être bon pour tous
les hommes ; nous lui dirons que jamais les lèvres d'un
disciple de Jésus-Christ ne doivent distiller le venin de la
médisance et de la calomnie ; même au milieu des amu-
sements puérils de l'enfance, je veux éloigner de lui toute
idée de vengeance, cette passion des caractères vils.
Peut-être que sa famille est victime de quelque injustice,
et il importe de lui faire inspirer de bonne heure la charité et l'oubli des injures. Parvenu à l'âge viril, il appren-
dra que l'Espagne est sa patrie, qu'il se doit tout à elle ;
mais en même temps il se souviendra que notre France
l'accueillit aux jours mauvais. Cher enfant, tu ne seras
pas ingrat pour ceux qui prennent soin de toi ; maintenant, si tu as le bonheur de retrouver ta mère, tu te sou-
viendras de celle qui la remplaça quelque temps, dit
Madame G ; mais s'il en devait être autrement, si nous ne
devions recueillir que ton indifférence et ton ingratitude,
je ne t'en soignerais pas avec moins de sollicitude, car je
me rappelle ces paroles de l'Évangile : *Tout ce que vous
ferez au dernier de ces petits, je le regarde comme fait à
moi-même.* »

SOUVENIRS ET IMPRESSIONS DE VOYAGE D'UN NOUVEAU
ET MALHEUREUX ROBINSON.

HISTOIRE VÉRITABLE.

C'était en l'an de grace 18... Par un de ces *crépuscules*

21

qui, vers les *pôles*, remplacent la nuit de nos *contrées*, un bruit inaccoutumé se fit entendre. Toute la grande famille des ours fut en *émoi*; l'ourse avec son *époux* et ses enfants sortant de leur *masure*, examinait l'horizon avec inquiétude dans une attente cruelle; ils restèrent *ainsi*, l'un près de l'autre; mais tout à coup un craquement plus horrible que le premier fit trembler la terre. Les jeunes oursons se réfugièrent dans les bras de leur mère, tandis que les plus âgés, sans cesser de *courir* çà et là, demandaient d'une *voix chevrotante* de peur, si l'heure du *décès* était déjà arrivée.

Les glaces se séparèrent, l'ourse et ses petits étaient sur un glaçon, et le père était sur un autre que le courant entraînait.

L'ours voulut s'*élancer* vers sa compagne qui lui tendait les bras avec désespoir; mais le *pied* lui glisse, il tombe, et lorsqu'il se relève, le vent avait entassé les glaçons l'un sur l'autre; ils formaient ainsi un *talus* que malgré tous ses soins, tout son désir, il ne put franchir. Alors d'une voix que la douleur *renforçait*, il appela sa femme et ses enfants.

Lorsque son premier *effroi* fut un peu calmé, il réfléchit en ours prudent et sage aux moyens à employer pour se diriger sans *boussole* au milieu de cette *étendue* d'eau. Cependant ses réflexions peu à peu changèrent de nature; son estomac lui rappela qu'il n'avait rien mangé depuis long-temps. Grand fut son *courroux* de ne rien trouver propre à satisfaire cet *appétit* qui venait si mal à propos interrompre ses profondes *pensées*, pensées ayant pour but l'influence d'un coup de vent sur la vie..... des ours. Dans ce moment, debout sur la *proue* de son *navire* glacé, il vit dans le *lointain* de la verdure; ceci l'étonna fort; il voulut éclaircir ce point important, mais, hélas! sans gouvernail, sans *pagaie* même, comment se diriger?

Une *idée* qui lui parut superbe traversa son imagination: il voulait confectionner un *rets* pour prendre des animaux destinés à lui servir de *pâture*; il cherche inutilement avec quoi il pourrait le faire, il n'a rien, pas même de *boyaux*.

Il était en train de *puiser* dans son esprit d'ours pour trouver quelques expédients, rien ne se présentait, il avait beau chercher, il fallut se résigner à vivre d'espérance, triste nourriture pour un être aussi affamé.

La *matinée*, la *journée* se passe, rien ne vient près de

lui ; nouveau Tantale, il voit se présenter à son *examen*, il voit se dérouler devant ses yeux des *cocotiers*, des arbres semblables aux *bigarreautiers*, qui croissent dans de moins chauds climats ; de belles *chênaies* lui montraient de loin leurs charmants ombrages; de magnifiques troupeaux paissaient l'herbe *fraîche* des prairies ; des *oies* sauvages s'ébattaient dans l'eau d'une rivière qui avait près de là son embouchure ; des *poulains* galopaient dans la *saussaie*, et des nuées de *faisans* obscurcissaient l'air ; tout cela lui était inconnu; mais un instinct secret lui disait que tout cela lui serait bon en ce fatal moment.

Il gémit d'une manière plaintive; *jaloux* de la liberté, du bonheur de ceux qu'il voyait, il ne pouvait rester en *paix* sur son îlot flottant : rugissant de rage, il souhaitait vainement qu'une *tempête* vînt l'engloutir, aucun nuage ne se montrait, l'atmosphère était *paisible*, et la tempête n'existait que dans le cœur de notre héros, obligé d'errer à *la merci* des vagues comme le sage roi d'Ithaque.

Son *délire* augmenta encore, lorsqu'il s'aperçut que la chaleur de ce nouveau climat faisait fondre son île ; enfin elle s'engloutit tout-à-fait, et il gagna promptement la *baie*; la côte était couverte de *cailloux*, cela le blessa d'abord, lui habitué à marcher sur le tapis *velouté* de la neige.

Là, notre *intéressant* animal put prendre quelque nourriture; une *proie appétissante* se présente devant lui, c'était une *raie;* il la dévora, mais dans sa voracité une arête lui reste dans le gosier ; il étrangle, une *toux* horrible lui déchire la poitrine, il pleure, et s'apprête à se creuser une tombe; bientôt, cependant, il sent avec une *douce joie* que ce qui le tourmentait est passé, alors il continue son repas; nouvel embarras; quel *abri* se *choisir* pour la nuit? il fallut se résigner pour cette fois à coucher dans une des cavernes du rivage.

Un sommeil bienfaisant, qui s'empare de notre ami du nord, calme l'agitation de ses nerfs fortement irrités. Un songe agréable ajoute encore à sa félicité. Sa compagne bien-aimée lui apparaît immobile, dans la même position qu'au moment de leur cruelle séparation, redemandant à chaque vague, à chaque brise légère, des nouvelles de celui qu'elle avait perdu. Ses enfants, sans savoir *pourquoi*, faisaient comme leur mère, et celle-ci, ne voulant, par sa douleur, attrister ceux qui l'entouraient, monta sur le *promontoire;* n'apercevant rien, elle retourna avec ses fils s'enfermer dans sa *cellule*.

Rassuré sur le sort de ceux qu'il chérissait, l'ours résolut de se mettre en campagne, pour chasser la noire *mélancolie* qui l'obsédait. Il monta d'abord sur un arbre pour savoir de quel côté il dirigerait ses pas ; la fraîcheur de la rivière qui coulait non loin de lui l'invita à goûter les délices d'un bain. Il entra dans l'eau : presque aussitôt des cris semblables à ceux d'un jeune enfant frappent son ouïe délicate ; croyant faire une nouvelle capture, il avance sans crainte, mais, ô terreur ! il ne voit qu'un immense crocodile, dont la gueule béante semblait prête à l'engloutir ; à l'instant, oubliant tout pour ne songer qu'à la conservation de sa *vie* si précieuse, il s'élance à terre, satisfait d'avoir remporté ce qu'il appelle une *victoire*. De *mémoire* d'ours, on n'avait vu pareille chose.

D'autres *aventures* l'attendaient encore. Dans une prairie paissait tranquillement une superbe *cavale* ; les mouvements de sa *queue* avec laquelle elle chassait les mouches et les *fourmis* attirèrent l'attention de l'ours.

Cette *fois*, pensa-t-il, un bon déjeuner va me remettre de mes inquiétudes. La cavale surprise de voir cet animal tout blanc, avec de grands poils frisés, le laisse s'approcher ; puis, comprenant sans doute ses intentions hostiles, elle lui donna un coup de sabot, s'enfuit en toute hâte, lui laissant la *mâchoire* dans un état déplorable.

Troublé, étonné d'avoir rencontré deux animaux si différents de ceux de son pays, gémissant de sa *blessure*, pensant à son *amie*, à ses enfants qu'il ne croyait plus revoir, l'ours regagne lentement sa tanière. La *joue* abîmée, il ne peut plus manger, sa mélancolie augmente, et il sent dans son cœur une rage *envieuse* qui le mine sourdement ; rage causée par la dure déception d'avoir rencontré des animaux plus forts, plus beaux que lui, qui se croyait en force, et surtout en *beauté*, le roi de l'univers.

« Ô vanité, vanité oursine ! » s'écrie-t-il, « que de mal tu causes ! néanmoins, pensa-t-il dans sa profonde sagesse « je veux écrire mon *histoire*, peut-être servira-t-elle un jour à guider un de mes enfants, ou de mes semblables, dans le périlleux sentier de la vie ; sentier semé de glaces, de crocodiles, d'animaux plus malfaisants encore, et alors je mourrai avec la consolation d'avoir été utile à quelqu'un. »

Aussitôt dit, aussitôt fait ; la carapace d'une petite tortue de terre, dans laquelle il recueille le sang qui s'échappe de sa *plaie*, lui sert d'*écritoire* ; un petit bâton est sa plume, et il se met à écrire la relation de sa vie aventureuse.

C'est cette relation, qui, traduite avec beaucoup de *scrupule*, m'a été transmise par un descendant de l'ours infortuné, et dont j'ai voulu donner une idée par une analyse trop rapide, peut-être.

Voici ce que le jeune homme qui m'a remis cet écrit, a ajouté sur le sort de son aïeul :

« Mon arrière grand-père est mort des suites de sa blessure ; mais, à son grand *bonheur*, il avait rencontré quelques membres de sa *tribu*, qui, de retour au pays, nous ont remis cette histoire écrite pour nous. Mon aïeul, ajouta le jeune garçon en pleurant, est mort en prononçant le nom de celle qu'il avait aimée; il est enterré dans la caverne qui lui servit d'asile sur la côte de***
et sur sa tombe est cette inscription :

Ci-gît le Robinson des Ours.

LE PETIT VOYAGEUR.

Quelques moments encore et le mois d'*août* allait venir. Les *blonds* épis doraient la campagne, les *abricots mûrs* resplendissaient aux branches des arbres, le souffle *fécond* de la nature prêtait son *secours* puissant aux *efforts* de l'homme, et tout présentait l'aspect le plus heureux et le plus doux.

L'on voyait le tendre agneau *bondir* au milieu des plaines ; les oiseaux nouvellement *éclos* chanter leurs joies et leur bonheur ; le *linot*, le rossignol, la fauvette timide faire retentir les bois de leurs plus doux *accords*, et l'enfant, se jouant parmi les fleurs, *balbutier* ses plus charmants *propos*.

Le vieillard *moribond*, long-temps renfermé sous le chaume de la cabane, sortait pour jouir de l'air *pur* des champs et de l'*azur* des cieux ; un *psaume* joyeux s'élevait de son cœur, et tandis que la *mort* le regardait d'un œil *jaloux*, lui *dévot* et fervent, demandait au ciel quelques instants encore avant que le *buis* ne germât sur sa tombe et que son âme ne se fût élancée vers les *royaumes* éternels.

Dans un petit village, situé au *bord* de la mer, était un jeune *garçon* épris d'une ardeur *insatiable* pour les voyages lointains ; souvent se promenant dans l'*enclos* de son père, *défunt :* hélas ! il allait s'asseoir au sommet du roc *noirci* par la foudre et la tempête, puis il regardait la mer ; alors, penchant sa tête *blonde*, il se voyait *matelot, tantôt* se jouant sur un léger *canot* au milieu des vagues bleues de l'Océan, tantôt *abordant* chez les nations *féroces*, se riant de leurs ligues et de leurs *complots*, et *toujours* errant et *vagabond*, pénétrant au *fond* des vastes et antiques forêts, gravissant les *monts*, au *front* sourcilleux; enfin, il ne rêvait qu'une existence que bien d'autres auraient prise pour une *torture* de chaque jour.

Or, cet enfant, jeune orphelin, avait été adopté par une pauvre veuve qui veillait avec un tendre soin sur le précieux *dépôt* que la Providence lui avait confié; lorsqu'il lui était venu, jeune et abandonné, la pauvre femme privée de son *époux* avait dit au ciel louange et *merci* pour le *confort* qu'il lui envoyait dans sa douleur. L'arrivée de ce nouvel hôte avait un peu *adouci* la vivacité de son chagrin, et elle recommençait à prendre *goût* à cette existence que le *sort partial* semblait lui avoir départie si triste et si amère.

Un soir, à cette heure où l'*angelus* se fait entendre, tous retournaient à leur demeure pour prendre quelque *repos* après les fatigues du jour ; le marchand cessait son *négoce*, le bûcheron revenait le *dos* courbé sous le poids de ses *fagots :* la paysanne cheminait au *trot* le long de la route, montée sur son compagnon fidèle dont les *sabots* frappaient légèrement la terre; le *prévôt* remettait au lendemain le soin de percevoir l'*impôt* qu'il prélevait sur les sueurs et le pain *dur* du laboureur, et, assis en paix au milieu de sa famille, il s'apprêtait à savourer le *rôt* pompeusement orné, et le *gigot* orgueilleux, tout fier de l'emporter dans sa magnificence sur l'humble et modeste *ragoût*.

Tout à coup l'on entendit dans le village un bruit *confus et discordant* qui s'élevait de toutes parts : *voici*, criait-on, voici celui qui prédit l'avenir, et tous s'élançaient à la rencontre du mystérieux personnage : c'était un homme de *haute* stature, vêtu de la *façon* la plus bizarre ; un bonnet terminé en angle *obtus*, s'élevait sur sa tête, tout parsemé de *colimaçons ;* il était enveloppé d'un vêtement de *camelot* grossier tout *durci* par la grêle et la pluie, une sorte de *caparaçon* était jetée sur son épaule; dans sa main était un *bâton* de *houx* aminci à l'extrémité et avec lequel il traçait dans l'air des *azimuts* rapides.

A ses côtés était le plus laid de tous les *magots :* c'était un personnage *raccourci, rétréci, roussi, noirci, farci* de tous vêtements et de toutes couleurs ; il tenait un *bâton* garni de *grelots* qui, au moindre *cahot,* produisaient un tintamarre épouvantable ; tous se le montraient les uns aux autres et se disaient à voix basse que c'était un *suppôt* de Satan venu tout exprès des enfers pour assister le devin dans ses *sortiléges* et maléfices.

Sa figure était en effet effrayante, son nez *camus* aurait fait envie à un habitant du noir séjour, et les *calus* qui fourmillaient sur son visage lui donnaient bien l'apparence d'un disciple de Béelzébuth.

Le devin ou sorcier était encore entouré d'une foule d'autres *attributs* en *rapport* avec sa profession ; jetant sur le nombreux *concours* de gens qui l'entouraient un regard glorieux et satisfait, il s'écriait d'une voix de soprano ou de *dessus* que rendait plus aiguë encore son ton faux et *discord :*

« Mes amis, mes enfants, êtes-vous affligés d'un mal *pestilentiel,* d'une *toux* atroce et incessante, avez-vous le *sinciput* ou l'*occiput* endommagés, ayez *recours* à moi, et je vous guérirai.

« Oui, reprenait-il d'un ton doctoral et enthousiaste, je parcours le monde entier, et je guéris par le *secours* de mon art l'*asphyxie,* l'*apoplexie,* l'*épilepsie,* le *scorbut* et la *catalepsie* ; j'ai un remède infaillible contre l'*impéritie,* l'*inertie* et l'*ineptie,* oui les *sots* avec moi deviennent gens d'esprit. »

Puis il continuait avec une rapidité plus étourdissante que celle de l'écolier récitant sa *leçon* : « Venez à moi, et vous gagnerez au *reversi,* et vous aurez le *préciput* dans vos héritages, un heureux *début* dans vos entreprises ; venez à moi, et je vous dévoilerai votre *sort futur ;* venez, venez au grand savant dans la *chiromancie.* »

Et la jeune villageoise s'approchait timidement ; elle tendait en tremblant la *paume* de sa main et écoutait avec anxiété ses audacieuses *prophéties.*

Quand la foule se retirait, il renouvelait son cercle *azimutal,* accomplissant mille autres bouffonnes *facéties,* et les pauvres gens *séduits* par ses *arguties* pressantes venaient en foule entendre ses *discours captieux.*

Notre jeune enfant se rendit d'un *bond* auprès de lui, et la modicité du *coût* lui permit d'entendre sa destinée future ; le sorcier s'appuyant sur son *gros* bâton le considéra avec un *profond* regard, et mettant en jeu tous les *ressorts* de son art : « Cet enfant, dit-il, d'un ton grave et solennel et avec un geste de *suprématie*, cet enfant est réservé à de grandes destinées et à de rares aventures ; il voguera au loin sur les mers, il vivra dans les *cours* ; tous les *mortels* se plieront devant lui ; puis le *souci* planera sur sa tête ; on le verra s'*initier* aux plus profonds secrets ; le *sacerdoce* le recevra un jour dans son sein ; l'*orthodoxie* sera fière et heureuse de le posséder, et cependant il mourra oublié ; cette *montagne* qui dominait les nations s'affaissera tout à coup pour rentrer dans le sein de la terre, et ses *os* mêleront leur poussière à celle des autres hommes. »

Après avoir dit ces paroles, il se recueillit quelques instants, puis il continua sur un ton doctoral et *sententieux*.

Or, la *nuit* étendait ses voiles et tout devenait sombre et *obscur* ; le devin se retira, emportant son *vade-mecum*, et marcha par des *conduits* qui n'étaient connus que de lui seul ; la foule hochant la tête se prit à dire qu'il attendait sans doute que vînt l'heure de *minuit* pour communiquer avec les esprits infernaux.

Quant au jeune orphelin, il se rendit pensif dans sa demeure et attendit ce que lui réservait l'avenir. La prédiction du devin se réalisa dans la plus grande *minutie* ; mais son nom s'est perdu dans les *flots* des âges, et aujourd'hui cette grande renommée ne se retrouve plus dans la mémoire des hommes.

HISTOIRE D'ALEXANDRE-LE-GRAND.

Alexandre naquit à Pella l'*année* 356 avant J. C. Il *annonça* de bonne heure ce qu'il serait un jour, et montra une grande *aptitude* pour les sciences et les arts. Le *savant* Aristote lui apprit la *grammaire* et les règles sur les *consonnes*, chose peu *facile*, et cependant il fut toujours *docile* à son maître quoique cela lui causât beaucoup d'*ennui* ; aussi, par son *travail* il *aplanit* tant de difficultés, que de nos jours il aurait pu être reçu docteur de *Sorbonne*. Dans sa jeunesse, il dompta le cheval Bucéphale, digne successeur des *hippocentaures* fabuleux de l'antiquité, et dont le *hennissement sonore* faisait, dit-on, reculer d'effroi ; mais cela est *apocryphe*. Dès le 20ᵉ *anniversaire* de sa naissance, il porta la *couronne* de Macédoine, et déjà *habile* général et *apte* à faire la guerre, sans écouter les *conseils* d'Aristote, ni ses *apophthegmes* inutiles, il commença le cours de ses victoires, portant encore le *deuil* de son père. *Après* s'être emparé de Thèbes, d'Athènes, et s'être fait nommer généralissime et son favori Ephestion *connétable* de l'armée grecque, il partit pour l'Asie-Mineure avec tout son *attirail* et ses *épouvantails* de guerre. Il traverse l'Hellespont l'an 334. Il *honore* le *cercueil* d'Achille et lui rend *hommage;* il passe le Granique devant ses *ennemis,* et *s'ennoblit* par cette action d'éclat; puis, s'emparant d'une partie de la côte, il détruit les villes qui étaient de *connivence* avec Darius Codoman, roi des Perses, et y fonde des *colonies.*

Arrivé à Gordium, il tranche le nœud gordien, et contente ainsi son *orgueil.* Aussitôt après s'être emparé de Tarse, il commit l'imprudence, s'étant échauffé au *soleil* pendant le combat, de se baigner dans les eaux glacées du Cydnus. Il tomba bientôt dans un *sommeil* profond qui pouvait n'avoir point de *réveil.* On craignait déjà pour ses jours, lorsque son médecin Philippe, qui était en même temps *apothicaire,* le sauva en lui *donnant* un *apozème* évidemment.

Etant entièrement guéri, il marcha à la rencon're de Darius; celui-ci s'engagea *imprudemment* dans les défilés de Cilicie entre des montagnes dont le *sommet* est moins élevé que celui des *Apennins.* Alexandre l'atteint près d'Issus et son audace l'emportant sur l'*apathie* de son rival, il le défait, et sa victoire lui assure la possession de *fertiles* contrées, où ses armées font un notable *dommage.* Il s'empara aussi des trésors, de la *femme,* de la mère et des enfants de Darius. Il se transporta dans leur tente avec tout l'*appareil* royal, et accompagné d'Ephestion. Les reines qui ne le *connaissaient* pas s'étant prosternées devant ce dernier, en firent des excuses au roi *après* avoir reconnu leur erreur : *Nenni,* ma mère, dit le conquérant à Sisygambis, mère de Darius, vous ne vous êtes point trompée; celui-ci est un autre Alexandre. »

De là, il fit marcher ses bannières victorieuses vers Jérusalem; le grand prêtre Jaddus, *docile* à une inspiration divine, vint au devant de lui, revêtu d'une longue *houppelande* de lin brodée d'or, et d'un haut *bonnet* d'or sur lequel on lisait le nom de Dieu; mais il n'avait point de *camail.* Il était suivi d'une grande quantité de Lévites chantant des *antiennes* au Seigneur. Alexandre, saisi de respect, se prosterna à ses pieds pour *honorer* le vrai Dieu, et ne lui fit aucun mal.

Mais Darius, son *ennemi*, l'attendait à Arbelles; il y court et y ruine pour jamais la puissance des Perses; Darius fuit; le *démoniaque* Bessus, un de ses généraux, lui tend un infâme *guet-apens*, et il expire.

Ce n'était point assez pour Alexandre, il voulait encore abattre la puissance *Indienne;* il marche, et tout tombe sous ses coups; tel on voit le timide *bétail* se sauver devant le loup cruel et chercher un refuge dans le *bercail*; tels le léger *chevreuil*, le *mobile écureuil*, le *hanneton* aux brillantes couleurs fuient devant le chasseur qui les poursuit; tels les peuples effrayés fuyaient devant Alexandre, et tombaient en sa puissance.

Porus, seul, l'arrête un moment; mais bientôt il est vaincu, et Alexandre, admirant sa valeur et sa fierté, lui fait *donation* de ses états; puis, couvert de gloire, enivré d'*orgueil*, se disant frère d'*Apollon* et fils de Jupiter, il fait son entrée à Babylone. La mort l'y attendait : ivre de ses victoires, il se livra à toutes sortes d'excès, et surtout abusa des plaisirs de *Comus*. Après un repas où beaucoup de *comestibles*, assaisonnés avec du *cerfeuil* et de l'*ail*, avaient paru sur sa table, il fut saisi d'une fièvre violente, et expira en moins de trois jours, après avoir donné son *anneau* à Perdicas.

Plusieurs historiens prétendent qu'il fut empoisonné; d'autres qu'il mourut d'une attaque d'*apoplexie*.

QUELQUES HOMONYMES.

L'*été* dernier, au mois d'*août*, passant par *Foix* (Ariége), j'allai visiter la veuve d'un de mes plus chers amis, mort à Dôle d'une maladie de *foie*, le jour de sa *fête :* la Saint-Jean d'*hiver*.

Apprenant que la maîtresse du logis était dans son *parc*, je ne me fis pas annoncer à *dessein*, et jetant un coup d'*œil* sur une basse-cour, j'y aperçus des *laies* et leurs petits se promenant au milieu des graines, des *fétus, etc.* Je me dirigeai ensuite vers une haute *futaie*, à l'ombre de laquelle j'eus le plaisir de saluer madame de Sainte-*Croix*, et d'embrasser ses *deux* enfants.

J'examinais un *dessin* que l'aîné venait de terminer,

représentant l'un des *sites* les plus remarquables de la *forêt* de Fontainebleau : la *mare* aux sevées, vaste *étang :* mes éloges excitèrent sans doute l'*envie* de la petite fille, car aussitôt elle m'apporta son *dé* et un peloton de *fil fin*, à l'aide desquels elle confectionnait de ses jolis doigts un petit *dais*, destiné à recevoir un buste du Saint des saints.

Je lui fis lire alors l'expédition d'Alexandre contre les *Scythes :* son maintien *était* si *décent*, et sa diction si correcte laissait voir des *dents* si blanches, que je ne pus m'empêcher de la caresser.

Nous nous dirigions vers la grande route, pour voir passer *Don* Carlos, lorsque quelques *éclairs* nous firent faire volte-*face*; mais Jenny, rouge comme si elle eût mis du *fard*, tâcha sous *divers* prétextes de nous retenir, disant qu'il lui semblait entendre le son du *cor*, répété par l'*écho*, que l'*éclair* ne lui avait paru être qu'une de ces étoiles qui *filent*.......... etc.

Aussitôt son frère, le *corps* droit, l'œil animé, la prenant par le *flanc* gauche (comme on dirait en stratégie): « Ce que tu nous dis là est *faux*, ma sœur, et c'est bien « mal à toi d'avoir *feint* un bruit de chasse pour nous « retenir; c'est un *dol*, une tromperie, tu sais pourtant, « qu'un seul péché mortel mérite la peine du *dam*, mène « tout droit en *enfer*, et qu'une *fois* qu'on a menti, eût- « on même reçu le *fouet* en expiation, on est toujours sus- « pecté de mensonge.......... etc., » bref il lui donna *dix vers* à apprendre.

Le jeune moraliste eut du succès : L'enfant paya son *écot* en larmes de repentir sincère, demanda pardon, puis ayant *été exaucée*, courut sans *délai* chercher un livre; légère et joyeuse comme un *faon* qui sent poindre ses *cors*. Je pris alors Francis par la main, et je lui dis aussi gravement que si j'eusse *été en chaire :* « Te voilà « arrivé au *faîte* de la morale, tu *cites* parfaitement ; mais « *fais* attention, tu ne *dois* pas être comme ces morceaux « de bois enfoncés avec des *étaies*, qui indiquent la route « sans jamais la parcourir. Il *faut dès* ce moment que tu « *éclaires* ta sœur de tes exemples et de tes conseils, et « que, comme un *phare* jamais *éteint*, tu *fasses* éviter les « écueils, sans y tomber toi-même. A mesure que l'in- « struction *étend* ton esprit, et qu'une lumière divine *des-* « *cend dans* ton âme il *faut*, que toutes pensées tendent « à l'*envi* à t'*exhausser* moralement vers le divin modèle

« que la *foi* nous propose, que tout dans ta conduite ne
« soit *donc qu'or* par l'intention, et qu'il ne s'y rencontre
« jamais d'*étain* : lorsqu'il en est autrement, on s'*enferre*
« soi-même. Le *faix* le plus lourd paraît léger, lorsqu'il
« est accompagné d'une bonne conscience, *philtre doux*
« et consolant qui endort les douleurs ! »

En arrivant, Jenny répéta son pensum, puis dit
tout bas : « Maman, *déceins*-moi, que je *danse;* car je ne
« sais pas s'il est l'heure d'avoir *faim;* » elle reçut un
morceau du *flan,* qu'on venait de *cuire.* Pendant que
la maîtresse du logis ordonnait de rentrer l'*étaim* et les
outils *en fer* garnis de *cuir* qui avaient servi à le carder,
de réparer le *filtre* , etc.

« D'où vient cette couple d'*œufs* d'oie ? dis-je à Francis,
« et qu'en *fais-tu ?* est-ce un *don* que tu me réserves ? je
« n'y mets pas l'*enchère !* « Mon bon ami, me répondit-il,
« la couveuse a par accident abandonné ses œufs, et si
« vous voulez m'expliquer...........................»
« *Crois,* cher curieux, que je suis à ton service; tu vas
« voir ce que c'est qu'un *fœtus en chair* et sans os, et te
« convaincre par toi-même que la nature *doue* le plus
« petit animal avec autant de sagesse que le plus par-
« fait. »

LA BONNE ABBESSE.

Mon enfance fut confiée à une *abbesse* d'un monastère
d'*Aix.* Elle était remplie de vertus et de talents, et elle
avait l'*art* de donner aux aridités de l'étude les *appas* les
plus séduisants.

Ah! que les heures de cette mère vénérable furent dignement employées ! entièrement consacrée aux soins de
ses jeunes élèves et au service de l'*autel,* elle trouvait encore le temps d'aller visiter les infirmes de l'*hospice.* Et
combien son humilité profonde semblait-elle *ennoblir* des
œuvres si excellentes.

Aucun malheureux ne réclamait en vain ses *auspices. O*
mon Dieu, qu'y a-t-il à faire pour cet infortuné ? se disait-
elle intérieurement; donnez moi la force de l'entrepren-
dre et commandez à mon *ange* gardien de régler mes *pas.*

Sa charité si tendre, si empressée *envers* les autres, ne
la rendait que plus sévère pour elle même; souvent elle
portait la *haire ;* elle ne buvait que de l'*eau* et prenait une

nourriture fort peu substantielle, aussi n'avait-elle que la peau sur les *os*. Je me rappelle qu'un pauvre *hère*, ancien bachelier-ès-lettres, vint un jour lui demander son assistance : condamné à *Anvers* à une forte amende (dont j'ignorai la cause), il avait quitté secrètement cette ville, et, *ôtant* ses habits bourgeois, il s'était déguisé en *hôtteur*, puis en cordonnier : c'est sous ce dernier costume qu'il se présenta à notre mère ; il tenait l'*alène* dont il ne savait pas faire usage. En s'enfuyant, il avait franchi plusieurs *haies* et les blessures que les épines lui avaient faites à l'*aîne* s'étaient changées en *achores*, faute de soin.

La sainte religieuse au premier *abord* fut touchée de compassion pour cet infortuné *à l'air* doux et *accort ;* mais, croyant remarquer qu'il lui parlait avec crainte, elle l'engagea de se mettre plus à son *aise*, et elle lui inspira tant de confiance, qu'il lui avoua naïvement ses torts. « Je « vois que vous méritez qu'on vous *arrête* et que l'on vous « châtie avec la *hart*, lui dit-elle, lorsqu'il eut achevé; « mais si votre repentir est sincère, le Seigneur est prêt « à vous pardonner; cependant, comme il faut que toute « justice s'exécute, je me charge d'acquitter la dette que « vous aviez contractée devant la loi, exigeant de vous « en retour la promesse d'un changement total de conduite; cette promesse, je ne vous la fais pas signer de « l'*encre*, me contentant d'en recevoir pour *arrhes* votre « parole appuyée sur l'honneur. » Le coupable, se sentant indigne d'*autant* de clémence et de charité, comprit mieux la grandeur de sa faute, la pleura et mena depuis une vie exemplaire.

Combien les conversations de notre chère abbesse étaient intéressantes et instructives ! Que je passai de doux moments en me promenant avec elle dans la longue *allée* aux *amandes*, que nous désignions ainsi parce qu'il se trouvait au milieu un très grand amandier, l'arbre le plus élevé du jardin. Cette *allée* se terminait par un *haha* qui laissait voir la campagne dominée par les *ailes* de plusieurs moulins. Notre mère me raconta un jour l'origine du nom *haha :* il fut créé par monseigneur, fils de Louis XIV, qui, ayant aperçu, en parcourant les jardins de Meudon, une ouverture de mur sans grille, s'écria : Ha, ha !

Quelquefois elle se plaisait à me faire distinguer certaines plantes du potager, que je ne connaissais pas, telles que l'*ache* que je confondis longtemps avec le persil,

l'*ers* et beaucoup d'autres. Il y avait un *are* entier planté
d'ail, et comme j'avais la mauvaise habitude de dire des
aulx, notre mère me reprenait, en plaisantant sur ma
méprise. Elle me parlait aussi de ses petites aventures
d'enfance, de jeunesse, qui prouvaient toujours la bonté
de son cœur.

Elle était née à Rethel-sur-*Aisne*, et était venue habiter
Ham jusqu'à son entrée au couvent; depuis cette époque
elle avait pris en *haine* les changements de place, aimant
à conserver ses *erres* qu'elle était toujours disposée néanmoins à sacrifier à son devoir; et de même que l'*esse* retient l'*essieu* à la roue, l'amour de la solitude l'attachait
fortement à sa cellule où elle aimait à se rendre pour
prier avec plus de recueillement : à l'exemple des fidèles
après l'*ère* chrétienne qui se retiraient dans les *antres* des
forêts, afin de résister à l'*appât* des vices, et qui préfé-
raient tomber martyrs sous la *hache* du bourreau, plutôt
que d'exposer leur foi et leur vertu.

Elle puisait ses leçons de morale dans les moindres
objets qui l'entouraient : l'*haleine* du zéphyr faisait-elle
balancer les feuilles, elle admirait la tendresse du Créateur
qui retenait l'*autan* furieux qui les aurait réduites en
poussière.

Jamais elle ne se vantait de sa naissance; ce ne fut
qu'indirectement que j'appris que Louis XIV avait *anobli*
sa famille. Son père, habile marin, avait péri subitement
à *bord* au retour d'un long voyage, après voir jeté l'*ancre*
et en commandant à un matelot de *haler* un bateau; et sa
mère était morte étranglée par une *arête* de poisson. Notre pauvre abbesse était destinée à mourir d'une manière
non moins funeste. Un jour qu'elle était *allée* faire une
visite charitable à un malade de la ville, un *ais* placé sur
une voiture vint tomber sur cette chère mère qui fut ren-
versée de sa *hauteur*; elle était blessée mortellement : on
la transporta sans connaissance dans un *hôtel* voisin;
elle avait reçu plusieurs blessures, à la *hanche* surtout
qui était toute fracassée.

A-t-elle poussé beaucoup de plaintes dans ses souffrances prolongées? me demandera-t-on.... aucune; elle con-
serva pendant un *an* entier que dura sa maladie une patience inaltérable, et usa toujours de la même douceur
envers tous ceux qui l'approchaient; elle recommandait
surtout à ses religieuses de maintenir l'*accord entre elles*
en se pardonnant leurs petits torts mutuels.

J'eus le bonheur de recevoir aussi les derniers conseils de cette mère chérie ; puissent-ils ne jamais s'effacer de ma mémoire ! « Ma Félicie, *aie* toujours un *abord* doux et gracieux ; *abaisse*-toi sans cesse devant le Seigneur qui protège le cœur humble ; *hais* l'iniquité, *hais*-la plus que la mort, et que ta vue n'*erre* pas sur des objets dangereux qui pourraient flétrir ton innocence. » Puis elle me donna pour souvenir un chapelet de *verre* bleu et un *abat*-jour *vert* qu'elle avait fait elle-même.

Le matin du jour de sa mort, elle se plaignit de ne plus y voir, et le médecin lui présentant un *as* de pique et la *anche* d'un hautbois qu'il trouva sous sa main, elle distingua cependant ces objets et les nomma par leur nom en souriant, et dit qu'il n'était pas édifiant pour une religieuse de parler de cartes et d'instruments de musique. Elle ne s'occupa plus ensuite que de sa préparation prochaine à la mort ; cependant une demi-heure avant l'instant fatal, élevant la voix, elle dit à une religieuse : « Qu'on *attelle* le che-« val pour aller chercher les moissonneurs, leur journée « s'avance. » En effet, la moisson se faisait dans les champs de l'abbaye, et ils en étaient éloignés d'une lieue ; ordinairement la charrette du couvent ramenait les ouvriers le soir à la ville. Ce jour-là, tout le monde, absorbé dans la douleur, avait oublié d'envoyer la voiture, et ce fut la sainte mère mourante qui rappela cette obligation, comme pour laisser une dernière preuve de sa ponctualité à ses devoirs et de ses sollicitudes continuelles pour le bien de tous.

Telle vie, telle mort, dit-on communément : cette maxime trouve bien son application dans la fin de cette sainte religieuse. Sa carrière avait été remplie d'une longue suite de vertus et de bonnes œuvres ; c'est pourquoi elle s'endormit si doucement dans le sein du Seigneur ; et déjà son ame était en présence de Dieu, que la sérénité de son visage et le sourire de ses lèvres empêchaient ses filles éplorées de croire que leur mère n'était plus.

Et l'on put *répéter ce vers* d'un poète, parlant de la mort du juste :

« Rien ne trouble sa fin, c'est le soir d'un beau jour. »

HISTOIRE DE JEANNE D'ARC.

Le soleil venait de se retirer pour faire place au crépuscule, un léger *brouillard* couvrait la terre, tout était
calme au village de Domremy. A l'entrée d'un petit *bois*,
au *bord* d'une source murmurante, était assise une jeune
fille ; le doux zéphyr du soir portait au loin l'harmonie de
son *chant ;* ses *yeux* semblaient se lever vers le ciel d'un
air inspiré; on sentait, en la voyant, que ses pensées devaient avoir quelque chose de *profond :* peu à peu, la nuit
tombant tout-à-fait, elle rappela ses *brebis* et ses moutons
du *champ* où ils paissaient et se rendit vers la bergerie,
puis rentra au *logis.*

Son père, Jacques d'Arc, était un pauvre laboureur
vivant dans la crainte de Dieu et l'amour de son pays ;
sa fille Jeanne, pieuse et exaltée, avait depuis longtemps
des visions où des *voix* pleines de *mystère* lui annonçaient qu'elle était choisie de Dieu pour rendre la couronne
à son roi et la *paix* à sa patrie.

D'abord elle avait eu bien peur, ne pouvant se persuader
qu'elle fût appelée à si haute mission; *mais* enfin, se déci-
dant à obéir à ses inspirations, elle se rendit chez le capitaine de Baudricourt attaché au *parti* de Charles; il la
traita d'insensée, *mais* ensuite ayant égard à sa piété et
à sa vie exemplaire, il résolut de la présenter au roi ;
Jeanne dit adieu à sa famille et quitta sa mère pour aller
faire son *début* dans sa nouvelle carrière ; elle partit
pour Chinon au travers de mille dangers, et se fit conduire *près* du roi qu'elle n'avait *jamais* vu.

Auprès de Charles se tenaient des seigneurs *plus* richement
vêtus que lui ; mais Jeanne, s'adressant directement au roi,
lui demanda la permission de faire lever le siége d'Orléans ;
elle eut à souffrir de nombreux espionnages ; mais enfin,
convaincu de la vérité de ses paroles, que d'*ailleurs* elle
prouvait par la sainteté de sa vie, le roi la fit équiper : il
lui donna un écuyer, *deux* pages, deux *hérauts* d'armes ;
de *plus,* elle demanda un *étendard* semé de fleurs de lys
d'or, puis elle revêtit un *habit* d'homme et marcha sur
Orléans, accompagnée de plusieurs vaillants *héros,* tels que
Dunois et Lahire ; elle donna l'*assaut ;* les Anglais, saisis
de frayeur, furent vaincus et Orléans délivré ; Jeanne y
reçut un *coup* de *javelot* et plusieurs autres blessures.
Toujours admirable par son courage, sa présence d'esprit, le *cliquetis* des armes, la fumée des *camps* ne la

troublaient point ; un nombreux *renfort* vint se joindre à elle, et elle résolut d'aller faire sacrer le roi à Reims. Les Anglais fuyant devant les Français furent atteints par eux à Patay ; là eut lieu un *sanglant* combat où les Français furent vainqueurs ; *après* un peu de résistance, Troyes ouvrit *volontiers* ses portes, et le roi fit son entrée à Reims où Jeanne le fit sacrer, se tenant *auprès* de lui pendant toute la cérémonie, puis elle se jeta à ses *genoux* en le suppliant de lui permettre de retourner *chez* ses parents, croyant avoir *assez fait* pour remplir sa mission ; on sentait bien que tant de victoires n'étaient que le *résultat* de sa présence.

Charles la supplia de rester ; *hélas!* elle accepta, et dès lors son bonheur parut l'abandonner. Elle se jeta dans Compiègne, assiégée par les Bourguignons qu'elle repoussa d'abord ; *mais* ensuite ils revinrent avec un nouveau *corps* d'armée ; les Français s'enfuient, tandis que la vaillante guerrière combattait *toujours* ; quelques uns des siens, *jaloux* de ses succès, avaient fermé les portes sur elle ; abandonnée au milieu de ses ennemis, elle fut faite prisonnière.

Le *courroux* et le dépit des Anglais étaient à leur comble d'avoir été défaits par cette simple jeune fille ; aussi firent-ils éclater la plus grande joie quand ils la virent en leur pouvoir et *désormais* hors d'*état* de continuer ses *exploits* ; ils l'enfermèrent dans un *cachot* de la grosse tour du *palais* de Rouen, et l'évêque de Beauvais commença son procès.

Les infâmes *magistrats* qui la jugeaient firent tous leurs *efforts* pour trouver des preuves contre son innocence ; on ne leur put donner qu'un *certificat* de son excellente *conduite* ; le seul *tort* qu'on eût pu lui reprocher, c'était son *goût* pour les chevaux qu'elle montait avec une extrême dextérité ; malgré la sublimité de ses réponses et sa modeste assurance à déjouer leurs mauvais desseins, ses juges la condamnèrent à être brûlée vive comme sorcière et coupable de faux *délits*.

Le bûcher fut élevé à Rouen ; Jeanne était vêtue d'un *habit* de femme, et coiffée d'une mitre où étaient écrits ces mots : *Apostate*, relapse, idolâtre, hérétique. Elle fit à *genoux* une courte prière, puis prononça quelques mots *généreux* en faveur de son roi qui l'oubliait ; ses accusateurs étaient émus, *plus* d'un pleurait ; le bourreau tremblait à l'idée du *forfait* qu'il allait commettre ; l'infortunée Jeanne demanda un *crucifix*, on lui rompit un bâton dont on forma une *croix* qu'elle baisa avec respect.

Les cruels qui la sacrifiaient à leur *intérêt*, ayant voulu par *surcroît* d'infamie la donner en spectacle au peuple, avaient fait faire son bûcher très élevé, ce qui rendit son supplice *plus affreux* et *surtout* très douloureux. Cette jeune *martyre* de la patrie laissa échapper quelques plaintes, mais elle couronna dignement sa triste *fin* en prononçant pour dernières paroles le nom sacré de Jésus.

Une *fois* que ce crime affreux fut consommé, un *profond remords* s'empara des Anglais ; *beaucoup* se regardèrent comme déshonorés par la *mort* cruelle de cette innocente et courageuse jeune fille dont le crime était d'avoir trop bien servi son pays : triste sort qui prouve que, quel que soit le génie dont Dieu ait doué la femme, il vaut *mieux* pour elle vivre paisible et ignorée que de cueillir des palmes de gloire qu'un moment de revers peut changer en *cyprès*.

RELATION DU VOYAGE DE FRANÇOIS BERNIER
A CACHEMIRE.

François Bernier était né à Angers; mais *comme* il devint médecin du grand Mogol, il put, sans avoir besoin d'une grande *somme* ou d'une permission qu'il aurait peut-être vainement *supplié* son maître de lui *accorder*, parcourir les différentes provinces de l'empire et se *rapprocher* surtout de Cachemire qui avait tant d'*attraits* pour lui.

Mais, avant de l'*accompagner* dans ce voyage qu'il a *accompli* avec des sentiments de joie et d'attendrissement *innumérables*, écoutons d'abord les détails *attachants* qu'il nous a *communiqués* sur l'intérieur de l'*immense* palais impérial.

Le roi, nous *apprend-il*, *apparaissait* au milieu des *acclamations* de ses courtisans, et se tenait ensuite *commodément assis* sur un trône au fond de la grande salle de 'Ham-Has.

Il était *enveloppé* dans un vêtement de satin blanc à petites fleurs ; son turban de toile d'or était orné d'une *aigrette* au pied de laquelle étaient *rassemblés* une *collection* de diamants d'une grosseur et d'un prix extraordinaire, avec une topaze orientale qui avait l'éclat brillant de la flamme.

Un collier de grosses perles *attaché* à son cou pendait jusque sur l'estomac.

Son trône était *supporté* par six gros pieds qu'on dit

être d'or massif et tout semé de rubis, d'émeraudes et de diamants.

Au bas du trône étaient *accourus* tous les omrhas qui, placés *immédiatement* sur une estrade magnifiquement ornée, tenaient un *colloque* en *attendant* que le moment fût *opportun* pour parler à leur souverain.

Aureng-Zeb, alors empereur, voulant éviter les chaleurs extrêmes qui accablent beaucoup tous les *hommes*, résolut d'aller passer l'été dans un endroit plus *assaini*. Il partit en 1664 pour Lahore et Cachemire, *accompagné* d'un grand nombre de *personnes*.

Aureng-Zeb, craignant qu'une voiture n'éprouvât des *collisions*, se fit porter sur une espèce de trône *arrangé* en forme de tabernacle et dans lequel il était *accoudé* sur de bons coussins très bien *appareillés*.

Quoique la distance qu'il y a entre Lahore et Cachemire ne soit pas *incommensurable*, cependant ce prince employa six mois pour y *arriver*.

Il est vrai qu'il s'écartait quelquefois du chemin, *attiré* par le plaisir de la chasse, plaisir auquel il ne pouvait ensuite *s'arracher* qu'avec peine.

Bernier a assisté à quelques unes de ces chasses ; et *comme* elles ont peu de *connexité* avec celles d'Europe, il se propose de nous faire part des connaissances qu'il a acquises dans ce voyage sur ce sujet.

Parmi ces chasses, il en est plusieurs qui sont très curieuses, entre autres celle des gazelles faite par des léopards qu'on s'est *appliqué* à bien *apprivoiser*.

Lorsqu'on est parvenu à *atteindre* le lieu où se trouve une multitude de gazelles *attroupées*, on cherche à les faire découvrir au léopard, qu'on tient enchaîné sur une petite *charrette* ; on le délie, mais cet animal rusé ne se livre pas d'abord à l'ardeur de la poursuite ; après être demeuré quelques instants *immobile*, il tourne, se couche pour en *approcher* et les surprendre.

Comme sa légèreté est incroyable, il s'élance au-dessus lorsqu'il est à portée, les étrangle et se rassasie de leur sang.

S'il manque son coup, il semble ne plus se *rappeler* la chasse et ne fait aucun effort pour continuer ce qu'il a *commencé*.

Alors le *commandeur*, au lieu de le *frapper* de sa *baguette* ou de l'exciter à une nouvelle *lutte*, en *approche*, le *flatte*, en caressant doucement ses *pattes*, et place devant lui une *assiette* remplie de morceaux de chair.

A cette vue, l'animal *affamé* paraît oublier le chagrin *immodéré* qui l'*oppresse* et commence son repas ; mais, tandis que ses dents *affilées* déchirent avec avidité cette friandise venue si à propos, le gouverneur s'*apprête* à lui couvrir les yeux, l'enchaîne malgré tout ce qu'il peut faire pour s'y *opposer* et le remet sur sa *charrette*.

Mais la chasse du lion ou de la *lionne* est bien plus noble : aussi l'empereur et les princes de son sang se la sont-ils *arrogée*.

Lorsque ce monarque est en route, si le garde-chasse aperçoit la retraite d'un lion, il *accourt* l'*annoncer* à ses *collègues*, et, sans perdre leur temps à des *annominations*, ils *attachent* aussitôt dans le lieu *attenant* un âne que le lion *immole* bientôt à sa gourmandise, après quoi, ne *supposant* pas qu'il y ait ailleurs une autre proie, il s'*occupe* de se désaltérer et rentre ensuite dans une sorte de *hutte arrondie* où il commence une *méridienne* qui dure heureusement assez longtemps pour que l'on puisse faire un grand trajet sans être en *butte* à sa cruauté. Le lendemain, à son réveil, il trouve encore un autre âne et l'on s'*assujettit* à l'*approvisionner* de la sorte pendant plusieurs jours.

Enfin, lorsque l'empereur s'*approche*, on *attache* un autre âne auquel on a fait *consommer* une grande quantité d'opium afin que sa chair puisse *assoupir* le lion qui n'oublie pas de se l'*approprier*.

On s'imagine alors mille *innovations*, et les habitants des villages voisins semblent en ce moment s'*affranchir* des devoirs de leur état et sont autant de *collaborateurs* qui réunissent tous leurs soins pour faire réussir la grande et *commune affaire* qui *préoccupe* tant la cour et la ville.

En effet, ce n'est pas une petite chose, car il s'agit ici d'*assiéger* et de vaincre le plus fier des animaux.

Tous s'*associent* pour fournir de vastes filets qu'ils resserrent par degrés de l'*assentiment* du garde-chasse ; l'empereur, monté sur un éléphant bardé de fer et *accompagné* de nobles montés aussi sur des éléphants, s'*approche* de l'enceinte de filets et tire sur le lion.

Mais l'animal qui se sent blessé, loin d'être *affaibli* par les coups dont on l'a *assailli*, les *supporte* avec courage et ne s'en relève que plus furieux.

Sans rester *appesanti* un seul instant, il s'élance sur l'éléphant et fait entendre des rugissements si affreux qu'on croirait entendre le ciel qui *tonne* ; mais il est *accroché* par des filets, et l'empereur, profitant de la circonstance qui *arrête* le lion dans sa course, parvient à *arracher* la vie à son redoutable ennemi qui, quelques instants auparavant, lui paraissait *immortel* à cause de son courage surnaturel et presque *immémorial.*

Outre l'embarras des choses, la marche était quelquefois retardée par le passage des grandes rivières qui, au premier abord, paraissaient presque *innavigables.*

On était obligé de faire plusieurs ponts de bateaux extrêmement éloignés les uns des autres. Les Mogols ont l'art de les lier et de les *affermir;* ils les couvrent de terre et de paille qui empêche les vaisseaux de faire glisser les animaux.

Le danger n'a lieu qu'à l'entrée et à la sortie, parce qu'outre la presse et la confusion, il s'y rencontre de larges fossés où tombent les chevaux et les bœufs en faisant des cris *assourdissants.*

Le nombre des personnes qui accompagnaient l'empereur se montait à vingt mille.

Si nous ne pouvons comprendre comment une armée aussi nombreuse pouvait subsister, écoutons ce *dilemme* de Bernier qui paraît assez *accrédité.*

« Les Indiens, nous dit-il, sont fort sobres, et de cette multitude de cavaliers il ne faut pas en compter plus de la vingtième partie qui mange de la viande, le reste se nourrit d'un mélange de riz et de légumes connus sous le nom de kicheri. »

Enfin, quoique l'arrivée de l'empereur parût devoir être *annulée*, il arriva à Lahore où il s'arrêta deux mois pour *attendre* la fonte des neiges; mais quelque peine que les voyageurs eussent à s'*acclimater*, ils en éprouvèrent encore bien davantage lorsqu'il leur fallut *supporter* les chaleurs accablantes qui se font sentir pendant le trajet de Lahore à Cachemire, trajet qui est de douze journées.

La moindre pluie n'*arrosait* jamais ces contrées brûlantes où on ne voyait pas un nuage, où on ne sentait pas un souffle de vent; les chameaux pouvaient à peine se traîner, et les Indiens *affaissés* expiraient de chaleur et de fatigue.

Bernier, qui n'avait pas pu s'*accommoder* d'une pareille température, doutait le dixième jour si le soir il serait vivant; enfin, le 12 juin, il arriva au pied d'une montagne escarpée, noire et brûlante, où Bember est situé. Ce fut là que campa cette armée *innombrable*, tandis que l'empereur, accompagné d'un petit nombre de nobles et de soldats, devait se rendre à Cachemire.

Bernier se remit en marche la nuit suivante, et il n'eut pas plus tôt gravi ce qu'il appelle l'affreuse muraille du monde, qu'il fut disposé à se *raccommoder* avec ce pays dont les chaleurs excessives l'avaient d'abord dégoûté.

En effet, lorsqu'il se trouva au haut de cette montagne noire et qu'il descendit sur l'autre face, il sentit un air plus frais; mais rien ne le surprit autant que de se trouver, pour ainsi dire, transporté des Indes en Europe.

La terre était couverte de toutes nos plantes et de tous nos arbrisseaux.

Le tableau que notre voyageur a tracé de la province de Cachemire est remarquable par son exactitude et sa fidélité, et suffirait presque pour y *attirer* ceux qui ont le désir d'*accroître* leurs connaissances.

La province de Cachemire est une très belle campagne divisée en petites collines, et qui n'a pas moins de trente lieues de long sur dix ou douze de large. Les montagnes *collatérales* sont de médiocre hauteur, revêtues d'arbres ou de pâturages et remplies de bestiaux.

Les abeilles y sont *innombrables*, et, ce qui est remarquable dans l'Inde, on n'y trouve nulle part de serpents, de tigres, d'ours ni de lions.

Des ruisseaux *innumérables* arrosent ce pays, et par l'industrie des habitants fertilisent les nombreux champs de riz. Ces ruisseaux, après avoir formé d'agréables cascades, se *rapprochent* et forment une rivière qui va se jeter dans l'Indus.

Tant de ruisseaux répandent dans les champs et sur les collines une admirable fécondité qui les ferait prendre pour un grand jardin entrecoupé de bourgs et de villages et varié par des pièces de riz, de froment, de chanvre, de safran et de diverses sortes de légumes.

Un Européen y reconnaît aussitôt les fleurs et les arbres de son climat; à côté de la *carotte* et de la *civette* que l'on cultive dans nos potagers, les Indiens font croître le riz et le maïs, et nos fruits y viennent presque aussi bien que les *dattes* et les autres fruits si renommés de l'Inde.

François Bernier visita ensuite la belle ville de Cachemire dont les habitants sont les *hommes* les plus fins et les plus spirituels de l'Inde. Ils sont en même temps très industrieux; ils font des bois de lit, des *cassettes*, etc.; mais rien ne leur *attire* autant d'argent que la fabrication des châles à laquelle ils occupent même leurs petits enfants.

Bernier, après avoir admiré tout ce que cette ville renferme de beau et d'utile, termine son voyage sans nous faire *connaître* les circonstances du retour d'Aureng-Zeb, sans même parler de celles qui ont marqué le sien; il s'exécuta cependant heureusement, puisqu'il ne mourut qu'en 1688, à Paris, où il était revenu en 1670.

HISTOIRE DE MARIE STUART.

Marie Stuart devint reine huit jours *après* sa naissance, *à cause* de la mort prématurée de son père Jacques V, *et selon* les lois écossaises qui donnaient aux femmes les mêmes droits qu'aux hommes *concernant* l'hérédité. *Jusqu'à* cinq ans, Marie vécut *sous* le ciel de sa patrie ; alors sa mère, Marie de Guise, l'envoya en France *chez* ses frères les princes de Lorraine. Ce fut *parmi* les Français que la jeune Marie prit le goût des lettres et fut *à même* d'acquérir une instruction très étendue, *nonobstant* les idées du temps qui, *touchant* l'éducation des femmes, étaient *loin* de ce qu'elles sont devenues *depuis*. Ne reculant *devant* aucune difficulté, Marie, *outre* les sciences sérieuses, apprit promptement, *attendu* son excellente mémoire, la musique et plusieurs langues, *entre* lesquelles le latin.

Joignant à ces brillants avantages une grâce parfaite, elle devint l'ornement de la cour ; chacun s'empressait *auprès* d'elle, *hormis* la reine-mère qui lui témoignait peu d'affection. *Malgré* cette disposition de Catherine, Marie Stuart devint *dès* l'âge de seize ans l'épouse de François II, et l'avenir ne se présentait alors à ses yeux qu'*au travers* d'un prisme de bonheur.

Mais *avec* la mort du roi commencent les malheurs de Marie. Elle dut retourner *vers* son royaume d'Écosse ; quitter cette France chérie et cette cour *près* de laquelle s'était écoulé le plus beau temps *de* sa vie. On dit que *durant* la traversée elle avait fait placer un lit de repos sur le pont du vaisseau, et que, couchée tristement *dessus*, elle attachait *avec* mélancolie ses yeux *sur* la rive qu'elle dominait alors en *plein* et qu'elle laissait pour toujours derrière elle ; on ajoute qu'elle écrivit avant le terme de son voyage des vers touchants, sur le regret d'être emportée *au delà* de la terre qui avait nourri sa jeune enfance.

Suivons maintenant Marie hors des parages français et voyons-la arriver *proche* des côtes de son pays *envers* lequel son rang l'appelait à remplir une grave mission. Elle ignorait encore qu'*en deçà* de ces montagnes, barrière naturelle de l'Écosse, l'attendait une longue et dure captivité, bien longue en effet, puisque dix années en devaient être le terme.

Le royaume d'Angleterre, *attenant* à celui de Marie, florissait *sous* la main puissante d'Élisabeth. Cette princesse, en proie à la jalousie *contre* la reine d'Écosse, chercha et trouva les moyens de la perdre. Elle sut profiter des embarras de sa rivale, et, sous le prétexte perfide de lui accorder un asile, la confina plutôt en prisonnière qu'en réfugiée *dans* le château de Fotheringay où Marie fut privée de tous ses amis, excepté de deux de ses femmes.

Des années longues et pénibles s'écoulèrent, lorsqu'un soir la solitude qui régnait *autour* de Marie fut troublée. Penchée sur une des fenêtres de sa prison, la reine vit s'avancer *au dessous* d'elle un cortège d'hommes vêtus de noir, qui la remplirent de terreur. C'étaient les juges chargés de lui annoncer son arrêt de mort.

Elisabeth, auteur de cet acte cruel, avait ordonné à son chancelier d'apposer les sceaux d'Angleterre au bas de la sentence. *Moyennant* cette vaine formalité, elle espéra légitimer *vis-à-vis* de la postérité son odieuse iniquité: mais le temps, grand juge des rois et des hommes, l'a conservée comme une tache *à* sa gloire.

Quant à Marie, résignée, elle sut mourir *en* reine et en chrétienne. La grande salle du château de Fotheringay fut choisie *pour* le lieu de son supplice. Au moment fatal, deux de ses femmes qui lui étaient restées fidèles se tinrent *à côté* d'elle, fondant en pleurs; et quand le bourreau, *suivant* la coutume, éleva en l'air la tête de la victime *pour* la montrer aux assistants en criant *devers* eux : « Vive la reine Élisabeth ! » tous se turent, vu que l'effroi et la douleur les rendaient muets et immobiles, *sauf* une seule voix, qui, *supposé* qu'elle ne partît pas d'un mercenaire d'Elisabeth, répondit : « Ainsi périssent tous ses ennemis ! »

PHRASES EN VERBES A FAIRE.

CARTE DE FRANCE.

Verbe NAÎTRE.

Je nais à Dijon, département de la Côte-d'Or, ancienne province de Bourgogne, et l'on me surnomma l'Aigle de Meaux, à cause de mon éloquence élevée dans la chaire chrétienne, au XVIIe siècle, sous Louis XIV. (BOSSUET.)

Tu nais à Pau, département des Basses-Pyrénées, ancienne province de Béarn, et tu veux, en bon roi, que le peuple mette la poule au pot le dimanche. (HENRI IV, 1589-1610.)

Il naît à Saint-Malo, et il découvre le Canada sous le règne de François Ier. (JACQUES CARTIER.)

Nous naissons à Aigueperse, département du Puy-de-Dôme, ancienne Auvergne ; nous nous distinguons, l'un comme magistrat au XVIe siècle, l'autre comme poète didactique aux XVIIIe et XIXe siècles. (MICHEL L'HÔPITAL et DÉLILLE.)

Vous naissez à Troyes, département de l'Aube, province de l'ancienne Champagne ; vous vous distinguez, l'un sur le trône pontifical au XIVe siècle, l'autre dans la sculpture, le troisième dans la peinture, au XVIIe siècle. (URBAIN IV, GIRARDON, MIGNARD.)

Ils naissent à Lyon, département du Rhône, province du Lyonnais ; tous trois furent empereurs : le premier fut surnommé l'Imbécile, Ier siècle ; le second fit asseoir la philosophie sur le trône, IIe siècle ; le troisième fut un monstre de cruauté, IIIe siècle. (CLAUDE, MARC-AURÈLE, CARACALLA.)

Nota. Continuez ainsi tout le verbe.

Verbes ACQUÉRIR, SE REVÊTIR *et* ALLER, *conjugués avec les objets propres à l'habillement achetés dans une ville de France.*

J'acquiers, au prix de cent francs, un beau châle de Lyon (Rhône-Lyonnais) : je m'en revêts, et je vais me montrer ainsi à ma mère.

Verbes avec les eaux minérales.

Souffrante, je pars pour les eaux de Vichy (département de l'Allier-Bourbonnais), et j'espère recouvrer bientôt la santé.

Malade, tu montes en diligence pour aller aux eaux de Forges (Seine-Inférieure-Normandie), etc.

Naître en France, vivre en Italie, mourir dans l'Océanie.

OBSERVATIONS.

Les recherches historiques, géographiques, etc., qu'il faut faire pour construire les phrases gravent parfaitement les faits dans la mémoire ; en général, la peine que se donnent les enfants tourne toujours au profit des études. Après avoir fait les verbes, on fera des exercices sur les *homonymes*, à l'aide du Tableau de M. Lévi. Pour tout ce qui a rapport à la théorie, on se servira du Questionnaire grammatical et des Tableaux de grammaire que l'on trouvera chez l'auteur.

FIN.

TABLE

DES MATIÈRES.

HISTOIRE NATURELLE. — *Corps bruts organiques.* — *Corps vivants organiques.*

Ornithologie.

Zoologie.

Herpétologie. — Science des reptiles.

Ornithologie. — Science des oiseaux.

MATHÉMATIQUES. — *Science des nombres.*

PRINCIPALES MONNAIES.

NUMISMATIQUE. — *Science des médailles.*

DEUXIÈME PARTIE.

ORTHOGRAPHE ABSOLUE.

TROISIÈME PARTIE.

EXERCICES ORTHOGRAPHIQUES.

VERBES IRRÉGULIERS.

FIN DE LA TABLE DES MATIÈRES.